谷歌方法

[美] 比尔·基尔迪（Bill Kilday）◎著　夏瑞婷◎译

Never Lost Again

The Google Mapping Revolution That Sparked New Industries
and Augmented Our Reality

中信出版集团 | 北京

图书在版编目（CIP）数据

谷歌方法 /（美）比尔·基尔迪著；夏瑞婷译 . --
北京：中信出版社，2019.6（2023.1重印）
书名原文：Never Lost Again
ISBN 978-7-5217-0500-3

I. ①谷… II. ①比… ②夏… III. ①网络公司—企业管理—经验—美国 IV. ① F279.712.444

中国版本图书馆 CIP 数据核字（2019）第 076566 号

谷歌方法

著　　者：[美] 比尔·基尔迪
译　　者：夏瑞婷
出版发行：中信出版集团股份有限公司
　　　　　（北京市朝阳区东三环北路 27 号嘉铭中心　邮编　100020）
承 印 者：唐山楠萍印务有限公司

开　　本：880mm × 1230mm　1/32　　印　　张：10.75　　字　　数：231 千字
版　　次：2019 年 6 月第 1 版　　印　　次：2023 年 1 月第 4 次印刷
京权图字：01–2018–9021
书　　号：ISBN 978–7–5217–0500–3
定　　价：69.80 元

服务热线：400–600–8099
投稿邮箱：author@citicpub.com

献给谢莉（Shelley），
你就是 GPS 中的那个 S。

一旦人们能够在地球之外拍摄一张地球的照片，一个和历史上任何一个新思想一样强大的新的思想就会被解放出来。

——弗雷德·霍伊尔爵士，英国天文学家（1948 年）

目 录

超越终点：打造卓越产品

6 年，10 亿用户

你还记得你上一次迷路的经过吗？我说的是的的确确、完完全全的迷路。

我自己已经有一段时间没有那样迷路过了。我上一次迷路都是 21 世纪初的事了——那时我住在马萨诸塞州的波士顿。那是一个寒冷的星期二的冬夜，我在布鲁克莱恩打了一场临时凑成的夜场篮球赛，打完球后开车回家。和南波士顿的几个爱尔兰人混战三个小时后，我已经疲惫不堪。不知为何，我在这条已经走了十多次的路上迷路了。我能看到我应该开到哪里——就在查尔斯河对面，但我搞不清该如何开到那里。

我的妻子谢莉已经打了好几个电话。她问："你在哪儿？"我一边沮丧地用拳头直砸汽车方向盘，对自己大喊大叫，一边沿着 2 号州际高速公路朝错误的方向开了 5 英里[1]，寻找下一个环岛。也可能不是 2 号公路，而是 3A 号公路？我记不清了。

1　1 英里等于 1.609 34 千米。

2000—2003 年，我住在波士顿，在这里我经常迷路。这座城市对一个得克萨斯移民来说是如此的冷酷无情，就像一门外语一样晦涩难懂。当地人似乎对残缺不全的交通指示牌、蜿蜒曲折的街道和环岛感到骄傲。想通过某些十字路口甚至需要解一个数学方程。这时，波士顿大肆开挖的建设工地映入眼帘——这是一个投资额高达 150 亿美元的公共设施项目，旨在将 93 号州际公路上 4 英里的一段路改道，将其移入地下——没错，我确实迷路了，而且已经偏离正确路线很远了。

我不确定我是否真的把整个路线弄明白了。你瞧，“波士顿”实际上是一群城市的一个别扭的集合。如果把这些城市放在一个钟面上，那么从 12 点钟开始，首先是切尔西，然后沿顺时针方向依次是里维尔、波士顿（真正意义上的）、布鲁克莱恩、布莱顿、牛顿、贝尔蒙特、剑桥、萨默维尔和查尔斯敦，它们之间还散落着十几个小城市。这些城市都曾是独立的自治市，都建于 17 世纪初到中叶之间，通过一个复杂的马道系统相连。

这些城市命名马道的方式非常简单：根据马道的目的地进行命名。例如，如果你住在 17 世纪的布莱顿，想骑马去剑桥，那么你就要走一条标明叫“剑桥”的马道。类似地，如果你住在波士顿，想骑马去剑桥，那么你依然要走一条标明叫“剑桥”的马道。

让我们再快进到当代的波士顿。这里至少有 7 条不同的街道都叫“剑桥”——我可不是在编故事。这是因为，现在波士顿都会区里的这些柏油路的名字大多来自从前的那些马道。我还记得有一天，我开车沿着剑桥街行驶，在等一个红灯的时候，我瞥了一眼和我所在的这条街相交的那条街的名字，也是剑桥街！

我花了两年半的时间才弄清楚，为什么在波士顿都会区每个街道名（假设你能找到路牌的话）都会被重复使用2次、4次，甚至7次之多。有一天，我问我的房东，为什么这些道路仍然会被这样命名，他回答说："这样一来，扬基队的球迷从纽约开车过来的时候就找不到去芬威球场的路了。"[1]

好吧，这个解释能让我好受一些。

2010年，我在俄勒冈州的波特兰度一个为期两周的假。我和家人一起步行穿过先锋法院广场。在这个清爽的夏夜，往来的人们和各种活动令这个地标性的公共空间充满了活力。跟随着我的iPhone（苹果手机）上的谷歌地图的指引，我沿着亚姆希尔街走了半英里，找到一家名为"Luc Lac越南厨房"的餐馆。我8岁的女儿伊莎贝尔问我："比尔爸爸，在谷歌地图出现之前，人们是怎么找路的？"

我想起了那些在波士顿的日子。我想起了那些把自己交给随机性和偶然性的夜晚，就像Yelp（美国最大的点评网站）、OpenTable（网上订餐平台）、iPhone和谷歌地图出现之前身处波士顿北端的扬基队球迷。[2]我想起了那个我永远不会知道像Luc Lac（评分高达4.5星！）这样的餐馆的世界——即使我知道，我也不得不三次拦住陌生人问路。我想起了所有估错的转弯和过早驶出环岛的情形，以及所有那些没有浏览过评论就走进去就餐的餐馆（简直让人不寒而栗），还有那些没有看过它们所在街区的街景照片就预订了的旅馆（太恐怖了）。

---

1 波士顿红袜和纽约扬基是美国职棒大联盟的两支球队，是多年的死敌。芬威球场是波士顿红袜队的主场。——译者注

2 波士顿北端是最古老的居住区，这里的街道狭窄而密集。——译者注

我的目光离开了谷歌地图，我抬起头，把我的 iPhone 滑入我的马甲口袋，对谢莉笑了笑，并试着回答女儿的提问：

“我们经常迷路啊，宝贝。”

在 2004 年之前，我们从 MapQuest（地图网站）上打印地图，并在我们的手套箱里或座椅下面塞满了胡乱折叠的美国汽车协会（AAA）出版的地图册。我们会在加油站停车，隔着汽车的防弹有机玻璃向陌生人问路。我们会向旅馆前台接待员询问我们拿不准的餐馆的情况。而在度假时，我们租过滥用了“海滨”一词的公寓。我们研究过令人困惑的地铁地图（绿线不是 E 线）。我们迷过路，去过味道不怎么样的餐馆，也气得捶过汽车仪表板。

但到了 2010 年，导航和地图绘制技术改变了一切。我见证了它的诞生，并在其中扮演了一个小小的角色。

我的一位谷歌地图团队中的朋友，迈克尔·琼斯，是这样对我描述它的：“想想看，人类在地球上存在了 20 万年，而我们是尝试过迷路滋味的最后一代人。在我们之后，再也不会有谁、不会有哪代人像以前的历代人那样迷路了。在今天，全世界有成千上万的人搭乘飞机旅行，降落在纽约、东京、开罗，甚至是刚果民主共和国。在世界上任何一个地方，人们走下飞机，来到一个陌生的国度、一个他们从未去过的地方。你猜怎么着？他们居然知道他们身处何处。他们可以找到他们下榻的旅馆，或者是某一家餐馆，或者是朋友的家，或者是召开商务会议的办公室，随便什么地方都能找到。”

他停了一下，看着我，然后补充道：“我们做到了。你和我以及在 Keyhole、Where2Tech 以及谷歌地图团队工作的每个人一起解决了这个问题！”

回到波特兰。我在那个夏天的晚上推开了 Luc Lac 的门，而在此之前我已经知道这是一家非常棒的餐厅了。我知道它当时还在营业，我预先在菜单上进行了挑选，而且我的 iPhone 上的谷歌地图 App（手机应用）帮助我轻松找到了这家餐馆。我知道这家餐馆不会太花哨，也不会太贵。

谢莉朝着我会心一笑，她记得我们在波士顿的日子，她记得变革是如何发生的——这项技术永远改变了我们的生活。而现在她也是它的 10 亿用户之一。

Keyhole 在 1999 年勉强起步。到了 2002 年，它差不多用光了手头的现金。2003 年，CNN（美国有线电视新闻网）和 In-Q-Tel 电信（美国中央情报局下属的风险投资公司）救活了它。而到了 2004 年，它又被另一家成立只有 5 年的公司收购。

那家公司就是谷歌。

谷歌在那一年收购了两家地图机构：一家是一个从悉尼的一套公寓里走出来的 4 人团队，他们在当时还未注册成立公司；另一家是一个位于加利福尼亚州名为 Keyhole 的公司，公司一共有 29 人，而我在其中担任市场营销总监。

2004 年秋，谷歌将这两个团队与位于加利福尼亚州山景城谷歌总部 41 号楼的一个现有小团队合在一起，不为他们限定发展方向，但给他们提供无限的资源。公司还向团队提供了一个保密信息：在谷歌简洁的白色搜索框里输入的所有搜索查询中，有 25% 是地图搜索查询。

可你猜怎么着？谷歌自己并没有地图。

诸如“奥斯汀最好喝的玛格丽塔酒”“新奥尔良现场音乐演出地

点”“在邮编 78636 附近心脏病发作”之类的搜索占了所有谷歌搜索流量的很大一部分。直到 2005 年 1 月，如果你在谷歌的主页上搜索某个位置，谷歌仍旧会返回一个包含 10 个网站链接的页面，并在页面底部显示“Gooooogle 下一页”的图标及按钮，用户仍然得不到他们需要的地图和路线指引。愿那个心脏病发作的人好运吧。

6 年后，谷歌地图产品（由前 Keyhole 团队的几名关键成员运营）的每月活跃用户量达到了 10 亿，成为全球第一大消费级地图服务。从一个用户都没有，到月活量 10 亿，谷歌用了 6 年。

而且，我们的工作最终推动了整个行业的发展：Yelp、OpenTable、Zillow（房地产信息服务平台）、Priceline（一家旅游服务网站）、优步等企业都是在谷歌地图的基础上发展起来的。其他数以百计的服务也有了不错的经济前景，这仅仅因为有人完成了其中大部分的繁重工作，有人创建了最根本的基础地图，提供给大家一张白纸——有了这张纸，其他人才能在上面描绘各种全新的服务，然后通过免费的谷歌地图 API（应用程序编程接口），他们把基础地图开放给大家使用。

2007 年，谷歌将所有这些地图和服务都塞进了你的口袋里。谷歌地图也成了苹果杀手级新产品 iPhone 上的杀手级应用——史蒂夫·乔布斯亲自要求 iPhone 预装并能执行谷歌地图。安卓手机也紧随其后。

最后，2008 年，尽管用户数已经从零猛增到了 5 亿，谷歌还是决定继续扩大在地图上已经高得离谱的投资，同时新增两个更大胆的“登月项目”[1]——街景项目和地面实况项目，而这两个项目最终为自动驾驶汽

---

1 “登月项目”（Moonshot Projects）是谷歌旗下一些具有探索性和开拓性的试验性项目的总称。

车项目的实施打开了大门。

我们是如何做到这一切的呢？老实说，当我回想起一切的起点，也就是我陪伴 Keyhole 走过的那段日子时，我仍然对这一切的发生感到敬畏。我是说，我难以想象我居然身处其中。在这段旅程中，我不光陪伴 Keyhole 一路走来，还为它的成功做出了一份小小的贡献。

我不止一次想道："Keyhole 是不可能存活下来的，这家公司可能早该关门大吉很多次了。可是我们非常幸运，许多事情都特别顺利，这种好运是不可能再次出现的。"

但我很了解我在 Keyhole 的同事。现在回想起来，我知道我们不可能失败：无论遇到什么障碍，无论错过多好的机遇，我们都会找到该走的路。毕竟，我们手里有一张王牌，无论如何，他都会想出办法。

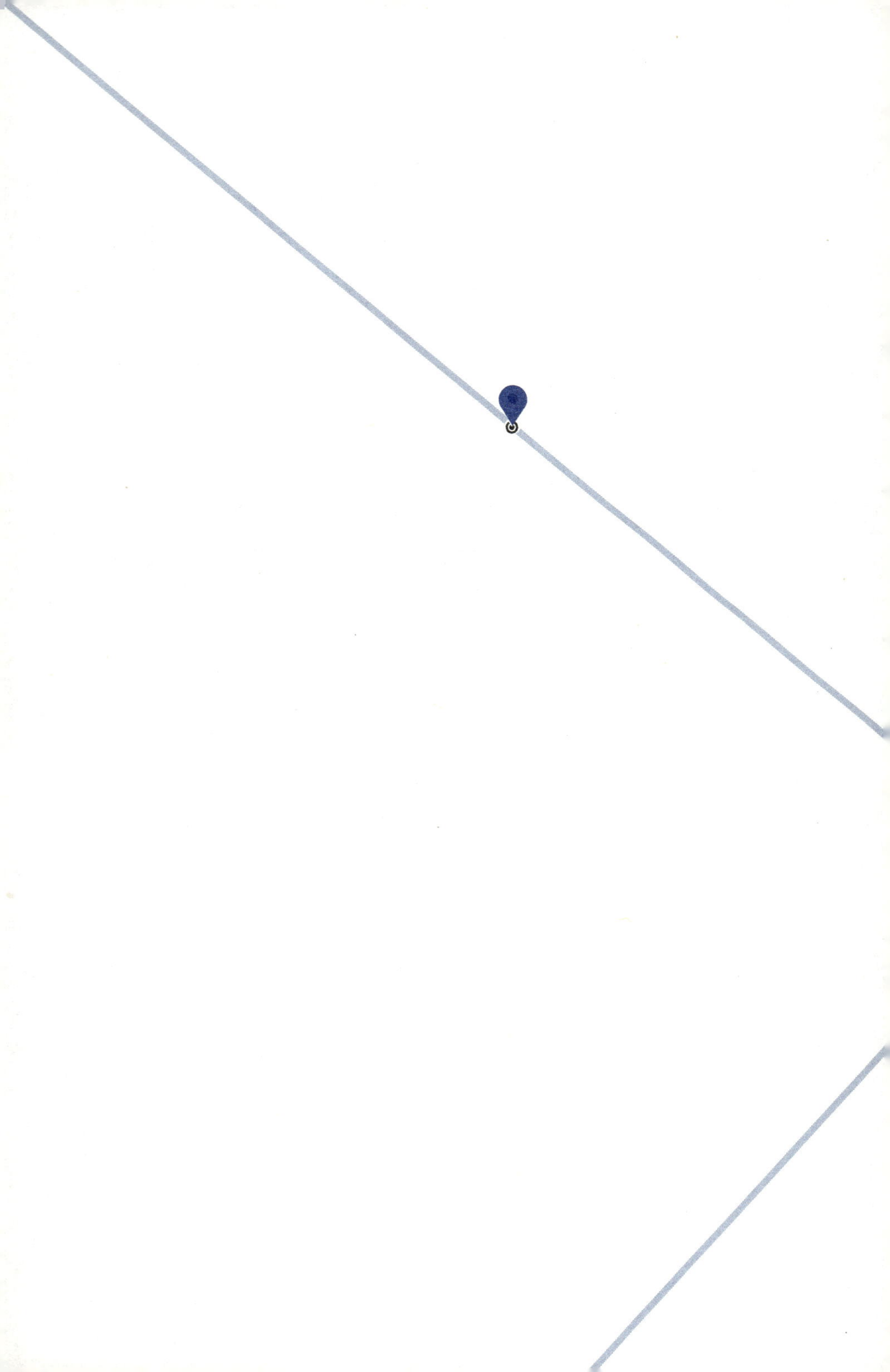

起点：
创意精英

第 1 章
约翰·汉克

1999 年春天，一个异常温暖的日子，我接到了大学老友约翰·汉克的电话。我当时是《奥斯汀美国政治家报》网站的市场营销总监。“嘿，哥们儿，我来奥斯汀了，”他说，“我想给你看一样东西。我能去你家坐坐吗？”当时，约翰正在硅谷的一家初创公司工作，但他不想在电话里细说这个项目。我向他追问详细情况，但他坚持要在那天晚上过来。“你真的要亲眼见一见。”

约翰和我认识已有 15 年了。我们同在 1985 年进入得克萨斯州大学学习，是在大一开学前的周日认识的。我被学校安排住进了杰斯特中心学生宿舍，这个宿舍有一个城市街区那么大，在当时是北美最大的校园宿舍，可容纳 3 200 名学生，还有自己的邮政编码。它的普通房间和装着荧光灯的看不到头的走廊非常像监狱，对于初次离家生活的大一新生来说不怎么宜居。那天晚上，我在舍监办公室门外贴着的纸上做了登记，表示愿意与金索尔文女生宿舍的一群女孩共进晚餐。

要知道，只有无处吃饭的本科生才会报名参加这样的联谊活动。宿舍的食堂每周日晚上不开门，我们要想填饱肚子，只能自己想办法。对于很多大一新生来说，这意味着要去兄弟会或姐妹会吃晚饭，当然前提是你有办法加入兄弟会或姐妹会。即使你没有加入希腊体系[1]，你至少应该找一位朋友一起点比萨外卖。

从社交角度讲，在舍监那里报名会有一定的风险，因为这基本上等于把你的名字写进了一张可能被叫作“没钱也没朋友的学生”名单里。我的室友，来自得克萨斯州圣马科斯的凯文·布朗是一名很有才华的小号手，他加入了长角乐队[2]，并且已经和乐队里的新朋友打得火热。看到名单上的其他五名学生后，我在上面填上了我的名字。

当我同层的舍友在约定时间聚集在舍监办公室门外时，我开始担心了：一个是电子工程专业的韩国交换生；一个是来自哈林根、身材魁梧的男孩；我，满脸粉刺，身高一米九，瘦得像竹竿；还有一个是那个住在离我有八间宿舍远的安静、认真的男生，我不怎么了解他。他是得克萨斯人，长相英俊，中等身材，貌似正在研究如何打理他那撮没什么讽刺意味的小胡子，有点像得克萨斯版的查理·辛[3]。有一次，我从他房间开着的门看到，他有一台样子奇怪的个人电脑。他是

1 兄弟会和姐妹会合称“Greek life”（希腊生活），这些社团通常以希腊字母命名。——译者注

2 长角乐队（Longhorn Band）是得克萨斯州大学的仪乐队。——译者注

3 查理·辛，美国演员，代表作有《好汉两个半》。——译者注

我们宿舍楼里唯一一个有电脑的学生。

我曾认真考虑过放弃参加这个晚餐会，可我当时要负责招募本宿舍楼的学生参加，所以我进退两难。那天晚上，在审视了我们这帮人之后，我很担心我们这一层的代表能力。我知道在校园的另一边等待我们的是什么：金索尔文女生宿舍有600名新生，而我已经在那边的餐厅里找了份沙拉台服务员的工作。

于是，在那个炎热的夏夜，从杰斯特出发穿越40英亩[1]校园最终到达金索尔文的漫漫旅途中，我不知何时和这个留着小胡子的内向青年走到了一起。

“你的专业是什么？”我问。

“我读的是计划2。”

“你读计划2？”

“你为什么这么吃惊呢？”

“哦，没有，我只是前两天在校园里看到了那个样子的T恤衫，就是那个上面印着‘我还没有申报专业，但我计划2’的T恤衫。我觉得这句话很妙。”

“哦，他们在迎新会上给我们每人发了一件，但我还没穿过呢。”他笑着说。

“为什么不穿呢？”我问，有点期待他说T恤衫的尺寸或颜色不合适。

“这有点炫耀，你不觉得吗？”这个专业的大部分学生都在校园

1　1英亩≈0.004平方千米。——编者注

里自豪地穿着这件有点炫耀意味的T恤衫，因为这意味着你高人一等，是上层学术门第的一部分，配得上这所大学专为那些致毕业告别辞的学生代表和全国优秀学生奖学金获得者打造的更严格、更独立的课程。众所周知，这些学生中的很多人本可以去普林斯顿、哈佛或斯坦福大学，但还是选择了得克萨斯州大学独一无二的跨学科专业——“计划2”。

我显然低估了这个人。

“你是哪里人？”我问。

“我家在得克萨斯州西部的一个小镇上。你呢？”

“休斯敦。”我答道，“奥斯汀和你老家挺不一样的吧？”

“嗯，杰斯特差不多是我家那个小镇的三倍大。”他告诉我。

“哈！”我惊讶地大笑起来，然后对在我们前面几步之外的学生说：“嘿，你们听，我们的宿舍区是这个伙计老家的三倍大！”而约翰似乎并不觉得这有什么好笑。

我对那晚和我们在科南斯比萨店共进晚餐的女孩们几乎没有什么印象。男孩们坚持坐在桌子的一侧，女孩们则坐在另一侧。但我确实记得我和约翰聊得多一些，在发现彼此都是常有负罪感的天主教徒后，我们还计划在晚餐后去大学天主教中心参加晚间弥撒。我甚至还取笑了他的小胡子。

“你留胡子多久了，约翰？”

“差不多有一年了。”他承认，“对我买啤酒很有帮助。”

“我还以为只留了两周呢！”我笑着说。

他刚咬了一口比萨，听了这话，他笑了起来，还朝我竖了中指——大学男生间的友谊信号。

不管还买不买得到啤酒，等我第二天在上课的路上遇到约翰的时候，他的小胡子已经没了，但它不会就此被遗忘，因为它已经被永远地印在了他的学生证上。而在接下来的四年里，这个证件每天差不多都要掏出来四次。他的学生证从此成了我的一大乐子，成了令他难堪的东西（不过我很确定他现在还留着呢）。

约翰的家乡是得克萨斯州的克罗斯普莱恩斯（当时的人口是 893 人）。我觉得他似乎不怎么愿意提起他的家乡，但原因并不是他为自己出身农村感到难堪，恰恰相反，他没有掩饰自己的家庭背景：他的父亲乔经营着一个小型牧场，同时是镇邮政局的局长；他的母亲埃拉·李是一个在当地天主教会和商会非常活跃的人物。克罗斯普莱恩斯代表了某种让约翰引以为豪的东西，也是他悉心维护的东西。我很快就了解到，约翰自己可以和别人谈论他这个只有一个红绿灯的小镇，谈论镇上每周五晚上以冰雪皇后冷饮店为中心的社交活动、四健会[1]的牲畜展以及镇上的橄榄球队，但别人谈论或取笑他的家乡就不行。奇特的是，该镇最著名的居民是罗伯特·欧文·霍华德，一位身处西得克萨斯的荒凉世界却创作出了“野蛮人柯南”系列中的奇妙新世界的作家。

而我则是在休斯敦的一个人们眼中典型的中产阶级家庭中长大，接受的是普普通通的家教，只有一些细节和别人不太一样：我是家里 8 个孩子中最小的，并且有 6 个姐姐。我是个计划外的孩子，我家

1　四健会（4–H Club）是美国农业部的农业合作推广体系管理的一个非营利性青年组织。——译者注

排倒数第二的孩子也比我年长 7 岁之多。我的父亲是个和善的波士顿人，从事石油行业的广告工作，在 1983 年我读高中时就去世了。所有这些让我成了一个勤奋的孩子，打了很多份零工来支撑自己读完大学。但对约翰来说，我是来自大城市的人。与克罗斯普莱恩斯相比，休斯敦完全是个国际大都市。我们很快发现，我们有很多共同的兴趣爱好—— 从政治（都是进步主义者）到体育（我们一起参加得克萨斯州大学的橄榄球赛），从音乐现场到我们的天主教背景。我们很快变得形影不离。

在第一学期结束时，约翰和我成了密友。我们是如此亲密，寒假里，约翰、我的室友凯文·布朗和我一起开车旅行，去科罗拉多州的温特帕克滑雪。那是约翰和我第一次一起旅行。

在去科罗拉多州的路上，我们在克罗斯普莱恩斯（在阿比林以南约半小时车程）待了一晚，和约翰的高中好友一起打篮球，造访了镇上那家冰雪皇后，见到了他的父母和姐姐葆拉。父母通常都会以自己特别出色的孩子为荣，而乔·汉克和埃拉·李·汉克对他们领养的孩子约翰的自豪感更为明显。见到约翰把大学同学带回家做客，他们非常高兴。由于长年累月在西得克萨斯的太阳下牧养红安格斯牛和其他牲畜，约翰父亲的脖子晒得黝黑。他打量了凯文和我一番，用浓重的南方口音慢条斯理地说：“你们这些孩子以前这样出过门吗？”

我能感觉到约翰的父母和镇上的很多人一样无法理解约翰的志向和干劲：他是高中班上 22 名学生中的毕业生代表，还是学生会主席、全国优秀学生奖学金获得者。他开始编写自己的共享游戏软件，并通过个人电脑杂志出售。在他的数学老师的指导下，约翰参加了贝勒大学的计算机编程竞赛，他所在的队伍最终拿了全州第三名。对他的家人和朋友来说，他简直是另一个世界的人。

他的高中英语老师——一个名叫克拉内尔·斯潘塞的正派农场主——首先注意到了约翰的才华。斯潘塞太太联系了约翰在奥斯汀西湖高中任辅导老师的姐姐，两位女士偷偷计划帮助约翰申请得克萨斯州大学。

提起这些往事，约翰显得很尴尬。第二天早上我们早早起来，乔检查了汽车的润滑油和胎压，他把加油站地图打开，摊在汽车引擎盖上，给我们指出了最好的路线。当我们向他的父母道别时，我预感他的父母并没有期待他早早娶妻生子，并接管家里的农场。乔和埃拉·李完全能接受儿子的选择。他们，还有镇上的很多人，都想看看他们最喜爱的儿子能走多远。

两天后，我们来到了白雪覆盖的山坡上。气温是零下17华氏度，还刮着风。由于我们都没有足够的钱去学滑雪，只能靠滑雪经验丰富的凯文来指导我们。当我们第一次乘坐滑雪缆椅时，我蹒跚着穿过等待的人群，把滑雪杖立在地上，没想到缆椅摇摇晃晃地滑过来，把滑雪杖撞成两段。我只好用坏掉的滑雪杖小心翼翼地从山顶滑下，然后等待下一组指导。

而约翰却径直从凯文和我身边滑过，并且已经有点失控了。因为这是我们第一次上山滑雪，凯文还没来得及教给我们重要的滑雪技巧，包括如何停下。凯文和我站在那里，先是好奇，然后惊讶，随后惊恐万分，因为约翰的滑雪板正对着下山的方向。

“转向，转向，转向！”看到约翰越滑越快，凯文朝他大喊道。

看起来他至少“试着”转向了。但他没有转向，而是交替抬着滑雪板，始终对着下山的方向。他那令人惊叹的滑行不仅以摔倒结束，而且他的滑雪板、滑雪杖以及整个人都飞了出去，扬起一团雪雾。我小心翼翼地控制着我的滑雪板，滑了大概 10 分钟，才滑完了约翰在 17 秒内滑过的距离。

“喂，你怎么这么慢？”他问。

这就是约翰。他愿意承担风险，这也令他受益。我逐渐了解到，他是一个很有激情、勤奋、雄心勃勃的人。他在克罗斯普莱恩斯经历的某些东西使他把这种顽强的态度带进了生活和工作中。是艰苦的农场生活，还是被收养后的某些感受造就了他今天的性格？多年来，我觉得自己一直是他的好朋友。我不那么充满激情、雄心勃勃。直到今天，我仍然会每隔一段时间就努力逗他开心，让他试着放慢脚步，放松一下自己。

在我们的大学时代，约翰拉我参加了学生会领导委员会，帮助我提高成绩，还带我参加安息日弥撒。我则在春假时拉约翰去南帕德雷岛度假，带他参加校内体育赛事，去 Liberty Lunch 看现场音乐演出。我们还有过一次有点吓人的经历：在一次 Replacements 乐队演唱会上，约翰被挤进玩 mosh[1] 的人群中，差点被压在地上，还好我拉着他的领子把他从地上拉了起来。

毕业后，约翰在美国驻缅甸外事处工作。如果你从得克萨斯州的克罗斯普莱恩斯钻一个洞，打穿地球，洞的另一端就在离缅甸很近

1 mosh 是在朋克、重金属等较激烈的摇滚乐现场，乐迷表达极端情绪的一种肢体动作，表现为挥动四肢或互相冲撞。——译者注

的地方。我不确定这是不是巧合。他被在世界各地旅行的乐趣和体验所吸引。与此同时，在我看来，约翰变得更加内向，很少谈及他的工作，好似又罩上了一层保护壳。在这些年里，我一直待在奥斯汀，因为我被林登·约翰逊公共事务学院和麦库姆斯商学院[1]的双硕士项目录取了。

1991 年初的一天，约翰深夜打来电话，在静电干扰的噪声中，他告诉我他已经向他的准新娘霍莉·海斯求婚了，并请我当他的伴郎。霍莉和约翰在华盛顿相识，当时他们都在国务院工作。通话质量很糟糕，以至于我不得不问道："你确定她说愿意嫁给你了？"一场在弗吉尼亚州麦克莱恩举行的半正式礼服婚礼[2]把一批环球旅行者、外交官和来自克罗斯普莱恩斯的家人、朋友这些身份迥异的人聚在了一起。

1993 年夏，我们的关系开始从友谊发展为生意伙伴。那年 7 月，我邀请约翰和另一位朋友卡尔·汤森一起踏上历时 9 天、艰苦卓绝的加州公路之旅：从蒂华纳沿加利福尼亚 1 号公路开到塔霍城。我当时刚从麦库姆斯商学院毕业，而约翰刚进入加州大学伯克利分校的哈斯商学院学习。我记得我把包扔到约翰租来的敞篷野马的后座上，瞥见了一本《连线》杂志的彩色方块书脊。"嘿，你也看《连线》杂志啊？"我问。

"你也看《连线》？"看到我从背包里掏出一本《连线》，约翰和

1　这两个学院都属于得克萨斯州大学奥斯汀分校。——译者注

2　在半正式礼服婚礼（black-tie wedding）上，新郎穿着类似普通西服的小礼服，而非燕尾服这种大礼服。——译者注

我一样惊讶。

“嗯，是啊，我正给这家广告公司做互动营销呢。我们正在为我们的所有客户制作光碟和网站，包括戴尔。”我说。我当时正在帮戴尔制作它的第一个网站。

“你现在开始做网站了啊。戴尔？那可是家大公司。”约翰说。他很熟悉迈克尔·戴尔的故事。戴尔是个声名狼藉的休斯敦小子，他在1984年因为在宿舍里组装、销售、维修电脑而被踢出了得克萨斯州大学的宿舍。

现在看来，我们两人都拿着一本《连线》听上去并不令人惊讶。但是在1993年的夏天，《连线》杂志还只是一本名不见经传的出版物，那期杂志报道了第一批涌入硅谷从互联网中淘金的科技企业家。请注意，互联网的首个拨号访问在1992年才出现，而诞生于伊利诺伊大学厄巴纳－香槟分校的图形网络浏览器Mosaic在1993年才首次发布。Mosaic的发明者马克·安德里森后来从伊利诺伊大学毕业，于1994年与吉姆·克拉克一起创建了网景公司（Netscape）。所有这些都为互联网的迅速商业化奠定了基础。在那个时代投身科技行业简直再好不过了。

尽管我们有很多共同的兴趣爱好，但约翰和我过去并没有谈太多科技或商业上的话题。不过在旅途中，我们不停地讨论这些东西——有关商业化互联网的一切——可能意味着什么。在这一年里，他一边上学，一边与另外两名哈斯商学院的学生创办了一家互联网游戏公司，我也不时去加利福尼亚帮他做各种营销项目，如网站、横幅广告、营销文案等。这种状况一直持续到了2000年，这几年我一边挤时间给约翰帮忙，一边在广告公司做全职工作，后来又跳槽到了《奥斯汀美国政治家报》。

当约翰在1999年那个温暖的春日打来电话，告诉我他想给我展示一个演示程序时，我满以为他想让我帮忙做另一个与市场营销有关的项目。那天晚上9点左右，约翰和一位名叫布莱恩·麦克伦登的软件工程师出现在我家门前。约翰这时剪掉了之前半长的棕发，理了个板寸。他穿着硅谷初创公司年轻CEO（首席执行官）的标准制服：蓝色西装外套、T恤、牛仔裤，还有一个挎在肩上的邮差包。布莱恩赤着脚，穿着亮黄色的工装短裤。他们一起小心翼翼地将一台巨大的戴尔PowerEdge服务器搬进来，服务器装在通常用于保护昂贵摄影器材的百利能硬保护箱中。很明显，他们公司的未来就装在这台服务器里。我的小狗彭妮跟着这两个人，使劲儿摇着尾巴。

布莱恩立刻打量起我来。“6英尺[1]4英寸[2]，215磅[3]？”

“呃，是的。”

“你家天花板有多高？”布莱恩问。“10英尺。”我答道。他在一旁猛地一跳，勉强摸到了客厅的天花板。“你能扣篮吗？”他问，一边捡起从他口袋里掉出来的硬币。“曾经有那么6个月可以扣。”我答道。“和我的感觉差不多。”布莱恩笑着说。结果是，我俩的身高和体重完全相同。

我把布莱恩介绍给当时还是我未婚妻的谢莉。谢莉是洛杉矶人，

1　1英尺=30.48厘米。

2　1英寸=2.54厘米。

3　1磅≈0.45千克。

从林登·约翰逊公共事务学院毕业后，为洛杉矶做城市规划方面的工作。我们是在奥斯汀市中心的一家酒吧里经朋友介绍认识的。

在我们的备用卧室里，约翰不一会儿就把服务器接到了显示器上，并启动了服务器。彭妮走过去，闻了闻这台机器。“好了，进来吧。”约翰对我和谢莉说。“它很有可能会崩溃，但我还是想向你展示一些东西。”

约翰准备好了，他的脸上洋溢着兴奋。他把键盘放在腿上，巨大的服务器在他身旁发出很响的嗡嗡声。大老远把这么大一台服务器搬到得克萨斯来，这个演示程序肯定很了不得吧，我心想，有点怀疑这个东西。

这时，屏幕上浮现出一个非常清晰的地球的图片。哦，我想，是一张照片啊，就是印在许多给初中生看的科学图书封面上的那张。这幅经典图片被称为“蓝色弹珠”，是 1972 年 12 月 7 日阿波罗 17 号宇宙飞船在执行一次登月任务时，在飞船发射 5 个小时后由宇航员拍摄的。这张壮观的照片被普遍视为现代环保运动的助推器。

地球似乎在旋转，正在缓缓地运动。“你家的地址是？”约翰问。“得克萨斯州奥斯汀市乔·塞耶斯街 5604 号。”我答道。他马上敲起了键盘。

奇怪啊，我想。屏幕上的那张照片，就是那个地球，它正在转动！也许这是某种类似 QuickTime1 [1]动画的东西？但 QuickTime 动画并没有交互功能，它们是线性的，如果这是一段动画，那约翰为什么

1　QuickTime 是苹果公司开发的一种多媒体架构，能处理多种格式的数字视频、媒体段落、音效、文字、动画和音乐。——译者注

要输入我的地址呢？……等等，这玩意儿是怎么放大的？到底是怎么回事？

在屏幕上的图像从外太空拉近到能看清我家房子的15秒里，这些想法从我脑海中飞驰而过。随后，我认出了我家的立缝金属屋顶、邻居后院的蹦床，我那停在门前的红色福特探险者以及房后的阿罗约塞科路。

“我的妈呀！”我叫道。

“太神奇了，是吧？”约翰说。

我惊讶得说不出话来。我跟约翰和布莱恩击掌庆祝，大喊着让约翰输入那些我小时候常去的地方的地址。“试试我妈住的地方，得克萨斯州贝莱尔艾特威尔街807号，还有圣灵天主教学校。”我说，“再试试贝莱尔小联盟体育场。”从屏幕上甚至能看到我从本垒板向中外野的挡墙击球的地方，距离本垒打墙只有几英寸。我几乎能听到球撞在墙上的声音。没有什么比在电脑显示器上看到从太空拍摄的那些地方的照片更能把我带回11岁时的那一刻了。

之后，约翰把镜头拉高，切到了科罗拉多大峡谷上空，并将视角倾斜，来显示三维地形，然后像飞翔的鸟一样来回旋转，飞越大峡谷南缘，又飞入大峡谷中。从屏幕上可以看见一层层鲜艳的粉色、橙色和棕色的沉积岩。我把手放在约翰的肩膀上，我的双腿都有点发软了，我简直不敢相信自己的眼睛。

谢莉说，这让她想起了电影《国家公敌》里的某些片段。虽然同样感到惊叹，但她也很现实。她是个诚实的人，于是，她提了一个问题，一个不好回答的问题——为了回答这个问题，在接下来的几年里花去了许多人无数的精力以及数百万美元——“但你打算拿它做什么呢？”

约翰和布莱恩可能已经制订了处理这项技术的计划，但我并不清楚。这确实是一个惊人的演示程序，但一个惊人的演示程序并不一定能帮你建立起一家公司。

“我们将在接下来的几周内完成1 000万美元的种子轮融资。”约翰带着硅谷初创公司CEO所特有的那种自信神气十足地推测道。显然，至少有一位风险投资人看到了这个演示程序的潜力。

“公司叫什么名字？”

“Keyhole（锁眼）。”约翰说，然后又补充道，“至少现在叫这个名字。这其实就是我们来奥斯汀的原因。最终，我们希望用earth.com的域名推出服务。”

约翰和布莱恩来奥斯汀之前已经与earth.com域名的所有者见了面。这个人是在奥斯汀工作的IBM（国际商业机器公司）员工，在1992年非常明智地抢占了earth.com域名。他给这个域名开出的价格是100万美元。布莱恩向我简要介绍了这次会面，而约翰却不想提这件事。他们都希望这个演示程序能说服他少要点钱，或者至少考虑用股权置换现金。但看了演示程序后，他依然没有降一分钱。我们在客厅待了一小时，喝了点啤酒，放松了一下，讨论了earth.com的价值，因为他们很快要飞回加利福尼亚，我们又一起仔细地给他们口中的“EarthServer”（地球服务器）打包。

当他们起身走向门口的时候，约翰再次试图说服谢莉相信这个她称为“超人一样的东西”的经济价值。但谢莉没有被说服，这让约翰有些失望。谢莉像一个母亲那样轻轻地拍了拍约翰的肩膀，说她不懂技术，但她确信有无数的行业会排着队来买这种服务的。

不过，约翰没有告诉我们的是，在 2000 年春季，风险投资家对没有清晰盈利途径的消费型初创公司的热情开始减退。1993 年，随着第一个网络浏览器的面世，这列高速前进的网络列车开始逐渐失控，推动了前所未有的投机，估值和开支飙升。但到了 2000 年初，在途经硅谷的 101 号美国公路上，20 世纪 90 年代后期飞速前行的网络公司正面临着一个严酷的新现实，人们不再关注月活数这类虚荣的指标，转而关注公司的利润和亏损，投资者希望在投资前看到真正的收入。

如果说约翰筹集资金的窗口尚未关闭的话，那它离关闭也不远了。演示程序可能非常出色，但时机无法更糟了：筹集 1 000 万美元的计划很难实现。

第 2 章
明星软件工程师

“我们将在接下来的几周内结束 500 万美元的融资。你应该计划去山景城一趟。”自从带着演示程序来过我在奥斯汀的家之后，约翰几乎每个月都会在电话里对我说这么一句。

2000 年的整个春季我都在帮约翰的公司做一些小的营销任务，即使他没有完成任何融资。当时，我还在为奥斯汀那家报纸的网站工作。我 2000 年 3 月对位于加利福尼亚街的山景城办公室的首次造访是我第一次亲身体验典型的硅谷工作环境：灰色的小隔间，办公桌下的临时地铺，成堆成堆的旧比萨盒，满地的空激浪易拉罐；一只黑色的拉布拉多犬在办公室里闲逛；孩子们晚上来到办公室，与他们整日加班的父母一起吃夜宵比萨。

我在这里很不准确地使用了“办公室”一词。Keyhole 的团队在另一家初创公司的角落里占用了一个超大型的隔间，这家公司就是 Intrinsic Graphics，由布莱恩·麦克伦登、迈克尔·琼斯及软件工程师克里斯·坦纳和雷米·阿诺于 1998 年创建。这两家公司很难分清楚，因为约翰的初创公司尚未筹集到资金。结果，就出现了这种类似孵化器的关系。事实上，约翰的新公司唯一一个拿工资的员工是由 Intrinsic Graphics 来支付工资的，而约翰的主要职责是为软件开发记账。

Intrinsic Graphics 的几位创始人之前在著名的美国硅图公司（Silicon Graphics, Inc.，简称 SGI）共事过。硅图公司是技术发明家吉姆·克拉克在 1982 年创建的公司。这家公司是三维图形领域的先驱，也是在计算机上创造一切三维物体（从汽车零件、建筑到虚拟世界）的创新和人才中心。在 20 世纪 80 年代和 90 年代初，如果你想开发任何涉及三维的硬件、软件或内容，你就会想到硅图公司。但到了 90 年代中期，硅图公司的市场受到了来自戴尔和惠普等公司的廉价、强大的 Windows-Intel（Wintel）工作站的冲击。

Intrinsic Graphics 的创始人于是离开了硅图公司，并很快在高度专业化的三维可视化领域招募了一批最优秀的程序员，组建了核心团队，并让他们开发一套软件工具，供游戏开发人员构建交互式三维环境使用。大部分团队成员曾从事过高端三维模拟器——飞行模拟器、作战模拟器、核电站模拟器——的开发工作。这些项目通常需要花费数百万美元，用来进行开发以及在专门的高端硬件上运行。这些硬件安装在人造平台上，以重现被模拟的物理环境中的效果。例如，在一台空中客车 A320 模拟飞行器上，驾驶舱内有所有的飞行仪表，驾驶舱的窗户上装有高分辨率电脑显示器。

这些工程师组建了 Intrinsic Graphics 公司。他们认识到，价格实惠、功能超强的个人电脑能够应用以前仅在价值数百万美元的专用模拟器上使用的产品。他们把宝押在摩尔定律上：戈登·摩尔是英特尔公司的联合创始人之一，他有一个著名的预测，即当价格不变时，集成电路上可容纳的晶体管数量每隔两年就会增加一倍。

Intrinsic Graphics 有一个围绕着一项叫“裁切贴图”的专业图形技术创新开展的副项目。这项专利技术能加载一组有多种分辨率的图像，并将图像混合在一起，创建出一张无缝拼接的大图像。我们的工程师这么向我解释这项技术：裁切贴图是一种将一系列经过预先计算和优化的图像（这些图像也叫多级纹理）裁切到在三维屏幕场景中渲染的几何体子集的方法。坦纳的专利裁切贴图技术确定了如何加载尽可能少的数据，而仍然能够在屏幕上快速渲染逼真的三维场景。

你明白了吗？你可以想象一下，你正站在奥运会标准泳池上方的一个十米跳台上。在泳池深水区，池底有一枚 25 美分硬币，你想把它捡回来。你看到它了，然后开始下潜。在使用了坦纳的裁切贴图技术的场景中，只有你所穿过的水的图像会被加载，而不是整个泳池的图像。对你来说，这个场景看起来就像是你潜入泳池中。你所不知道的是，只有泳池里的一小部分水——或者说只有你能看到的水的图像——被加载了。裁切贴图计算出了潜水期间所需显示的最低水量，然后只给你显示你能看到的水，而不是整个泳池的水。

所有这些都转化成了更快的视觉体验，比通过互联网加载场景的全部数据要快得多。1999 年初，这项技术被用在了飞行模拟器和电子游戏上。但在某个周末，迈克尔·琼斯把克里斯·坦纳和雷米·阿诺叫到他的家中，他们一起在餐厅的餐桌上工作，将这项技术应用到了一个新用途上：地图，一张其 DNA（脱氧核糖核酸）根植于电子游戏和模拟器，并且加载速度比任何其他数字地图都要快的地图。

为了激发灵感，迈克尔给克里斯和雷米看了一部影响深远的微电影《十的次方》(*Powers of Ten*)，电影时长 9 分钟，是 1977 年由建筑师查尔斯·埃姆斯和蕾·埃姆斯制作的。这部经典短片旨在说明事物的相对大小。在片中，镜头从在芝加哥格兰特公园里野餐的一对夫妇逐渐拉高，一直拉到遥远的太空，然后又逐渐拉回。当镜头移动时，每个缩放级别代表又一个“十的次方”。这部电影展现了一种非凡的视觉效果，并成了工程师们那个周末在迈克尔家餐桌旁准备重新创造的体验的起点。

地球数字模型的概念是一种典型的构想。1998 年，时任美国副总统阿尔·戈尔在一次教育会议的演讲中讨论了三维数字地球，他描绘了这样一个未来：“全世界的公民都可以与计算机生成的三维旋转虚拟地球互动，还可以获得大量的科学和文化信息，来帮助他们了解地球及人类的活动。”在尼尔·斯蒂芬森的科幻小说《雪崩》(*Snow Crash*, 1992）中，主角弘使用了一款 CIC 公司的软件，就叫“地球”。CIC 用它来追踪公司拥有的所有空间信息，包括所有的地图、天气数据、建筑计划以及卫星监视之类的东西。硅图公司开发了一个名为“空间面对面”的用来验证概念的演示程序，这个演示程序运行在价值 200 万美元的硅图 Infinite Reality（意为“无限现实”）计算机上。

而迈克尔和他的团队首先在普通人也可以接触得到的设备——个

人电脑上创建了一个数字模型。（团队使用的是一台戴尔电脑，售价约 4 000 美元。）迈克尔不久给这个演示程序起名为“CTFLY”。它是一个非同寻常的应用程序。在这个模型中，用户可以把外太空缩小成一张迈克尔从 NASA（美国国家航空航天局）网站上下载的高分辨率图像。1999 年，Intrinsic Graphics 在洛杉矶举行的 SIGGRAPH 商业展会上展示了这个演示程序。SIGGRAPH 是一个三维可视化软件社区举办的年度会议。

这个演示程序只有一个问题，就是太好了。向 Intrinsic Graphics 软件的潜在客户做的演示已经演变成免费的地理课，变成了一场全球之旅，而不是了解公司的软件。迈克尔和布莱恩于是继续向 Intrinsic Graphics 注资，对演示程序进行改进，尽管事实上它并不是公司游戏开发软件的核心。在 CTFLY 上花费了数个季度之后，Intrinsic Graphics 的董事会逐渐认识到，这个程序不仅成本高，而且与公司主业脱节。董事会给团队下了一道命令：“它很酷，但不要继续开发它了。”

如果 CTFLY 不能作为演示程序继续开发，那么为它单独成立公司行不行？布莱恩和迈克尔目睹了人们对这项技术的热情，他们觉得不能让这个概念消失。迈克尔回到董事会，问道：“我们能不能把技术转让出去，来筹集资金，并将核心技术授权给一家新公司呢？”董事会同意了。

为了管理这家新公司，布莱恩和迈克尔知道他们需要聘请一位 CEO 来筹集资金、建立团队。他们聘请了一位硅谷猎头，他推荐了多位有趣的 CEO 候选人，其中一位刚刚卖掉了他在读商学院时创办的电子游戏公司。Intrinsic Graphics 早期员工之一的安德里亚·鲁宾翻阅了候选人的简历，注意到约翰和她的兄弟都是在 1996 年从加州大学伯克利分校哈斯商学院的 MBA（工商管理硕士）课程毕业。在她的兄弟同意为约翰担保之后，约翰与公司约定在 1999 年 12 月来公司接受布莱恩和迈克尔的面试。

按照约定，约翰从他位于旧金山东湾的家中来到山景城，与迈克尔和布莱恩见面。在第一次见面时，约翰看了 CTFLY 演示程序，听了迈克尔关于他心目中的程序的前景的一番宣讲。约翰想再深入了解一些。“我看到里面有丹佛的芯片，你有其他的数据吗？”迈克尔回答：“没有了，但这不是问题。”约翰继续说：“我发现它是在本地的一台电脑上运行的，这台电脑的配置相当强。你认为它可以在一台普通的消费级电脑上通过互联网运行吗？”迈克尔再次给出了肯定的回答：“是的，这个可以实现。”作为回应，约翰问道：“你提到了显示道路及其他类型的数据，现在能正常显示吗？”得到的答复依然是：“还不行，但我们认为这个问题可以解决。”面试结束后，约翰对演示程序印象深刻，但他意识到，还需要做大量的工作才能将这个概念转化为消费级产品。

几天后，约翰回来了。“我愿意做这份工作。”他说，“但是我想告诉你们，你们要是问我哪个项目重要，我倒觉得你们应该把手头的项目停了，专心做这个项目。我认为它比你们正在开发的游戏引擎要有潜力得多。你们两个应该来运营它，而不是我。”

迈克尔和布莱恩互相看了一眼。尽管他们很喜欢 CTFLY，但它似乎不是值得他们用风险投资赌一把的东西。布莱恩以对 Intrinsic

Graphics 商业模式的辩护作为回应："游戏产业是一个价值数十亿美元的行业，现在这个行业陷入了困境，所有平台都不能互相兼容，开发人员必须为每个平台重建游戏，因此浪费了数百万美元。我们将带给他们一种新的开发方法，让他们只写一次代码就能让游戏在任何平台运行。"

如果约翰想接受"地球"项目，那么条件很清楚：项目将由他来运营，由他决定是否需要将风险投资资金用在项目中，而这笔资金对于将演示程序转化为产品并最终转化为业务是必不可少的。除了开发软件，还需要获得大量的数据；必须编写工具来处理数据，并构建用于托管数据的服务器；此外，还需要有一个商业模式来支持所有这些投资。

后来，迈克尔回忆起聘用约翰的过程："我们知道会遇到很多障碍，但你可以看出来，约翰是一个能找到办法把事做成的人。"在这两次面试中，他看到了约翰的毅力和勇气。

约翰被聘用后，他的第一份工作就是招募一个团队，将演示程序变成一个实实在在的产品。唯一一位加入新公司的 Intrinsic Graphics 员工是一位名叫阿维·巴尔–泽埃夫的工程师，他热心、充满激情，正准备着手做 CTFLY 客户端应用程序的开发工作。阿维拥有超凡的才华，刚刚完成了一个名为"沃尔特·迪士尼幻想工程"（Walt Disney Imagineering）的项目，该项目利用硅图公司的高端计算机创造出了模拟三维漂流的体验。阿维虽然很有才华，但与 Intrinsic Graphics 团队的其他成员合不来——这是约翰几个月后才知道的。

第一批员工中的其他成员，包括马克·奥宾、小间近井和菲尔·凯斯林，之前在硅图公司是同事。红头发、留着大胡子的马克是硅谷工程师和北加利福尼亚自由思想者的混合体，他在圣克鲁斯山上买了一块地并修建了花园，他的孩子们都在家接受教育。他在软件工程师中属于那种足智多谋的多面手：他可以从服务器的某些部分入手搭建服务器并编写代码，而且他不介意将办公室里的隔断拆掉，如果确实需要这么布置的话。马克负责处理最终会进入 Keyhole 数据库的上 TB 字节的数据。

近井是一个年轻而勤奋的日裔美国人，毕业于范德堡大学，拥有生物医学工程博士学位。他在范德堡大学研究的是人体的三维可视化，例如，获取心脏的数据并创建用于医学研究的三维模型。近井还是个音乐家，有趣的是，硅谷的许多最优秀的软件工程师都是有才华的音乐家。在 Keyhole，近井创建了处理与 Keyhole 系统结合使用的数据的工具。这是扩展 CTFLY 的关键一步，CTFLY 将从一个在单一位置合并数据的演示程序变成一个涵盖世界上的多个地点的数据，最终涵盖整个地球表面上的数据的应用程序。

菲尔·凯斯林是一位在达拉斯长大、从得克萨斯州大学毕业并获得计算机科学学位的软件工程师。菲尔负责的工作可能是所有人中最重要的。CTFLY 演示程序的问题在于它的能力有限——它只是一个演示程序。所有的数据都被加载到演示电脑上，可以从这台电脑的硬盘中快速读取。Keyhole 希望大量的数据可以被收集、处理，存入一个中央数据库中，再托管在服务器上，然后通过互联网传输给用户。这一设想还停留在理论阶段，菲尔的工作就是让它成为现实。他将构建一个能将迈克尔和布莱恩的演示程序和理论转化为可出售的服务的系统：这是一个利用特殊的网络代码，可以通过互联网传输数据的大型地球模型。因此，在世界上任何一个地方，能接入互联网的消费者都可以访问这个庞大而极其昂贵的数据宝库，并像访问一个本地应用程序一样流畅地浏览它。

约翰、近井、菲尔、马克和阿维是 Keyhole 的正式创始人，或者说是五位元老。约翰获得资金后，其他人才加入进来。他们把这个剥离出来的项目叫 Keyhole，这个名字是对美国监视卫星的一个秘密系统的致敬。在 20 世纪 90 年代后期，在太空中绕地球运行的是第十一代 Keyhole 卫星（KH–11），它忠实地捕捉国际热点地区的监视图像。但在约翰获得风险投资并取得 earth.com 域名之前，Keyhole 这个名字只起了类似占位符的作用。

我在公司中的角色也取决于风险投资。从 1999 年秋季一直到 2000 年春季，我继续担任《奥斯汀美国政治家报》网站的市场营销总监。我告诉约翰，一旦他结束一轮融资，我就会接受 Keyhole 的工作。我们商定，他将我写进融资演讲稿中，我的职位是在 earth.com 的团队中担任营销副总裁。从我的角度来看，由于融资尚未结束，搬到加利福尼亚的风险还是太高了 。谢莉和我刚刚结婚，在获得财务安全之前，我不想辞掉我的工作或要求她辞掉她的工作。

2000 年的春季，在前往加利福尼亚期间，我在奥克兰市中心的一幢大楼里见到了约翰和团队的其他人，我们考察了最顶层的办公空间。每个人都喜欢 earth.com 的标志在城市上空闪烁这个点子。其实，团队非常希望从 Intrinsic Graphics 拥挤的格子间搬出来，在一个新地方认真创办新公司。

但当时纳斯达克股价剧烈震荡，所以初创公司的投资者都涌进了股市里。Keyhole 是一个全新的概念：没错，这是一个革命性的想法，但它不过是边缘实验性的，其用途和市场前景尚未可知。更重要的是，它只能在最新的个人电脑，也就是那些上市不到半年的电脑上运行。由于无法在他们的个人电脑上使用这款软件，潜在的投资者被吓跑了。

时间从春季来到了夏季，好几个投资意向都化为乌有。earth.com 域名还没有买来，高档的办公空间也没有着落。小小的 Keyhole 团队一边在 Intrinsic Graphics 公司里办公，一边等待风险投资人的答复。他们不愿意让这个想法白白死掉。同时，约翰承诺，在他达成投资协议后就会雇用我。这成了谢莉和我之间常开的一个残酷的玩笑——公司拿到投资，就能去西海岸工作了。

我对 Keyhole 的承诺很快就动摇了。

《奥斯汀美国政治家报》的一位前老板有一天联系了我，问我是否对波士顿的一个营销工作感兴趣。他的公司是 1999 年秋季最后一批获得投资资金的公司之一，他们争取到了查尔斯河风险投资公司一笔 7 400 万美元的巨额投资，开了一家新的互联网营销咨询公司。2000 年 6 月，我和谢莉飞到波士顿。我在那里接受了面试，看了一场红袜队的比赛，会见了公司的创始人，并在洛根机场的唐恩都乐等飞机时接到了聘用通知。写在折叠的唐恩都乐餐巾纸上给我看的那个数字比我当时的收入多得多，所以我接受了这份工作，并将在 7 月开始上班。

我非常艰难地拨通了约翰的电话：比起波士顿的这份工作，我更期待 Keyhole 的机会，因为我知道 Keyhole 的技术有机会成为革命性的东西。约翰感到失望，但表示理解。说实话，Keyhole 的软件产品离“上市”还很遥远。我祝他好运。我们约定继续保持联系。我还提出将继续为 Keyhole 的任何营销项目提供无偿帮助。

当我在波士顿的新公司努力工作时，约翰终于在筹款方面取得了进展。在 2000 年年底，索尼风险投资公司承诺对 Keyhole 进行 A 轮投资，但股市的另一个突然波动导致了投资的延误。这轮投资计划于 2001 年 1 月结束。

2000 年 12 月，约翰和我在圣迭戈的假日碗[1]期间会面，观看了得克萨斯大学长角牛队对俄勒冈大学鸭队的比赛。终于拿到了投资，他松了一口气。Keyhole 团队很快就会正式独立，还能把 Intrinsic Graphics 给的种子资金还给他们。当我在为比赛的门票讨价还价时，约翰正在与他的新房东进行协商。房东已经看了 Keyhole 的演示程序，希望公司给他一些股份，以换取他口中的较低租金。在一家热闹的墨西哥卷饼餐馆前，约翰一边竖起大拇指朝我示意，一边继续打着电话。我们在一张桌子旁坐下，我叫了两杯百威。在喝第一杯啤酒的时候，约翰还没有谈完。随后，约翰挂断了电话，叹了口气，摇摇头，抓起我朝他那边滑过去的啤酒，碰了一下我的杯子，然后说：“搞定了！”接着，我们吃着墨西哥卷饼，喝着啤酒，讲了各自的近况。

那天在圣迭戈听了约翰的讲述，我对自己选择了波士顿的那家咨询公司的稳定薪水感到如释重负。约翰领导 Keyhole 团队已经有 6 个月了，除了缺乏资金，阿维的性格还让团队成员间关系紧张。约翰不

1 “假日碗”是一项美国大学美式足球最高级别的赛事。——译者注

止一次对阿维说过："如果你学会与人合作而不是单打独斗，你将能够做成更多事。"对于阿维，大家的容忍已经到了极限，但是尽管工作环境时好时坏，约翰已经学会了管理他的明星软件工程师们：如何招募他们、挑战他们以及留住他们。尽管成员间的关系非常紧张，但无论如何，Keyhole 的服务正逐渐成为现实。

在 Intrinsic Graphics 早期概念的基础上，菲尔、阿维、近井和马克解决了一个问题，永远地改变了地图在互联网上的使用方式。团队首先在服务器上处理了大量数据，将小块地图数据的"碎布头"拼成一大块优化过的"布"，这块"布"有多个分辨率，能覆盖整个地球。然后，团队开发了一个复杂的客户端软件应用程序，用户可以将这个应用程序安装在他们的电脑上，用来流畅地检索和呈现数据。这种类型的软件架构叫作胖客户端。通过它，你可以访问服务器上的东西；与此同时，客户端应用程序也在执行着复杂的计算。通过不太贵的互联网连接，用户现在可以在一个几乎无限大的地图上来回穿越，并且不会因为要加载新的数据集而产生延迟。一台普通配置的计算机似乎也拥有了超级计算机的力量，只要有需要，就可以从服务器中方便地获取地图数据。

到 2000 年底，约翰已经开始给我发一些真实的小软件了——可以用来安装和运行的可执行文件。可惜的是，全世界只有 15% 的电脑配置能运行这个软件，而我并没有这样一台电脑。

喝到大约第三杯啤酒的时候，我问约翰："你为什么不尝试开发一个它的网页版？这样所有人就都能使用它了。我知道它不会有像下载下来的软件应用程序一样快速且流畅的三维体验，但访问网页比让人安装软件要容易得多。”

当餐馆里的橄榄球迷为他们的球队大声欢呼，一支墨西哥街头乐队在我们的不远处演奏时，约翰解释了为什么网页版本的 Keyhole 是一个冒险的策略，因为这条路既烧钱，又有众多竞争对手环伺。“我们的优势在于流畅的三维动画。”他说，“这就是它的魔力所在。在网络浏览器上做不到这一点。如果我们把它做成网页版，它就会像 MapQuest 等服务一样，而这些服务已经占领了这个市场。”

MapQuest——1996 年被美国在线（AOL）以近 10 亿美元的价格收购——在谷歌诞生之前就已经成了地图的代名词，它在美国拥有 90% 的市场份额，“让我 MapQuest 一下”甚至成了迷路之人的一句口头禅。

“我不希望我们开发一个迁就现在的计算机的产品。我们希望开发一个能紧跟技术发展步伐的产品。”约翰解释道。当时，Keyhole 的董事会成员包括布莱恩·麦克伦登以及索尼的投资代表（Intrinsic Graphics 因孵化了这个想法并将初始知识产权捐给公司而获得了一个董事会席位）。他向我介绍了主流个人电脑上使用的新型 3D 显卡，比如英伟达（Nvidia）和冶天（ATI）等公司生产的显卡。他还介绍了快速宽带互联网接入，以及更强大的移动设备和更快的无线网络。他身体前倾，提高了音量，高过了墨西哥街头乐队的音乐。

“你知道吗，现在这些东西里面有 GPS（全球定位系统）芯片。”他拿起他的摩托罗拉翻盖手机，兴奋地解释道。“这是法律规定的，而且所有手机制造商和无线运营商都必须遵守手机拨出的 911 呼叫必须能被定位的要求。你能想象这意味着什么吗？”

嗯，我想象不出来。

约翰在预测我无法预见的未来。今天，我们把那些功能强大的电脑、宽带互联网、无所不在的 iPhone 视为理所当然。但在 2000 年，很少有人拥有能让 Keyhole 运行的功能强大的电脑和足够高速的互联网。我又喝了一大口啤酒。

我曾经见过早期 Keyhole 融资演讲稿中的一些营销噱头，甚至亲自贡献了一些。在这些幻灯片里，有 Keyhole 经过重度 PS（图像处理）的在台式电脑上运行的图片，也有在笔记本电脑上运行的图片，甚至还有最荒谬的——在移动设备上运行的图片。

当晚的假日碗比赛中，得克萨斯大学长角牛在最后时刻被反超，以 28∶35 惜败。比赛结束后，我和谢莉通了电话。“嗯，我不知道他和他的地图将走到哪一步。”我对着电话悄悄说，因为约翰和我住在同一个房间内，我站在他刚好听不见的地方。“幸好我在波士顿还有份工作。”

第 3 章
Keyhole 亮相派对

“你绝对安全。”我在波士顿的老板曾向我保证。

2001 年 3 月底，到了季度末，我就职的互联网营销咨询公司没有达到预期的盈利目标，而且差得很远。互联网的泡沫正式破灭，而公司的人力资源总监多次被人看见站在复印机旁，忙着复印与遣散费有关的文件，并将文件放进整洁的绿色文件夹。

我的老板告诉过我，我的工作对公司很重要，因此当我被叫到 CEO 的办公室时，我感到很意外。我被解雇了。我拿着我的绿色文件夹走到老板的办公桌前，说：“嘿，到底是怎么回事，你不是说我是安全的吗？”

“是的，”他说，“我以为我也是安全的。”他举起了他的绿色文件夹，笑了笑。

那是有史以来最冷的冬天之一。尽管已经 3 月了，这个城市仍然被脏兮兮的冰雪覆盖着。我过了好几天才鼓起勇气打电话给约翰，告诉他这个消息。“我被投票淘汰出岛啦。”[1]我开玩笑道，想让气氛轻松一些。

虽然近期来自索尼的 A 轮投资比公司在网络泡沫最高点时能筹到的 1000 万美元要少，但现在约翰好歹有一点运营资金了。这笔投资的到来对公司来说是个小小的奇迹，对我来说也是！

“也许你可以为我们做一些远程咨询工作，然后我们看情况再说。”约翰提议。我们都觉得，如果我留在波士顿的话，做全职工作会很困难。话虽如此，我还是很乐意加入这个 11 人团队的，即使我只是给公司打短工。

不幸的是，就在我加入时，Keyhole 的商业计划已经被彻底颠覆。约翰和团队用一年的时间为消费者创建了一项宽带地图服务，并已达成协议，将通过当时领先的宽带互联网公司 Excite@Home 发布即将面世的 EarthViewer（虚拟地球软件）。

Excite@Home 拥有数百万宽带互联网用户，而 EarthViewer 似乎非常适合那些拥有更快的互联网接入服务的高科技产品早期用户。然而，Excite@Home 的业务却非常依赖与时代华纳（Time Warner）、考克斯（Cox）、康卡斯特（Comcast）等有线电视公司的合作。随着 2001 年初互联网泡沫的残酷破灭，有线电视公司纷纷撤出互联网行业，Excite@Home 的股价遭受重创。与其他许多公司一样，公司随

1 “voted off the island”是出自电视真人秀节目《幸存者》的一个短语。比赛中失利的一队将召开部族会议，部族成员进行投票，得票最多者被淘汰出局。——译者注

后开始分崩离析。Keyhole 的营销马车拴错了马。当时很容易犯这样的错误，因为 2001 年初有很多错误的马。事实上，几乎任何互联网服务都突然成了一场风险很大的赌博。从 Garden.com、Pets.com 到 iWon.com，再到在 2000 年 1 月购买超级碗广告的其他 16 家互联网公司，到 2000 年年底时，它们的市值蒸发了超过 5 万亿美元。

约翰和 Keyhole 团队需要寻找另一种商业模式，一种有别于消费者地图软件的新点子。“嘿，我们需要一种新的商业模式。”约翰在聘用我之后的第一次通话中对我说。当时我站在剑桥公寓的食品储藏室里，这里现在兼做我的办公室。

“我一直在研究主做 GIS [1] 软件的公司。”几天后我在电话中说。

“哦，我对它有一点了解，”约翰说，“但我不希望我们变成一家向政府推销东西的公司，而且这个市场已经被另一家公司占领了。”

约翰指的是 Esri（美国环境系统研究所），是一家知名的地图软件公司。当时我不知道的是，这家数字地图软件公司在距离我的办公室大约半英里的地方已经发展了 30 年了：它是哈佛设计研究院一位名叫杰克·丹杰蒙德的景观建筑专业学生创立的。

丹杰蒙德和他的妻子劳拉在哈佛大学读书时开发了一款软件，而后在 20 世纪 70 年代将其用于土地规划咨询。80 年代初，这对夫妻为圣迭戈市实施了一个大型项目，在实施过程中，他们将该工具转变成了一款叫“ArcGIS”的数字地图软件产品。到了 2000 年，Esri 已经拥有了几十万名客户，这些客户使用公司的软件，每天可以绘制超过

1 “GIS”是地理信息系统的缩写，是用地图来创建和分析数据的企业地图软件。

100 万张地图。

在大量绘制地图的同时，公司也在大笔赚钱：2001 年，Esri 创造了 3 亿美元的收入。据《福布斯》估计，拥有公司 100% 股份的杰克 · 丹杰蒙德有 27 亿美元净资产。

Esri 为每个行业都提供了一套地图解决方案。警察部门用它来绘制犯罪案件的地图，并从联邦调查局和其他政府数据库中调取资料。军方将其用于变化检测，让分析人员比较同一地点的两幅不同的卫星图像，检查哪些物体移动过（如坦克或导弹）。估税员利用它来调查可比较的房屋价值，绘制房产的平面图。房地产经纪人用它制作表示特定数据集的集中度的热点地图，并制作工具，进行回归分析，以确定在哪里新开一家星巴克或家得宝（Home Depot）最好。它的用途不计其数。

此外，Esri 还拥有系统集成商、销售代表以及长期合同和服务协议等组成的稳固的业务基石。因此，尝试借我们尚不完善的初始版本进入 GIS 软件行业，是一个令人生畏的想法，难怪约翰持怀疑态度。

尽管如此，我继续推动 Keyhole 进入 GIS 市场。

尽管有无数优点，但 Esri 是传统的企业软件模型，而且有三个缺点：复杂、没有数据、速度慢。

使用 Esri 软件创建地图需要复杂的数据分析和培训。花上四年时间学习如何使用它，你都可以拿到官方认可的 GIS 大学学位了。更实际的是，需要由 Esri 培训的专家团队（或 Esri 自己的咨询部门）为客户配置定制的解决方案。

Esri 本质上是一张白纸。要开始使用它，你必须去找你需要的数据，然后下载并导入数据。同时，你还得祈祷数据的格式正确、地图投影正确，只有这样，多层数据才能合在一起使用。你还需要 Esri 专家帮你获取并整合地图数据，好让应用程序正常工作。

而且，Esri 还很慢。如果想在线查看 Esri 生成的地图，要经历一段漫长、痛苦的等待。如果你想把航拍图像用作你的 Esri 地图的基础地图，那么软件会变得更慢。Esri 的运行速度极慢，慢到几乎没法用，尤其是在本地硬盘上没有加载航拍图像的情况下。

相比之下，Keyhole 易于使用，随软件附带数 TB 字节数据的访问权限，而且运行速度像闪电一样快。

2001 年夏，在我的一次月度例行的加州之旅期间，我访问了圣何塞的一家房地产公司，以了解他们如何使用 GIS 软件。公司的地图制作团队只有两个人。这两个人陪着我往他们最后面的办公室走，一路上经过了 140 位经纪人绵延不断的隔间。在我们会谈时，有几位经纪人因为急需某些地图而打断了我们的谈话。

等等，我心想。要是我们能制作一款简单到地产经纪人也能使用的 GIS 地图应用程序，会怎样呢?

那天晚些时候，在 Keyhole 办公室里，我向约翰讲述了我的见闻："也许 Keyhole 可以是一款针对非 GIS 专家的更简单的 GIS 软件?"为了加强表达效果，我开了个玩笑："也许我们可以成为一款连 GIS 这个词都不认识的人的 GIS 解决方案。"

约翰并不是没有意识到这个潜在的市场。团队中的其他人也一直支持走面向企业的路线。约翰很不情愿放弃一个他所认为的更大的消费产品机会而去做受众面更窄的产品。虽然长期潜力很有限，但能尽快获得现金流的保证变得越来越有吸引力。随着互联网泡沫的破灭，未来似乎不太可能获得资金，而且随着公司不断将钱投在服务器、数据和招聘工程师上，公司银行账户正一天天缩水。

自索尼履行完投资协议后，约翰就开始扩充团队。

一位名叫戴维·科恩曼的软件工程师被招了进来（但他仍住在法国），他曾在法国与雷米共事过。戴维于1999年在洛杉矶举行的SIGGRAPH商业展会上见到了CTFLY演示程序，对其印象深刻。雷米给了戴维一张存有CTFLY副本的CD–ROM（只读光盘），让他带回法国，并向他提出一项挑战：能否让软件运行三维地形？雷米很了解戴维对三维地形可视化项目的热爱，他们曾在一起做过一个A320飞行模拟器的项目。对地形的精准视觉化需要复杂的软件代码，戴维在这方面展现出了他的热情和专业知识，做出了高耸的山脉和低陷的山谷。

回到法国，戴维在演示程序中添加了三维地形代码的一些小示例，并将存有新的可执行程序的CD–ROM寄给雷米。CTFLY允许用户不断放大地球上的任意一个地点，这通常是它最令人惊奇的地方。几个月后，戴维为迈克尔和布莱恩做出了一个展示科罗拉多大峡谷和圣海伦火山的三维地形渲染的演示程序。虽然要把它做成能在全球范围内使用的软件还有很多工作要做，但在戴维的演示程序中，用户可以放大地球上的任意一个点，然后通过倾斜视图来渲染三维地形，让软件的真实感更上一层楼：圣海伦火山拔地而起，科罗拉多大峡谷向下凹陷。

与此同时，约翰给自己雇了第一个行政助理德德·克特曼，一个总是穿着精致的职业装、身材高大、金发碧眼的意大利女人。她会以一种通常用在正式会议上的友好态度接待来访者，而在某些方面，她成了办公室里母亲一样的角色。对于 Keyhole 来说，德德实在是太好了。莱内特·波萨达·霍华德，一位富有幽默感的资深技术项目经理，被聘为运营主管。莱内特曾为安达信会计师事务所等大公司工作了 10 年，负责过多个软件项目的管理。但她只同意兼职为 Keyhole 工作，条件是她在办公室工作时能带上她两个月大的女儿加比。她经常一手拿着一张有 11 英寸 ×17 英寸大的微软项目进度表，一手抱着她的女儿。当团队能按时完成项目时，莱内特的工作就很轻松，大家都对彼此感到满意。

我被录用后，约翰还雇了戴夫·洛伦齐尼，一个圆滑、容易激动的销售代表，他是从一家航拍图像供应商那里跳槽过来的。如果他的专业知识、人际关系和旺盛的精力能被正确引导，他就能帮助公司打开很多机遇之门。我们很少知道戴夫在做什么，但我们知道我们每周会从他那里听到一些疯狂的新想法或新机会。戴夫有时住在洛杉矶和塔霍湖附近，有时到处旅行，似乎会出现在世界的任何地方，除了你希望他去的地方。

约翰还认识到了数据采集的重要性，于是聘用了一个名叫丹尼尔·莱德曼的英俊、气度不凡的南非人来领导总体的业务发展。他是约翰雇用的最关键员工之一。丹尼尔和我在 2001 年 6 月的同一天作为 Keyhole 的全职员工开始上班。

可以这么想：没有捆绑数据的 EarthViewer 就像没有音乐可播的 iTunes（苹果播放器）、没有书可看的 Kindle（亚马逊电子书阅读器），或者没有视频可播的 YouTube（优兔）播放器。对于地图来说，数据就是一切。丹尼尔在全球搜寻免费和付费的航拍影像和其他数据集，来建造 Keyhole 的资料库。

埃德·鲁宾早在成家之前就是一个快乐、善良的顾家男人。他在加利福尼亚大学戴维斯分校获得了计算机科学硕士学位，并与约翰一起就读于加利福尼亚大学伯克利分校的商学院。毕业后，他一直在网景公司做数据库方面的工作，直到约翰聘请他做 Keyhole 的工程师。在 Keyhole，他将负责开发我们的订阅和计费系统，而这个系统在软件的世界里是一个相对较新的概念。

丹尼尔获得了上兆字节（单张航拍照片）、上千兆字节（街区）和上兆兆字节（城市和州）的数据集。许多数据集都是用纳税人的钱捕捉的，因此属于公有领域的一部分。丹尼尔也可能会索要一些特定的数据集，让对方把数据集保存在 CD（激光唱片）或 DVD（数字化视频光盘）上，并寄到我们的办公室，而我们只需花复制光盘的钱。令人惊讶的是，许多城市的警察和消防等部门把他们城市的图像数据发给我们，并要求我们导入这些数据。这使得他们通过 EarthViewer 就能访问数据，而在以前，他们必须通过 GIS 部门才能访问数据。

EarthViewer 1.0 的整个基础地图是免费的，是由 NASA 以及一个名为“蓝色弹珠”（Blue Marble）的数据集提供的。蓝色弹珠汇编有 2000 年 6—9 月收集的卫星图像。在 EarthViewer 中，当你一路放大到太空级别时，你就能看到这张图像。蓝色弹珠数据集是一张美丽的基础地图，可供公众免费使用。当然，这张地图只能被用作背景图片，分辨率不高。对于分辨率更高的视图，我们需要找到先进的高分辨率成像卫星拍摄的图像或低空飞行的飞机拍摄的图像。

约翰制定了一个三管齐下的数据采集策略。第一招与卫星有关。约翰和戴夫·洛伦齐尼与仅有的两家运营高分辨率成像卫星的公司进行了接触，这两家公司分别是 Space Imaging 和 Digital Globe。这两家公司运营的卫星都是为军事领域开发的 Keyhole 卫星的直系后代。

10 年前的 1992 年，美国国会通过了《国土遥感政策法案》，催生出了商业卫星产业。这是美国历史上非国防产业的高分辨率成像卫星首次获准合法应用。

戴夫和约翰会见了 Space Imaging 的代表。这家公司是由洛克希德·马丁（Lockheed Martin）和雷神（Raytheon）组建的合资公司，已经发射了第一颗商用高分辨率成像卫星。这颗卫星名叫 Ikonos，它可以记录分辨率约 1 平方米的图像，也就是说，图像上的每个像素对应地面上大约 1 平方米的区域。

Digital Globe 则不那么靠谱。它前两次卫星发射都失败了，每颗卫星损失了 5 亿美元。认人意外的是，它在 2001 年 10 月 18 日从范登堡空军基地发射的第三颗名为 QuickBird II 的卫星几天后成功传回了第一张卫星图像。

QuickBird II 设计绕地球飞行 5 年，最终飞行了 13 年，绕地球飞行了 70 000 次，持续以 1 米的分辨率拍摄照片。也就是说，照片中的一个像素代表地面上 1 平方米的区域。QuickBird 的图像能区分汽车和卡车，也能看清车的颜色，不过无法辨认出车的品牌和型号。

数据采集策略的第二个要素聚焦在飞机捕捉的图像上。市场上出现了第一批足够用于测绘的数码相机，它们降低了成本，提高了航拍图像的质量。航拍图像的分辨率可以比卫星图像更高，照片的分辨率能达到 15 厘米 ×15 厘米。这些数据中的一部分由当地政府机构委托收集并承担费用，作为交换，这些城市获得了许可，可通过 Keyhole 革命性的流软件平台访问它们自己的数据。

战略的第三部分涉及直接联系收集航拍图像的公司并商谈购买图像。在这一点上，这个行业高度分散，并且大多是一些立足于航空业的低调公司。这些公司中最为有趣的是一家有着雄心壮志的小公司 Airphoto USA，它的老板罗伯逊是一位无与伦比的航拍牛仔、敢于冒险的企业家。这家公司位于菲尼克斯，拥有一支由 14 架飞机组成的机队。飞机的机身上都钻了不少孔，用来安装照相机。长发、烟不离手、嗜酒如命、骑哈雷摩托的罗伯逊简直是约翰和丹尼尔的对立面。但 Keyhole 需要罗伯逊这样叛逆的人相助，放手一搏。他拥有美国 100 多个人口最多的城市的高分辨率航拍图像数据集，而约翰想要所有这些数据集的访问权。约翰还希望罗伯逊在四个星期内向我们提供新的数据集。他希望 Airphoto 授权 Keyhole 把其所有图像导入我们的数据库中并出售它们。对于在单个城区的飞行，罗伯逊会向市政府收取 40 万美元的费用。约翰则希望不预付现金而拿到所有这些权利。

不过，约翰会向罗伯逊支付版税：每售出一个许可证支付 25% 的版税。例如，如果我们向 EarthViewer 售出一个 600 美元的许可证，罗伯逊就会赚到 150 美元。罗伯逊同意了，可能只是因为他看得出这是一种更快、更有效地分发他的数据的方法，而且如果他不和 Keyhole 合作，别人也会和 Keyhole 合作。

由于我们会将这项服务卖给他自己的许多商业客户，因此罗伯逊协商将 Keyhole 确立为其核心 GIS 用户市场的补充，而不是竞争对手。例如，合同规定我们将不允许用户导出来自 Keyhole 的具有地理数据（经度和纬度）的图像。这意味着像 Esri 这样的地图软件应用程序将无法知晓图像的原始位置。我们也将设定打印分辨率的上限，在某些版本中还会打上有 Airphoto 和 Keyhole 标志的水印。最后，他的图像被查看时将突出显示 Airphoto 标志。

坐在塞进办公室一角的隔间里的马克·奥宾用他的新工具 Earthfusion 将罗伯逊的图像转入 EarthViewer。这个工具会使用后端脚本导入图像，将照片按照正确的地图投影拼接在一起，平衡图像的颜色，然后将图像混合到数据库中。数据库为可传输到 EarthViewer 客户端应用程序的格式。结果是，你在查看的似乎是一张无缝的照片，但实际上它是由数万张照片组成的。

EarthViewer 实际上是两个产品：既指你下载并安装在电脑上的软件包，也指航拍图像库的订阅服务。（我们故意没有建网站，这样一来我们就不会与 MapQuest 直接竞争；同时也是出于安全考虑，因为图像数据很容易从基于浏览器的服务中被盗取。）另外，定价模式也是革命性的。当时，一个 8 平方公里区域的单个卫星图像的售价依然高达 10 000 美元或更多。

21 世纪初，Keyhole 的航拍图像数据库还很有限。为了改进服务，我们需要将来自政府和商业航拍图像提供商的分辨率最高、最新、最全面的图像数据库合在一起。

最终，约翰做出了追求短期效益的决定，公司转向了 B2B（企业对企业）的模式。Keyhole 开始探索潜在的企业市场。戴夫与一个名为 Realcomm 的商业房地产行业的技术展会建立了工作联系。那一年的 6 月 14 日，Realcomm 展会在得克萨斯州的达拉斯举行。约翰站在 Keyhole 的深灰色展位门口，告诉我们：EarthViewer 1.0 将在这次展会上正式发布。

马克说："我们还没有准备好，我们只有四个城市的地图。在展会前应该至少把达拉斯 / 沃思堡上传到数据库里。"约翰说："嘿，伙计们，你们必须想个办法来搞定这件事。"这显然不容争辩。工程师们加班到深夜，确保将展会上要用到的地图上传到数据库中；同时，另一个团队做出了最终版的 EarthViewer 1.0 软件，用来访问数据。我则争分夺秒地准备所有的营销必备物品——从名片到展台。在定价上，我们决定尝试将全年订阅价定为 1 200 美元。

在展会当天，2 000 多名投资者、房地产开发商和房地产投资组合经理聚集在巨大的展厅里，从展会充满魅力的组织者吉姆·扬那里了解最新的行业发展动态。在两侧装有电视屏幕的舞台上，扬简要报告了最新的创新，然后开始介绍他最近发现的一些新技术。近井开始在屏幕上带观众飞越达拉斯，然后把地图缩放到展会所在的会议中心。他还带观众游览了全国各地的房地产热点地区，随后详细介绍了这个庞大的综合数据库和流体通道的能力，它们将彻底改变发现、收购、开发和销售房地产的方式。

之后，我向一名潜在客户展示了我们的软件，带他飞越全世界，并观看他的房产的航拍图。我忽然察觉到罗伯逊就在附近。当我将航拍图像放大到某处房产时，Airphoto USA 的标志消失了。在这个状况出现之前，我就知道要发生些什么。

“我的标志在哪儿呢？”罗伯逊在我耳边悄悄问，“我的标志呢？”

然后他跺着他穿着牛仔靴的脚，他的牛仔裤上拴着钱包。不久，我接到了约翰的电话，他问我怎么回事。在山景城，约翰收到了罗伯逊发来的一封咄咄逼人的语音邮件，里面有“违反合同”和“明显违反诚信”的字眼。后来，我在罗伯逊的展台里找到了他，他正一边抿着塑料杯里的威士忌，一边抽着烟。

我试图解释标志消失的原因——独立的数据库，以及我们的客户端软件为何有时不会回调我们的服务器以获取新图像。在这种情况下，由于 EarthViewer 不知道所查看的图像来自 Airphoto USA，因而它的标志可能无法加载。

“绝望（desperate）的数据库？”

“不是，是独立（disparate）的数据库。”我说，“就是不同（different）的数据库的意思。”

“那你为什么不直接说‘不同’啊？”

尽管 Realcomm 的与会者给了 EarthViewer 极高的评价，但到展会结束，团队只做成了 11 笔生意。约翰将这份订阅用户名单钉在了他办公室外的墙上。我们获得了展会的最佳房地产新技术奖，但显然在找到一个完美的市场之前，我们有更多的工作要做。我们设法让挣到的钱比花的钱多。这成了我们决定参加一个新的商业展会的标准。一个建筑展会？费用是 5 000 美元？那好，开完展会时要挣得比这个数字多。

这种做法可能很幼稚，也可能很聪明，但不管怎样，我们最终通过直接参加商业展会，尝试了许多不同的市场：旅行社展会，美国地质调查局展会，电视台展会，私人航空业展会，城市规划展会……我们绝不挑三拣四。似乎这项技术可以用在我们之前想象不到的很多场景中。我记得我们还向一个设计高速公路广告牌的人卖过 EarthViewer 许可证。他用 EarthViewer 来计算广告牌的观看距离，并相应地调整其设计的字体大小。

2001 年秋，我不断飞往美国各地参加商业展会和销售会议，为我们的产品寻找合适的市场。我和妻子仍然生活在波士顿，因为公司的财务前景太不稳定，无法负担我们横穿美国搬家的费用。2001 年 9 月 10 日星期一早上 8 点，我登上了常坐的美国航空从波士顿洛根机场飞往加利福尼亚的飞机。我记得戴夫·洛伦齐尼在此前一周打电话给我，问我是否能改在 9 月 11 日星期二乘飞机前往洛杉矶参加一个他也将参加的商业展会。我拒绝了他，因为我已经安排好在星期一出差了。

第二天发生的事情（“9 · 11”恐怖袭击）让人开始客观看待在一家有风险的初创公司里经历的相对微不足道的考验和磨难。和硅谷的其他员工一样，我们或聚在电视机前，或一起浏览 CNN 的网站。我们在寻找答案：这些人是谁？这么大的仇恨是从哪里来的？CNN 的网站因为访问人数过多而瘫痪。那天早上，我做的第一件事就是在 EarthViewer 里转动地球，研究起中东来。

不知为何，在 9 月 11 日的悲剧性事件发生之后，我觉得自己更加忠于 Keyhole 了。对我来说，那天早上发生的事件和巨大的人员伤亡是一记棒喝，提醒我们人只能活一次。尽管这是一家有风险的公司，但我们还是很有可能把 Keyhole 变成一家伟大的公司。我越发想抓住这个机会了。

尽管用户必须拥有一台配置较高的个人电脑才能运行EarthViewer，而且EarthViewer的图像数据库还不太大，但Keyhole还是在2001年创造了50万美元的收入。作为一家面向消费者的软件公司，这一战略转型一直是一个挑战，但为了抓住机遇，我们正在重塑自己。在我们周围，没有转型的互联网公司纷纷倒闭。尽管如此，Keyhole仍然处在逆流之中，远没有实现盈亏平衡，不过至少我们的团队走到了正确的方向上。

2002年初，我们聘请了第一位专职销售总监道格·斯诺。他之前已经成功为MapInfo销售了不少地图软件。MapInfo是美国排在第二位的GIS软件，但市场份额比排名第一的Esri要小得多。道格，这个曾是大学橄榄球队的后卫、长得像《黑道家族》里的托尼·索普拉诺的家伙，公然提出他为Keyhole工作只是为了拿回扣。我还设法说服约翰雇用了一名市场协调员——里提·鲁夫。

到了春季，我们开始意识到，我们可能会在房地产市场获得更多的关注。房地产其实是一个庞大而散乱的行业，是许多不同市场的松散集合，而每个市场都有各自的需求。一开始，我们试水了住宅房地产，参加了在芝加哥举办的全国房地产经纪商协会展会，展会吸引了5万家住宅房地产经纪商。我和里提到了会议中心后面，在取出我们的展台布置材料的时候，我就知道住宅房地产市场不行了。我的第一条线索是，我们的展台紧挨着一家口红销售公司的展台。

事后看来，在这个展会上度过的难熬的两天半时间让我洞见了未来。展会现场的人群中大部分是女性，没有人购买Keyhole。他们随身带着两种设备：手机以及奔迈（Palm Pilot）或康柏（Compaq）的新型移动个人数字设备（PDA，又称掌上电脑）。如果你有足够的耐心，那些掌上电脑中的一些甚至能加载出一张小小的黑白地图。

一个月后，我们又来到在拉斯维加斯举办的最大的商业房地产展会——国际购物中心协会展会上碰运气。我们的展台位于会议中心的边缘地带，对面是一家出售 LED（发光二极管）道路指示牌的公司，卖的就是商业区和加油站外立着的、从很远的地方就能看见的指示牌。我们感觉像在太空中一样。由于这家展台的灯光太亮，他们的一位员工甚至送给我们每人一副墨镜。

“这太扯了。”道格·斯诺喊道，怒气冲冲地走了。15 分钟后，我们被护送到了展厅前门旁边的最佳位置上。这是道格为 Keyhole 做的最重要的一件事。此后，公司每年都能占据这个黄金地段了，还获得了优先取舍权。

结果证明，2002 年的商业房地产展会就像是 Keyhole 的“亮相派对”。这是人们第一次大量购买我们的产品，简直是一场疯狂的销售派对。三天里，我们售出了价值 10 万美元的软件包，并挖掘了大量的潜在客户。

“展会特价 599 美元。好啦，赶紧买吧。你今晚吃一顿牛排也就花这么多钱。”我和一位目标客户开玩笑说。他最后买了软件。

客户的反应几乎总是一样的。“我的天啊。我能看见我家的房子？吉米，快过来看看这玩意儿。嘿，那不是你的车，吉米。我的妈呀，赶紧打电话告诉你老婆。嘿，这不是实时的吧？”

“当然是的。”我回答，“你可以走到外面，朝卫星挥手试试。我们在这儿等着看你！”他看看门，然后又转头看看我。

“啊，该死，我差点就信了！好，帮我开单子吧。我要买两套。”

在那段时间，我们用了一台老式的信用卡刷卡机来印制小票的复写单。德德会将这些信用卡订单输入一个网站来处理这些交易。订单潮水般地涌向我们的展台，以至于我们的员工争着使用信用卡刷卡机。我们在展台里展开了一场竞赛，比谁每天卖得多，结果多是德德获胜。

有一次，我在人群中举起四个软件包，说：“我这儿只剩四个软件包了，谁想要？”

“我要。”人群后面有人喊道。我把这个客户叫过来，并把软件交给他时，他说：“不过请问一下，这是什么啊？”

Keyhole 找到了它的第一个市场。

第 4 章
初创公司需要的人

2002 年春末一个晴朗的星期六早晨，我发现自己被困在圣何塞市中心的科技创新博物馆那冷气很足的中庭内。在博物馆开门之前，我打开背包，拽出我的东芝 Satellite 笔记本电脑，放在铺着黑色桌布的六脚桌上。

我本来宁愿去别的地方，尤其想回波士顿陪着谢莉，因为她当时已经有 7 个月的身孕了。圣何塞的科技博物馆最近成了我们的客户。博物馆在一台自助终端机上安装了 EarthViewer，帮助人们探索这个星球。我每月一次前往山景城的差旅即将结束，不过既然我人还在加利福尼亚，我便同意为博物馆演示软件，作为软件部署的一部分。

我很累。我非常频繁地往返于山景城，似乎将三周的工作压缩成了一周。没有谢莉的禁止，我可以随意地连续高强度工作，经常加班到深夜。为了给公司节省住酒店的钱，我经常坐着约翰的银色斯巴鲁 WRX，经过一个半小时的车程，来到霍莉和约翰在奥克兰的家中，睡在昏暗地下室里的一张沙发床上。而通勤也不过是工作日的延续。即使是在被堵得水泄不通的 880 号州际公路上艰难地前行，然后跨越邓巴顿大桥进入硅谷中心山景城时，我们也被销售电话和战略规划包围着。那个夏天，约翰和我偶尔会逃离这一切，去看一场奥克兰运动家队的比赛。他们当时令人难以置信地连胜 20 场，被迈克尔·刘易斯写进了他的畅销书《点球成金》（*Moneyball*）中，名垂青史。

这个星期六早上，我就像在油锅里被炸了一般。我手忙脚乱地用 VGA 线把我的笔记本电脑连接到 50 英寸的显示器上。很快，EarthViewer 就出现在屏幕上。我用鼠标轻轻一点，让地球转了一下。我抬头看了一眼中庭，对在博物馆开门前打扫卫生的看门人笑了笑。他手握扫帚站住了，然后惊讶地睁大了眼睛。

演示 EarthViewer 永远能带来新鲜感。人们的反应常常像是见到了神迹一般。博物馆的门开了，中庭里开始熙熙攘攘，生活在硅谷的这些高智商的孩子和他们高智商的父母互相追逐玩闹。好戏开始了：惊讶地倒抽气的声音；拍打我的肩膀的啪啪声—— 一些不敢相信自己眼睛的孩子干的；吃惊的孩子们不由自主地说出了脏话；父母们纷纷提议买下软件。纯粹的快乐和肾上腺素飙升的感觉总是会让我重新振奋起来。

这天上午晚些时候，约翰和他 5 岁的儿子埃文悄悄走到我身后。（当时，霍莉和约翰还育有一个两岁的女儿，名叫克莱尔。）“要知道，向别人展示他们从未见过的东西的机会可是很少有的。”他说，“从未见过的东西啊。”他钻进人群，拿起鼠标转动了几次地球，向聚集的人群展示了几个他最喜欢的景点，比如科罗拉多大峡谷和拉斯维加斯的赌城大道。

人群把我们团团围住，兴奋的情绪显而易见，而且情绪是会传染的。“我们必须拿出消费者版本。”看着周围惊叹不已、争着要操作EarthViewer的人群，约翰补充道。

毫无疑问，商业房地产市场对Keyhole来说是一个福音。这个市场上出现了第一批走过来给我们这个羽翼未丰的公司开支票的公司，它们为我们提供了宝贵的现金流，同时延长了我们的跑道。但不管是促成家得宝的一笔土地交易、帮助暖通空调安装人员确定屋面坡度，还是协助星巴克选择下一个店面的位置，都超出了约翰每天早上起床时所憧憬的场景。

是的，这前几千名客户非常重要，但是当约翰那天对博物馆中庭里的家庭进行调查后，他再次被最初的想法吸引：一个我们的这颗星球的完全沉浸式、快速、流畅的三维模型，所有人都能用。这个革命性的概念设想使用一个非常真实，真实到几乎身临其境的模型，让任何人在任何地方都可以虚拟地飞越这颗星球。

约翰再次环顾热情的人群。“是啊，我们必须拿出消费者版本。”他说。开发消费者版本不仅仅是为了取悦他人，Keyhole实际上也迫切需要现金。

约翰最近经人介绍，认识了英伟达公司的共同创始人黄仁勋。这家公司是著名的三维图形处理器制造商。2002年1月，迈克尔·琼斯在拉斯维加斯举办的消费电子展上与黄仁勋取得联系，并提出了英伟达与 Keyhole 合作推广其图形技术的想法。种子是种下了，但需要约翰来决定是否接受这个想法并把它转化为一笔交易。

1993 年，个人电脑游戏行业起飞，同时，那些将硅图公司淘汰出市场的基于英特尔芯片的个人电脑进入市场。也是在这一年，黄仁勋创办了英伟达。该公司使得图形处理器流行起来——这是一种用在戴尔、惠普等个人电脑上，专门用于处理《毁灭战士》《雷神之锤》等 3D 游戏背后复杂数学运算的电脑芯片。图形处理器使得复杂的电脑三维世界能够在便宜的消费级个人电脑上进行图形渲染，打开了全新的市场和行业的大门。到了 2002 年，英伟达公司的市值已超过 100 亿美元。

在经历了飞速增长之后，英伟达的市值似乎已经达到了极限。尽管它主导了游戏这个庞大且不断增长的市场，但华尔街依然不认为该公司的市场属于大众消费市场。比如，运行 Web 浏览器、打开电子表格、阅读电子邮件都不需要用到英伟达的图形处理器。黄仁勋将 Keyhole 视为一个超越游戏市场的机会。EarthViewer 虽然不是一款游戏，但由于其核心复杂的三维数学运算，它确实需要在有专用图形处理器的电脑上运行。和博物馆里急切的孩子和父母一样，黄仁勋也认识到了 EarthViewer 对大众消费者的吸引力。

在第一次会议中，黄仁勋问了约翰一个问题：Keyhole 是否会考虑开发一个面向消费者的 EarthViewer 版本——英伟达专有的版本，装了英伟达的显卡才能运行。

在与菲尔就技术实现的可操作性进行讨论之后，约翰向英伟达的业务发展主管杰夫·赫布斯特提出了建议：Keyhole 将专为英伟达提供便利，推出英伟达独享的Keyhole消费者版；作为交换，英伟达将向Keyhole投资100万美元，并承诺将软件与所有显卡和软件更新捆绑在一起。“不可能。”英伟达团队轻蔑地回应道，“你们难道不明白这样的曝光会带来多大的成交量吗？我们将给你们带来一波强劲增长。”

Keyhole当时已经后劲不足，而约翰还在坚持。我们迫切需要现金，因为索尼的资金已经用光了（而且这家风险投资公司被整合到了索尼的另一个部门里）。他相信，一个英伟达独享的EarthViewer版本对英伟达来说将是一个帮助其脱颖而出的关键因素，因此他决定直接和黄仁勋谈谈。最终，黄仁勋推翻了他的业务发展团队的决定，同意向Keyhole支付50万美元，来开发一个“专为英伟达的图形处理器优化过的消费者版本”。约翰对这个协议感到满意，因为它为Keyhole争取到了两三个月的关键时间。几周之内，菲尔和我们的团队就开发出了这个版本的EarthViewer，不过还缺少一些专业功能，如打印、注释和测量。这个版本——我们称它为EarthViewer NV——捆绑了14天的免费试用和79.95美元的一年订阅价。每售出一份订阅，我们的航拍图像合作伙伴罗伯逊就能获得售价的25%，即大约20美元。

作为合作的开始，约翰和我与英伟达的一个团队在英伟达位于圣克拉拉的办公室附近会面，共进午餐。我经人介绍，认识了英伟达营销团队中与我角色相当的基思·加洛西，他是一个和蔼的美国中西部人，为了测试最新显卡常常通宵打游戏，总是一副睡眼惺忪的样子。

午餐后，我们回到英伟达崭新的办公室，评审启动计划。装着落地窗的宽敞的办公空间非常明亮，很有未来感。在新办公室里，英伟达的一名工程师以他们的办公室为背景，搞了一个逼真的第一人称三维射击游戏，让员工们可以在走廊上来回走动并射杀他们的虚拟同事。（这在我看来是一个非常糟糕的主意。）黄仁勋亲自来到会议室小坐了一会儿，对我们的团队做成这笔交易表示祝贺。他出生于中国台湾，毕业于俄勒冈州立大学和斯坦福大学，在他 30 岁生日那天创立了英伟达。“当地图缩放到街道级别时，你有没有考虑过‘采用程序化的方法’？”黄仁勋问道，他靠着会议桌，身体前倾。

“可能会考虑。”约翰回答，“但我们坚持采用针对特定地理的方法。我们想让东西看起来就像是真实存在的，而且现在还没有能在全球范围内显示街道级别的地图的数据。”

在回 Keyhole 办公室的 5 分钟车程中，约翰向我解释了黄仁勋的意思：他希望做的是三维建筑物和街道景观。黄仁勋建议用程序化的方法来制作这些，即使用一种能通过算法程序化地创建详细图像的电脑图形技术。这样能生成各种建筑物，做出一个逼真的三维演示程序，但它不能反映一个地点上真实世界的样子（有点类似《模拟城市》[1]）。约翰说，总有一天，用户能把地图放大到街道，说不定还能切换到三维的建筑物和街道照片的逼真视图，甚至能虚拟地走在街上。

“当然，这一切的前提是你能获得数百万英里之外的街道图像数据。”约翰说。停顿了好久之后，他又补充道：“那将是一个长达 20 年的项目。”

这个想法对我来说像是某部科幻小说里的情节。这么不可思议的

1　《模拟城市》（*Sim City*）是一个三维开放世界城市建造游戏系列。——译者注

技术我这辈子肯定是见不到了。

英伟达独享的消费者版本卖得很好。消费者很喜欢它。下面这封邮件是一名大学生从英伟达的网站上下载了有14天免费试用期的EarthViewer NV后发给我们的。邮件的主题是"Keyhole太棒了"。以下是邮件内容的节选："我的天啊。我那天到英伟达的网站上找驱动程序……我打开网站主页，看到了那个地球，它就浮在那里。我的天啊！我的天啊！我简直要流口水了……我放大了地图，我的神啊，分辨率依然非常高。于是我去了我家，去了我的学校，又去了我朋友家，然后我发现了地址功能！！！之后很多人闻讯来到了我的宿舍，我们输入了好几个地址，结果我们都被吓傻了。这个程序真的太疯狂了。你们确定这是合法的吗？"

与英伟达的交易将给我们注入一笔关键资金，但约翰知道这些资金还不够。50万美元只能延长两三个月。于是，他希望再与日本东京一家名为Silicon Studio的游戏公司达成一笔50万美元的交易。这是一家专门从事3D游戏的制作和发行的公司。2002年初，这家公司找到约翰，希望创建一个供他们在日本独家销售的EarthViewer版本。数周谈判之后，约翰飞到东京，希望能解决细节问题。交易完成，约翰为Keyhole再带回50万美元。

在日本，约翰收到了一个让他心碎的消息：在他得克萨斯州克罗斯普莱恩斯的家里，他的父亲乔病危了。结果，约翰不得不提前结束出差回到了得克萨斯。约翰回家后不久，他的父亲就去世了。他决定留在母亲和姐姐葆拉身边，做一些必要的安排。在父亲的葬礼上，约翰宣读了悼词。在葬礼仪式结束后，他和家人回到家中，以得克萨斯的传统方式招待亲友。烤肉、烤锅菜和馅饼源源不断地被端上餐桌。作为镇上受人爱戴的邮政局长，乔·汉克认识克罗斯普莱恩斯的所有893名居民，他们好像都去悼念乔·汉克了。

正招待亲友时，约翰的电话响了。他放下手上的事，仔细看了下号码。天啊，他想。现在就必须要处理这件事吗？电话是日本的Silicon Studio打来的。约翰知道他不能再拖延这笔交易，因为Keyhole需要现金。他请求离开一会儿，然后走出门外，和对方商讨这笔交易，以便让Keyhole能再开几个月的工资，竭力让公司存活下去。约翰后来对我说："我必须在我父亲的葬礼上达成交易，那是我个人最低潮的时候。我付出了这么多，已经一无所有了。"

在约翰回到山景城后，他将注意力投向了Digital Globe，因为他们刚成功发射了新的QuickBird卫星。随着英伟达吸引了全球消费者的兴趣以及在日本找到了新的分销合作伙伴，Keyhole需要在全球扩大其图像的覆盖范围。尽管卫星只能提供分辨率较低的图像，但它们仍具有许多优点。首先，它们可以一直工作。卫星可以一年365天、一周7天、一天24小时不停地绕地球运转。这将转化为更多的当前数据。其次，QuickBird可以收集任何国家的图像。它在南非收集图像和在亚利桑那南部一样容易。

经过一年多的讨论，丹尼尔和约翰终于与Digital Globe达成了一项协议，使Keyhole能够获得大量世界主要城市的图像。Digital Globe将Keyhole视为接触新一类客户——商业用户乃至那些只是想探索地球的普通消费者——的理想合作伙伴。这种卫星图像以往是提供给美国军方的，而Keyhole代表了一条通向另一个市场的潜在途径。

约翰让菲尔和工程团队重新设计了 Keyhole 后端服务器和前端客户端软件，使用户可以在不同的图像数据库之间切换。不久，我们有了两个地球：一个使用的是罗伯逊的数据，另一个使用的是 Digital Globe 的数据。用户可以在两者之间自由切换。

2002 年夏末，Digital Globe 的数据开始正式进入数据库中。我常常在会议室里看到联合包裹（UPS）或联邦快递（FedEx）的货车停在楼下，然后听到德德签收包裹，近井和丹尼尔从他们的工位上走过去看包裹里有什么。

近井和年轻的图像处理助理韦恩·蔡准备用两周的时间为单个城市导入数据（数据量通常为 48 到 160 张 DVD 光碟）、调整图像的色彩平衡、优化流媒体，而后推送到客户端。他们将使用 Keyhole 的 Earthfusion 软件工具进行艰巨的数据处理工作。光是一个城市就有 16 个步骤之多。韦恩是越南裔美国人，在洛杉矶长大，热爱轮滑，是洛杉矶湖人队的忠实球迷。为了解决让工作站可以整夜运行的难题，他常常最后离开办公室。第二天早上，韦恩会检查一下结果。这个过程经常失败，他会从头开始再做一遍，因此获得了“二次机会韦恩”的绰号。其他时候，为了监控某项工作，他会睡在办公室的沙发上。渐渐地，团队添加数据的速度和拆包裹差不多快了。

一个星期五下午，约翰走到韦恩的工位旁，询问一项他预计已经完成了的更新。结果他得知更新还未完成，而下周一的一个商业展会上，Keyhole 需要这些图像来销售软件。约翰暗示韦恩说，如果他完成不了，不确定下周一还有没有工作给他做。韦恩正有家人来城里看望他，而且他周末已经有安排了。约翰离开后，韦恩挥拳猛砸了一下他工位的侧墙。马克·奥宾从他的工位上站起来说："韦恩，你没明白，约翰的意思是，如果我们完成不了，我们所有人下周一都会丢工作。"

不久，我记得在另一个展会上演示了EarthViewer。我的潜在客户是一位年轻的房地产企业家，他正在考虑购买尼加拉瓜一处偏僻的海滨房产，用来开发一个新的度假村。听了他对那片区域的描述后，我们一起从太空飞往尼加拉瓜，然后飞往该国的太平洋沿岸，再按照他的指引向南行进。当我们接近目的地时，我发现了一张尼加拉瓜沿海地区偏僻丛林的一张高分辨率图像贴片。这是来自Digital Globe的唯一一张韦恩处理成功了的图像贴片。

我的潜在客户突然不说话了。我们的焦点转向一片有着洁白沙滩和蓝色海水、未经开发的偏僻小海湾。他的眼睛睁大了。他让我再缩回一点。他紧张地调查了周边区域，看看是否有人已经发现了这片未被打扰过的海滩，他的海滩。

"你是说任何人都能看到这些？"他对我耳语。

"有我们软件的人都能看到。"我回答。

他购买了该软件，而Keyhole获得的这种订阅（每年599美元）随之多了起来。后来，他说："我问你件事儿。我要是想把这张图片拿掉，行不行？我可以出钱让你们做这事吗？"我不知该如何回答他。我从来没有想过，有人会想把他们的财产移出数据库。这是Keyhole第一次被问及这个问题，但肯定不会是最后一次。

随着来自Digital Globe的全球图像数据成倍增长，我们想试着进军新市场：广播电视公司、非政府组织（NGO）以及军事和情报方向。虽然我们在商业地产和新消费市场越来越有吸引力，但现金流仍然紧张。在那段时间，约翰常常花很长时间和我们的会计研究电子表格，确定本周要给哪些供应商付款、不用给哪些供应商付款，之后总是一脸严肃。Keyhole 好似正在赌桌上玩色子，祈祷至少有一笔较大的交易。

我们的销售人员戴夫·洛伦齐尼为留住几个潜在的长期客户打下了基础。我记得有一次和丹尼尔·莱德曼一起参加一个政府的商业展会，我们的展位上挤满了对我们感兴趣的城市规划人员和管理人员。我们计划让戴夫在中午负责展台的工作，替换丹尼尔和我，让我们能出去吃午饭。可到了约定时间他却不见了，电话也打不通，直接转到了语音信箱。3 个小时后，他终于出现了，给我们讲他如何溜进联合国秘书长科菲·安南正在上面演讲的主题演讲台。演讲结束后，他在走廊里拦住安南，用经典的洛伦齐尼风格向安南展示了 Keyhole 的软件。“嗯，安南演讲结束后，我在走廊里抓住了他，给他展示了我们的东西。他憋得都要尿裤子了！”丹尼尔和我只好摇摇头，笑了笑。

初创公司需要像戴夫·洛伦齐尼这样的人。对他们来说，公司管得越少越好，你永远不知道他们会激起什么浪来。对于 Keyhole 来说，戴夫激起了一个不小的波澜：他在 NGO 的世界里找到了立足点，还联系上了一些外国政府，如也门、阿拉伯联合酋长国等。戴夫还开始与 CNN 进行商谈，想说服 CNN 在电视上使用 Keyhole 的 EarthViewer 来报道各种新闻事件的位置。戴夫抓住了几个机会，与对方开启了对话，但由于某种原因，他最终没有达成协议。

2002 年 8 月下旬，我的第一个女儿伊莎贝尔诞生在了波士顿布列根和妇女医院，比预产期提前了三周。几天后，我接到了约翰的祝贺电话，我拿着手机走出妇产科的病房。“我们很快就会与 CNN 达成协议。”约翰说，他不想让我担心 Keyhole 的现金流情况。“太好了。”我说，试着分享他激动的心情。“为了达成协议，我们已经把之前提出的 35 万美元降到了 25 万美元。洛伦齐尼说他们会同意的。”约翰继续说道。当我回到谢莉和伊莎贝尔住的病房时，我心里的压力明显增加了。

戴夫和丹尼尔在最近的六个月里一直在努力促成与 CNN 的交易。全国各地的许多小型广播公司和地方电视台都已经成了 Keyhole 的客户，它们使用 Keyhole 的软件在电视或广播中报道交通事故、犯罪现场和其他当地突发新闻。EarthViewer 几乎可以取代当地的新闻直升机，而当地的新闻台每次部署新闻直升机要花费大约 2500 美元。

到了 10 月，虽然收入略有增长，但 Keyhole 已经花光了英伟达和 Silicon Studio 的注资。公司虽然艰难地开出了一个又一个月的工资，但融资前景依然严峻。情急之下，约翰和布莱恩合力发起了一轮来自“朋友和家人”的融资。他们找各自的人脉拉投资，还自掏腰包，维持着 Keyhole 的生存。我四个月前的费用报告上还有超过 1 万美元的“未支付”，所以我当然无法参与投资。他们两人一共筹集了约 50 万美元。

作为本轮融资的一部分，约翰的商学院同学诺亚·多伊尔作为投资者和员工加入公司，负责业务发展和合作关系方面的工作。我很喜欢和诺亚共事。他聪明、安静，有点学者气质，经常在别人向他提出问题后停下来认真思考答案，考虑了问题的所有可能方面之后才有条不紊地作答。作为连续创业企业家的诺亚还告诉约翰，他愿意放弃薪水，以此换取 Keyhole 的股权。这已经不是他的第一个明智的投资决定了。他曾与另一名商学院的同学共同创立了一家做积分返还服务的软件公司，并于 2001 年 7 月将公司卖给了美联航。后来的事实证明，诺亚对 Keyhole 的 B2B 战略和销售活动至关重要。

2002 年秋季，一笔数额超过与 CNN 交易额的交易初现端倪。这个销售机会是关于使用 Keyhole 的软件，而不是数据。我们的软件将使用他们的数据——近期的高分辨率卫星和航拍图像的巨大数据库，这个数据库使我们自己拼接起来的图像数据库相形见绌。

在“9 · 11”事件发生后，Keyhole 开始接到华盛顿特区客户的咨询。由于中东局势日益紧张，很明显军方和其他机构正在寻找有助于缓解局势的新技术。Keyhole 开始与为军方绘制全球地图的美国国家地理空间情报局（NGA）进行商谈。他们拥有无限的地图和数据，但与 EarthViewer 相比，他们将这些数据分发给需要数据的个人的机制却笨拙且缓慢。

一家名为 In-Q-Tel（IQT）的投资机构负责与 Keyhole 与联系。当时，硅谷所有其他风险投资公司都已经不再投资，而 IQT 则开设了办事处，并正在寻找有趣的公司。IQT 不是普通的风险投资公司，它得到了美国中央情报局和 NGA 的资助，而且它是为了寻找可能对政府有所帮助的新技术而创立的。我们后来了解到，Keyhole 已经有 80% 满足了“对政府的重要工作有用”的标准。IQT 的作用就是资助像 Keyhole 这样的初创公司完成最后 20% 的产品功能，这些产品功能会非常有利于政府的工作。

这个过程是一个可预见的长期过程。Keyhole 迫切需要资金，但 IQT 何时采取行动却并不明确。到 2002 年底，Keyhole 的现金流再次紧张起来。由于工程师们来上班的次数减少，每周的员工会议只有零星的几个人。道格·斯诺突然辞职，Keyhole 失去了稳固的销售渠道。菲尔·凯斯林也离开了，在英伟达找了份更稳定的工作。我在寻找工作机会，还去面试了一家公司。我联系上了一家位于剑桥的公司，并且已经和公司谈到了我的薪酬待遇。

消费者版本将我们的月收入提高了约 5 万美元，但这一营收与英伟达在其网站上给我们的曝光度密切相关，并且在签订协议几个月后观众数量逐渐枯竭。在我们每周的电话会议中，我经常让我在英伟达的联系人基思·加洛西借助他们的网站、商业展会、时事通讯等渠道帮忙推广我们的 EarthViewer NV 消费者产品，并不时搞一些特价和促销活动。但 NV 版本的销售仍然停滞不前。

我问约翰是否可以联系英伟达，询问是否能打破我们合同的独享权。有了独占性条款，算法就会阻止 Keyhole 传播到更大的爱好者社区中。“你开什么玩笑？”他回答，“独占性（仅在英伟达的硬件上运行）还有 6 个月才结束。他们为此支付了 50 万美元。想都别想。”我回应道：“至少让我试试吧。”

几周后，在一个温暖的星期五下午，基思来到我们的办公室和我们开会。我向他描述了我们财务状况的全貌，对我们的前景和 Keyhole 快要倒闭的可能性毫无掩饰。基思表示同情，但他本人无权允许我们打破协议。在经过约一个月的反复谈判之后，英伟达同意让我们推出一款非英伟达硬件独享的消费者版本，我们也做出了妥协，让 EarthViewer NV 能够访问火星的图像数据库，而且价格便宜了 10 美元。Keyhole 被允许销售名为 EarthViewer LT 的产品，年订阅价为 79.95 美元。

对于 Keyhole 而言，撤销这种独享权意味着我们有更大的机会获得付费客户。如果有 100 个人登录我们的网站，我们有机会将其中的 95 人转化为客户，而之前只能将其中的 35 人转化为客户（那些拥有英伟达显卡的人），当时我们还没有推出苹果电脑版。

这对我们来说是一个巨大的胜利，约翰对我在这次谈判中的努力表示赞赏。但说实话，消费者版本的销售是由来自英伟达网站的流量带动的。我们并没有同等的渠道来推广这个新版本。并不是说我们现在有了这个更容易买到的版本，就可以开始在电视上打广告了。

或者我们可以？

2003 年 1 月，Keyhole 与 CNN 仍在讨价还价，而且几乎没有达成协议的迹象。这是一件特别令人失望的事。戴夫·洛伦齐尼已经为 CNN 这笔交易努力了 6 个多月。在销售渠道评估中，这个机会从 95% 的概率达成 40 万美元降低到了 50% 的概率达成 7.5 万美元。员工会议上只要提起这件事，大家就常常流露出沮丧的神色。

与此同时，戴夫·洛伦齐尼突然离开了 Keyhole。他又回到了之前的工作，薪水有保障、可预见。CNN 的交易几乎被人遗忘了。最后的提议是：CNN 将以每年 7.5 万美元的价格购买许可，在电视上使用 Keyhole 软件。但洛伦齐尼已经走了，没人会为达成交易而奔走。

从商业房地产市场、消费者版本以及其他五花八门的销售上，

Keyhole在2002年底之前创造了200万美元的收入。虽然与2001年的50万美元相比有大幅增长，但我们这一年仍然在亏损。索尼的投资早已用光，我们仍然在营业的唯一原因就是约翰成功地将来自英伟达、Silicon Studio以及从朋友和家人那里融到的资金整合在了一起。

到了2002年12月，Keyhole又没钱了。董事会在2003年1月初开会，约翰面临着要么裁员、要么关门的窘境。一天晚上，在"体育版"（Sports Page）——离我们办公室四个街区远的一家很受欢迎的硅谷地下酒吧，我和约翰一边喝啤酒，一边讨论还有什么办法。在最近几周里，为了公司，他始终表现得乐观积极，但当我们俩在一起的时候，约翰对Keyhole的未来有点灰心了。即使是这样，他仍然没有告诉我真实情况有多糟。我当时不知道他有时会借钱来支付工资。公司有收入时就会偿还这些借款，但这引起了他妻子霍莉的不满。他们有两个年幼的孩子，虽然约翰做前几份工作时存下的钱给他提供了一些缓冲，但他还是感受到了财务上的压力。

在这个一股霉味的酒吧里，约翰瞥了一眼头顶上的旧电视，上面正在放旧金山49人队的橄榄球比赛。他继续给我想短期促销的点子，为的是将试用账户转化为永久订阅。他不会放弃。

"整个公司全面减薪50%怎么样？"我提议。

约翰静静地望着酒吧，似乎脑中正在计算这个数字。

"嗯，那会给我们再多几个月的时间。"他终于开口说道，"也许有足够的时间达成与IQT或CNN的交易。也许我们可以通过给员工更多股权来弥补。"

那天晚上，约翰开车回家。在开到一英里半长的邓巴顿大桥（连接硅谷和东湾）正中时，他的汽车开始发出噼啪声，于是他把车停在了大桥狭窄的路肩上。约翰看了下仪表盘：汽油用光了。约翰不得不打电话叫诺亚来接他。

几天后，在为董事会会议做准备时，约翰请我帮他耍个花招，安抚一下正考虑让公司关门的董事们。我们的线上销售一直在稳步增长，而我经常要做的一件事，就是通过我们的网站，向所有在网站上注册以免费试用我们软件的人发送每月的价格促销活动。这一做法对暂时实现收入的快速增长是有帮助的，但每月只能做一次。约翰让我准备好一个价格促销活动，并在我们会议室里举行的董事会会议开始时按下发送按钮，把这个月份的免费试用广告发送出去。

约翰的电脑设置成了一有人购买软件许可证，就会从我们的付款处理器上接收订单通知的模式。当约翰向董事会介绍危急的现金流状况时，他的电脑突然响起了购买 Keyhole 许可证的订单通知声，把他的发言打断了。我不认为这个小小的伎俩能挽救这家公司，不过约翰当时苦涩地一笑，然后眨眨眼说："这又没破坏房间里的气氛。"

董事会决定为公司的每位员工提供一个选择。对于那些同意临时减少薪水的员工，公司会按工资减少的比例奖励股权。比例从 10% 到 100% 不等。大部分员工都同意减薪。一些员工，比如近井，愿意完全放弃薪水。各项费用仍未支付，罗伯逊和其他众多供应商打来的无数电话我们也躲着不接。我们制订了再撑一个季度的计划，并希望能有一项交易最终达成。在约翰不得不让 Keyhole 关门之前，我们还有三个月的时间。

第5章
争取利益

2003年3月27日上午，戴维·科恩曼是第一个来上班的人。他打开办公室的门，然后煮了一壶咖啡。路过传真机时，戴维注意到传真机收到了一封传真。这是一份CNN发来的签了字的合同，奇怪的是这份合同是在凌晨3点由他们在亚特兰大的律师们签字并发过来的。

那天下午，约翰打电话告诉了我这个7.5万美元合同的事。由于这笔交易带来的收入有限，他的兴奋已经缓和了下来。虽然如此，但约翰仍然在利用每一点好消息来给筋疲力尽的Keyhole团队加油打气。他还提到了他在给CNN的最后一份提案中增加的内容。

“我让他们同意只要在电视上使用我们的软件，就把我们的网址打在屏幕上。”他补充道。我对约翰为公司争得了利益感到兴奋。约翰上商学院时的同学奥马尔·特列斯说服约翰接受了较低的价格，以换取在屏幕上署名。奥马尔和约翰的孩子都还小，两个家庭经常来往。一次，奥马尔在约翰家吃晚饭，听约翰说了 Keyhole 的坚持以及达成 CNN 交易面临的挑战后，他建议不如只争取电视上的署名权。

当晚晚些时候，CNN 对美国入侵伊拉克的 24 小时连续报道在 8 点钟发了一则新消息，由沃尔夫·布利策从科威特城向成千上万的电视机屏幕发送现场报道。

“最新一轮的爆炸发生在约一小时前，就在我们报道时，仍在发生新的爆炸。但今晚早些时候发生的可能是目前规模最大的爆炸。”布利策说，“目击者报告说，炸弹击中了以前列入目标的几个地点，包括总统府和城市边界处的军事阵地。”

这则报道之后，镜头转回到亚特兰大演播室里的艾伦·布朗身上，他正在主持 CNN 的《形势观察室》栏目。布朗转向记者迈尔斯·奥布莱恩，这位记者将在无意中改变我们这个加利福尼亚小地图公司的财务轨迹。

布朗连线了奥布莱恩：“迈尔斯·奥布莱恩现在应该已经打开了地图，他将向我们详细解读他们为什么要打击这些目标。迈尔斯——”

我应该指出的是，在 CNN 上使用 Keyhole 软件的步骤是：我们与他们的制图团队合作制作动画，即制作预先打包好的视频，在电视上播放，以对新闻报道进行补充。你们应该都看过这些地图动画。它们通常在一个 30 分钟新闻节目中占 3~8 秒，为观众提供新闻事件的地理背景知识。

而迈尔斯·奥布莱恩有别的想法。他没有预先制作打包的短视频，而是打算在长时间的特别报道上用 EarthViewer 随意查看巴格达的地图。这样他差不多把 CNN 的新闻节目变成了一个 EarthViewer 的展示和说明节目。即便如此，在 CNN 直播节目上使用 EarthViewer 也是一个非常冒险的举动，因为很有可能会出现软件崩溃、用户错误等尴尬的状况。

多年后，奥布莱恩告诉我："我当时只是很自以为是地认为我可以搞定那些状况。CNN 的其他人都不会尝试这么做，但我知道这将会引起轰动，因为在报道突发新闻时，新闻编辑室里肯定会有一群人待在我的电脑前，想让我用 EarthViewer 飞到新闻当事人的房子上。"

当布朗将画面切给奥布莱恩时，奥布莱恩战战兢兢地开始了他的 EarthViewer 高空走钢丝表演："艾伦，我们正在查看一些卫星图像，看起来很令人吃惊。我想先讲讲我们是如何捕捉到这些图像的。"

CNN 的画面上浮现出一个细节完美呈现的地球，画面右上角突出显示了"EarthViewer.com"。

奥布莱恩从太空缩放到巴格达，为全球数百万 CNN 观众演示我们的 EarthViewer 软件。随着画面上 Digital Globe 最新的卫星图像展示了最近被炸弹破坏的地点，奥布莱恩暗示这些图像展示了战场上的最新情况。

"你注意到这里显示的时间了吗？是世界时间，也就是格林尼治标准时间，今天上午 7 点 35 分。这颗卫星在巴格达上空约 100 英里的地方捕捉到一些巴格达的影像，它们非常有说服力。我们现在一边用 Keyhole 的 EarthViewer 软件缩放到巴格达上空，一边向您展示我们所说的内容。我们差不多可以自己做一个理论上的炸弹破坏情况评估。"

与此同时，在我们的办公室里，近井从他的办公桌上跳起来，匆匆走向埃德·鲁宾的工位。作为 Keyhole 服务器基础设施的主管，近井在我们打入商业房地产市场之前就已经经受住了流量剧增的考验。最初，Keyhole 团队购买了昂贵的 RAID [1] 存储阵列，但随着公司数据和需求的增长以及存储资源的减少，工程师开始从弗莱斯连锁电器城（Fry's Electronics）购买适配 Linux 系统的机架、主板和磁盘驱动器。随着越来越多的用户和数据被添加到系统中，公司需要定期前往弗莱斯连锁电器城，购买打折的磁盘驱动器和盒子，给系统增加容量。近井对低端 Linux 服务器的修修补补总能让服务器领先需求一步。

但此次的流量剧增与以往不同。这次更像是爆发而不是剧增，它打破了周四下午往往非常安静的时光。以 15 秒增量为单位，服务器流量负载呈指数增长。然后忽然安静了。接着，所有 Keyhole Earth 服务器都宕机了。

或者还有一台服务器幸存。CNN 版的 EarthViewer 被指向了一个单独的服务器，这个服务器是 CNN 专用的。奥布莱恩继续说道："我们将在巴格达市内继续放大，向你们展示这个新动画，这是我们刚刚获得的新图像。"

回到山景城，埃德和近井不知道发生了什么事。那天，与 CNN 达成协议的消息在 Keyhole 的骨干成员中传遍了，但为 CNN 制作动画的工作还没有开始。

"我试下重启认证服务器。"埃德对近井说。埃德之前拖延了这个

1　RAID 意为独立硬盘冗余阵列，是把多个相对便宜的硬盘组合起来，成为一个硬盘阵列组，使性能达到甚至超过一个价格昂贵、容量巨大的硬盘。——译者注

问题的处理。虽然他曾提出认证服务器的代码库需要完全重写，但由于 Keyhole 资源有限，这件事从来没有重要到需要完成的程度。

之前只需重启认证服务器（有人想订阅 EarthViewer 时创建和验证新用户账户的系统）就总能解决问题。这个老旧而挑剔的服务器就像是公司的收银机和验票闸门，控制着网站的所有访问。只此一台服务器能决定谁能进来使用 EarthViewer，谁不能进来。

"伙计们，我们宕机了。"诺姆·麦克伦登说。他是 Keyhole 的技术支持主管，一个身材魁梧但说话声很温和的人。他也来到狭窄、闷热的服务器机房帮助埃德和近井。这里与其说是机房，不如说更像一个壁橱。当埃德第三次重启认证服务器后，诺姆的支持热线马上响个不停。但是，每次重启过后，巨大的流量会再次压垮这台拼凑在一起的机器。

"伙计们，到底是怎么回事？"约翰在他的工位上喊道。"我们宕机了。"毋庸赘言，公司基于订阅的服务每离线一分钟，对收入的影响都是巨大的。服务中断常常等同于免费延长订阅，有时还要退款。

要知道，我们公司里的电视机没接有线电视和 CNN。办公室里的唯一一台电视放在我们的小会议室里，主要用于某位工程师等待一个待处理的新图像数据库时玩索尼 PlayStation 游戏机上的《GT 赛车》。没人知道导致流量剧增的原因。当约翰走进服务器机房时，近井低头看了看他的手机，他在纽约的一位朋友发来了一条短信：哥们儿！我刚刚在 CNN 上看到你们公司了！

第二天，约翰兴奋地在电话中对我说："我想你还是赶紧来一趟吧。要不看看能不能赶上最近的飞机吧。"他的语速非常快，甚至有点喘不上气。这是我们的财务前景可能突然产生变化的第一个迹象，因为最近我被告知不再需要每月去一趟山景城。

在波士顿，我已经搬到了由著名视频编辑软件公司 Avid 的创始人比尔·沃纳开办的共有工作空间里办公。沃纳将精力转向了孵化马萨诸塞州的初创科技企业，而我非常幸运地成为在他的办公楼里租用格子间的 26 人之一。

在 CNN 开始使用 Keyhole 之后的第二天，比尔是第一个对我表示祝贺的人。他把当天早上的《今日美国》放在我的办公桌上，说："好了，我想你马上就能搬到加州了。"这期报纸头条的标题是《微型科技公司令电视观众惊叹》。凯文·梅尼报道了 CNN 如何使用 Keyhole EarthViewer 以及随后出现的势不可当的需求："周四，CNN 用这些地图模拟了在巴格达上空的飞行，并放大到街道来查看轰炸目标。每当 CNN 打出公司的网站 EarthViewer.com，用户就涌向网站，导致这天的大部分时间里服务器宕机，网站无法打开，让 Keyhole 的 20 名员工备感困扰。周四晚些时候，公司 CEO 约翰·汉克接受采访，声音显得非常疲惫，但他指出，还有更糟的问题等在后面。"

几乎所有主要报纸和杂志都报道了这一事件，包括《新闻周刊》、《时代》杂志和《纽约时报》。这些宣传微不足道，与 CNN 全天 24 小时不间断的曝光相比，这些宣传仅仅为我们赢得了一点点关注。事实上，当时公司里没人认识到把网站域名打在屏幕上这个小小要求带给我们的价值。我没有，约翰也没有。当然，曾努力促成 CNN 协议的戴夫·洛伦齐尼也没有，在美国领导的多国部队入侵伊拉克之前几个星期他才离开公司。我们没想到迈尔斯·奥布莱恩会在电视直播中使用软件对轰炸行动进行深入报道。我们更没有想到，这场战争会持续多年，令超过 50 万伊拉克人和 5 000 多名美国士兵丧生。

奥布莱恩继续在深入报道中使用 EarthViewer，即使软件常常在播出时崩溃。“我还想指出的是，我们在这里再放大一点，就可以明显地看出，在这片树木异常茂密的区域里——唐·谢珀德将军，请你帮我在那里指一下——至少有一辆坦克。我想我们还发现了另外几辆坦克，就在树丛附近，还看到了坦克履带的印迹。”

我从波士顿搭乘最近的航班飞了过来。那天早上，当我走进 Keyhole 的前门时，德德正站在办公桌后，她从她手中的一摞文件中抬起头来。她的金发乱蓬蓬的，眼里满是疲惫。她从眼镜上方看了看我。当时是上午 10 点 30 分，但德德看起来像是在过去 10 个小时里一直在工作。她桌上的电话响了，但她没有接。其实听起来像是办公室里的所有电话都响了起来。

“可真会找时间！”她吼道。

电话继续响。说实话，除非你知道我们的手机号码，不然你是找不到 Keyhole 的任何人的。台球桌附近的地板上摊放着特制的板条箱。莱内特拿着一份准备立即发出的物品的清单，一边打印、装订使用说明，并将 CD 光盘放进一份份使用说明中。大部分文档都在电脑上输入、打印出来，然后立即放进 200 页使用说明中。

“这些都是什么啊？”我问莱内特。

“那你得问约翰。”她说。旁边，约翰正朝这个乱摊子走过来。

“你怎么来了！”约翰说。他显得很高兴，而且有点惊讶。在 CNN 引起的一片手忙脚乱中，他已经忘了他让我立即到山景城来的事。

“这些是什么？”我再次问道，低头看着那些装着DVD光碟、硬盘、用户手册和机器的箱子，仍然疑惑不解。

“我稍后会告诉你的。”他说，声音轻快、充满了活力。“今天我们一起吃个午饭吧。”

那天下午，约翰告诉我，他与IQT的合伙人罗布·佩因特通过话了。经过数月拉锯，IQT的协议终于签了。这个150万美元的合同是迄今为止我们签订的金额最高的合同，足以让Keyhole再运营6个月。那些放弃了薪水的人拿到了补偿，同时所有人的薪水都恢复到了原来的水平。随着产品的逐渐成熟、收入的增长和营运资本的增加，Keyhole终于站稳了脚跟。

合同还为项目可交付成果给出了一个非常紧凑的时间表。自从整个国务院、每一位美国参议员、每一位国会议员、每一位大使、每一个外国政府、每一位军事情报司令、国防部长、参谋长联席会议主席以及整个军工业看到了沃尔夫·布利策和迈尔斯·奥布莱恩演示的24小时不间断播出的EarthViewer软件的电视广告以来，这个与IQT协商的时间表就被缩短了。他们中的很多人都在问同一个关键问题："为什么我的电脑上没有这个软件？"

“谁在问这个问题？”约翰问佩因特。当然，整个团队都好奇我们的EarthViewer的最终目的地。团队推测，可能是国防部长唐纳德·拉姆斯菲尔德、副总统迪克·切尼或国务卿科林·鲍威尔的电脑。

“你知道我不能告诉你。”佩因特回答道，他知道约翰曾在外交部门工作过，“其实，告诉你谁没问这个问题对我来说会更容易些。”佩因特，一个看上去仍像一接到通知就可以立即脱掉便服外套、跳上飞往阿富汗的 C–130 运输机的前特种部队士兵，向约翰传达了一个简单的信息：停下。

停下我们手头的一切工作，停下所有的开发工作，停下所有消费者工作，停下 CNN 的技术支持和图像更新工作，然后专攻 EarthViewer 私有版本的开发，包括提供在美国政府内部使用的所有数据、软件和硬件。政府“代表”将于周三下午 5 点抵达 Keyhole 办公室，在此之前，所有的东西都需要装箱，并准备出货。佩因特意识到这将意味着我们的合同价格会上涨。但他不在乎。价格不是问题。

Keyhole 将我们的整个系统都装箱了：服务器、包装盒、CD 光盘以及所有必要的文档。一些控制图像导入过程的软件脚本还未写完，就被刻到了 CD 光盘上，然后直接装进了包装箱里。我们没有时间进行任何质量保障测试。中央情报局和国家地理空间情报局对这个 Keyhole 系统抱有很大的希望——它们将把大量它们拥有的卫星图像、战争区域的高空监视照片导入软件中，而且这些图像的分辨率远高于我们所能获得的任何图像。

包括约翰在内的整个团队都在忙着包装、贴胶带、装箱、发货。与此同时，装了有线电视服务的电视机正在播放 CNN 的节目，Keyhole 的软件常常出现在屏幕上。“我们又上电视了。”有人叫道，我们就会争先恐后地跑到会议室，去看新一则使用了 Keyhole 软件的 CNN 报道。这种事发生得太频繁，以至于它们变得不那么新鲜和令人激动了。电话仍然在响，有成百上千人在拨打我们的电话，但由于没人应答，他们又拨了所有的分机号，希望能接通。我们的消费者和商业服务器经常因为埃德和团队要重写我们的认证软件而被迫离线。布莱恩深夜跑了一趟弗莱斯连锁电器城，买了 23 块硬盘，把硬盘塞进他黄色奔驰跑车的小后备箱里（他得到商店经理的批准才买到，因为顾客一次只能买 10 块硬盘）。

所有东西都打包好后，约翰开玩笑说，我们应该把近井也装在其中一个箱子里寄过去。过了一阵，他们果真提出了这个要求，他们也想要近井，先是去兰利[1]，然后又去位于监视卫星图像领域重镇圣路易斯的美国国家地理空间情报局。如果没有许可，近井不会被允许碰中情局的键盘，但可以在他们使用其卫星图像加载 Keyhole 软件时，站在某人后面指导其输入必要的 EarthServer 命令。莱内特陪近井同去，帮助对 IQT 和他们在华盛顿特区的客户进行培训。

对于政府、军方和情报界来说，Keyhole 被证明是一种非常强大的技术。它让他们能够拍摄上万张实时战况照片，将照片拼接成一个巨大的镶嵌图，然后通过网络将这个数据库传送给成千上万的军事和情报官员。

这时，我们听说某些士兵和他们焦虑的家人不愿等待信息量有限的简报，自己注册了 Keyhole 的免费试用版和标准订阅版。（但法律禁止我们向在阿富汗或伊拉克的任何人开放下载，这对那些想下载战区照片的士兵造成了不便。）我们收到了多名士兵发来的邮件，他们注册了我们的软件，想研究一下他们驻扎的区域的地形。在一封匿名语音邮件中，一名“电话兵”对我们表示感谢。他和他的小队受到攻

1 兰利位于弗吉尼亚州，是美国中央情报局所在地，这里指代中央情报局。——译者注

击，需要找出一条前往安全区域的道路。他们深陷敌方区域，于是求助于 EarthViewer，通过卫星数据连接连上了服务器。凭借对所在位置和周围环境的新的了解，他们最终找到出路。

Keyhole 最终将 Digital Globe 的战区卫星图像放进了成千上万的军事、行政和政治领袖的电脑里。它使得他们自己便能查看图像和地形，而不用等 GIS 专家创建图像地图。更重要的是，CNN 的不断曝光让军事人员之外的普通民众能通过 Keyhole 的镜头看到这场新的战争的模样。各种企业都对我们产生了浓厚的兴趣，消费者也想使用这项技术。只需 80 美元，个人就可以为假期制订计划，进行房地产搜索，而在几年前，只有那些愿意花数百万美元购买高端超级计算机和卫星数据的机构才有这种权利。

2003 年的整个春天，我们一直在应对这些蜂拥而至的需求。尽管这场战争不合情理，但结果表明，入侵伊拉克成了 Keyhole 的一个转折点——在我们最需要资金的时候为我们注入了大笔现金。尽管我坚决反对入侵，但它确实为我工作的这家公司带来了经济上的帮助。在星期一上午的员工会议上，我给约翰读了一份近期销售报告，他评论道："太好了，我想我们能开工资了。"

在开战后的前几周，我们继续向 CNN 提供巴格达的最新卫星图像。奥布莱恩使用了一种叫图像叠加的新功能，可以在电视上展示萨达姆·侯赛因众多宫殿随时间推移外貌的变化：通过来回滑动滑块，改变新图像的透明度，展示哪些地方发生了变化。

CNN 用在巴格达上的图像叠加是一个很基本的技术（不过视觉效果惊人），军事情报图像分析人员之前就已经可以通过 Esri 软件使用这种技术，但普通民众从未见过它。它让人们可以很方便地对事件发生前后某一地点的外貌进行对比，无论是轰炸、飓风还是其他灾难。

2003 年夏，CNN 继续使用 Keyhole 报道对所谓“大规模杀伤性武器”库的持续搜寻及其他有价值的新闻事件。与战争初期不同的是，我们已经能保证服务器正常运转，不过近井还是随身带着一个寻呼机，以密切监控服务器。

我们的会议室现在成了我们自己的形势观察室。我们在那儿放了两块屏幕：左边是一台一直播放着 CNN 节目的电视机，右边是一台电脑显示器，内有一个控制面板，能显示多个服务器指标，例如当前我们网站上的独立访问量、试用版下载量、用户会话和销售订单。电视上，奥布莱恩又开始说道：“正如你们所看到的，我们刚刚收到报告，你们还可以通过 EarthViewer 看到这里。”并且，显示器上下载量、带宽和购买订单等指标会每 15 秒刷新一次，还可以显示这些指标对销售额的影响。

我们发现，观看这两块屏幕非常令人陶醉——我们这样一家小公司居然站在了如此大的舞台上，而且我们经常在会议室待上好长时间。有一天，我们的观看被约翰打断了。“伙计们，回去工作吧。”他一边说，一边拍手。他提醒我们，形势虽然好，但我们还有很多工作要做。

此前，Keyhole 正与其他几家媒体就合作协议进行商谈，而战争一开打，他们就立刻打电话给约翰和丹尼尔，希望和我们签约。美国广播公司（ABC）旗下的 ABC 新闻是第二个和我们签约的媒体，主播彼得 · 詹宁斯开始在节目上使用 EarthViewer。接着，半岛电视台和我们签约了，英国广播公司（BBC）也和我们签约了。哥伦比亚广播公司（CBS）则扩大了软件的使用范围，在电视栏目《60 分钟》里也使用了 EarthViewer。广播电视业还开辟了软件的其他一些用途——从娱乐与体育节目电视网（ESPN）的钓鲈鱼直播，到环法自行车赛，再到全球各地的本地新闻分支机构。广播电视业成了公司意料之外的福地。

在 2003 年春天，广播电视和消费者为 Keyhole 创造了宝贵的现金流，但商业房地产客户仍然是我们最重要的客户。由于 Keyhole 是年度订阅型的业务，客户往往会续订服务。来自这些续订的钱相对来说比较好赚。我还记得有一天收到了一封邮件，是一家商业房地产公司寄来的 14 000 美元的支票，向我们购买 20 个用户的网站许可证。由于 Salesforce（一个客户关系管理平台）上的数据输入错误，我们没有注意到他们已经续订了。但他们仍然尽职尽责地寄出了支票，甚至连电话都没给我们打。

回到波士顿，我告诉谢莉，“当你的邮箱开始意外地出现一张张 14 000 美元的支票时，这是个好兆头，说明公司会大有可为的。”她表示同意。经过反复考虑，在谢莉和霍莉（她仍持谨慎乐观的态度）的一次交谈之后，我们终于决定迈出约翰四年前就希望我们迈出的一步。2003 年 4 月，我们收拾好了东西，准备搬到加州。我们站在了同一条战壕里。

第 6 章
罗尔夫的 KML

“我想请大家停一下，听我说几句话。”约翰说，他一边挽起蓝色扣角领衬衫的袖子，一边看了眼手上折起来的手写字条，“我会说得简短些，不过我要做几个介绍。”约翰看上去很放松。2003 年 6 月一个风和日丽的星期五下午，20 人的 Keyhole 团队慢慢走到一块小草坪上，在一棵巨大桉树树荫下的一些廉价塑料椅子上坐下来。马克·奥宾用一台生锈的丙烷烧烤架烤了些波兰香肠和德国酸菜。韦恩·蔡拿出一箱冰镇啤酒，德德·克特曼在折叠桌上摆上纸碟子、各种调味品、从好市多（Costco）超市买的薯片和蘸料。折叠桌是在克雷格列表（Craigslist，一个大型分类广告网站）上找到的赠品。（我敢肯定 Keyhole 的所有家具和装饰品都是从克雷格列表上买的二手货。）

我开了一瓶 Sierra Nevada 淡啤酒，在埃德·鲁宾旁的草地上躺下来，伸展四肢，然后碰了碰他的啤酒瓶。“这周干得不错，埃德。”我说。这话有点没头没脑，因这那些天值得举杯庆祝的事情很多。虽然我们并没有完全摆脱困境，但我们已经能看到出路了。Keyhole 的日子和 4 个月前完全不同。

IQT 的盈利能力支付方案（earn-out milestones）正在按项目的完成情况向我们付款——有人付钱给我们，让我们把软件做得更好。CNN 及其他广播电视公司继续推动 EarthViewer 在消费者中的曝光度。我们的核心客户——商业房地产商正在以极快的速度与我们签约，其中许多客户已经订阅了第三年的服务。

Keyhole 的 EarthViewer 软件正在不断改进：更稳定，更多实用的功能，可获取更多图像数据。除此之外，就像摩尔定律所预测的那样，公司创立四年以来，能运行 EarthViewer 的电脑的比例每年都会翻一番。

约翰用他的车钥匙敲了敲他的啤酒瓶，想吸引大家的注意。“让我们开始吧。我们要欢迎几个新人加入我们的团队。巴姆，到这儿来。”布莱恩·麦克伦登（巴姆）现在是 Keyhole 新的工程副总裁。这是个奇怪的角色转换。毕竟，最初是布莱恩找到约翰领导 Keyhole 这家拆分出来的新公司，自 Keyhole 创立以来，布莱恩一直是董事会的成员。在 Intrinsic Graphics 关门之后，约翰只好劝布莱恩屈就这一角色。

三年前，是 Intrinsic Graphics 出钱帮助了举步维艰的 Keyhole。现在反了过来，Keyhole 有钱了。Intrinsic Graphics 尽管拥有一批很有才华的工程师，却始终无法找到属于它的市场。游戏开发人员希望能够更好地掌控其高性能的代码，而 Intrinsic Graphics 未能说服他们采用它价格高昂、考究但有限的解决方案。尽管筹集了超过 1 500 万美元的风险投资资金，Intrinsic Graphics 还是倒闭了。而 Keyhole 还有大量尚未开拓的机遇，对 Intrinsic Graphics 的最好、最聪明的员工来说，它将是一个软着陆的机会。约翰已经可以赢得 Intrinsic Graphics 最有才华的工程师了。

那年夏天，他还聘请了 Intrinsic Graphics 的另一位创始人迈克尔·琼斯。迈克尔是三维计算机图形世界的真正先驱。在硅图公司工作期间，他协助开发了一个用于控制二维和三维图形的渲染应用程序编程接口（API）——OpenGL（这套软件功能是控制英伟达等图形处理器的核心）。技术天赋出众、拥有 20 多项专利、具有非凡演说才能的迈克尔在大学学习一年后辍学，自学高等数学和计算机科学。当被问及他从哪所大学毕业时，迈克尔只说加州圣迭戈的约翰·亚当斯小学。

约翰·约翰逊加入了 Keyhole，他与马克·奥宾和小间近井一起重建了整个 Keyhole Earthfusion 数据处理工具集。这个工具集成了所有图像和地理数据存取的中心工厂。总的来说，这个核心系统会将数百万张单独的卫星和航拍图像拼接成一个无缝的、经过色彩平衡的镶嵌图，同时针对在线查看优化图像。这个服务器端的创新最初由菲尔·凯斯林创建，是 Keyhole 真正有专利的独家秘方，它使我们能为成千上万的用户传送一个单一的巨大图像数据库。

另外，对 Keyhole 团队每个人而言非常成功的一件事是，布莱恩和约翰成功地将硅图公司前软件工程师约翰·罗尔夫抢到了手。罗尔夫到现在依然被认为是全球最好的三维图形超级程序员。罗尔夫在

Keyhole 负责开发新的 EarthViewer 客户端应用程序。他的技术实力令人敬畏。

我已经久仰约翰·罗尔夫的大名。他留着络腮胡，不爱说话，总穿一双破旧的勃肯拖鞋在办公室里慢悠悠地走，他的棒球帽檐拉得很低，遮住了眼睛，看上去总像在沉思。他总是不知何时来上班或离开，腋下夹着他的笔记本电脑，从我和其他人身边走过，一句话也不说。我们像玩拼图游戏一样拼出了他的详细背景。据说，他来自北卡罗来纳州，曾在北卡罗来纳大学教堂山分校学习计算机科学。据我观察，他平时唯一花钱的地方就是手工打造的直线竞速赛车和市场上速度最快、最新的奔驰车，无论多贵他都会买，然后继续穿着他的人字拖、短裤和破旧的 T 恤衫开车。

野餐结束几周后，有一次在 Keyhole 办公室的卫生间里，我感觉有人在小便池附近停下来，站在我旁边。我微微向左边转了一下眼睛，扫了一眼。没错，是罗尔夫。当我们都在水池洗手时，罗尔夫瞥了一眼镜子里的我。

"你不明白这个东西将会多重要吧？"约翰·罗尔夫对我说。他真是在跟我说话吗?

"啊？"我有点惶恐地问。

"KML。"

我当然听负责管理 IQT 项目的莱内特说过，我们与 IQT 的协议里有这么一项要求。一种称为 Keyhole 标记语言（Keyhole Markup Language，KML）的新软件标准将使某个用户能够与其他 Keyhole 用户共享他在地图上标记的点、线和折线。用户 A 可以在他的

EarthViewer 上标记，然后将这些注释和标记作为 KML 文件发送给 EarthViewer 的用户 B，而用户 B 将在看到完全相同的地球视图的同时，还能看到所有相同的注释和相同的观看地球的视角。这将是一个非常强大的东西。

“不，我不知道，罗尔夫。”我回答，抽出一张纸巾。

然后是一阵沉默。我抬头从镜子里看着约翰。他那无时无刻不在的棒球帽遮住了他的目光。他洗完了手，抽了一张纸巾。他把纸巾揉成一团，从镜子里看着我，目光中流露出对我不理解这一共享地理信息新标准的潜在影响的反感。他用比平时大了一点的力量把揉成团的纸巾扔进垃圾桶里，然后走了出去。

事实如此。KML 无疑将成为我们软件最重要的改进——将 EarthViewer 从单用户应用程序转变为可创建和共享地理信息的协作应用程序。

有了 EarthViewer，房地产经纪人只要简单地在仓库周围画一条线就可以测量竞争对手的位置、地块的面积，甚至仓库的面积。他可以用箭头、点标记地图，代表一个位置或房产的轮廓。现在，有了罗尔夫的 KML，这些测量和注释不仅可以储存在一台电脑上，而且可以与其他 Keyhole 用户共享。KML 成了世界各地的 Keyhole 用户共享他们的数据和他们眼中的世界的标准。它就好比 Word 文档的 .doc 文件或 Excel 的 .xls 文件。最终，它将为数百万人所使用，而它基本上是由约翰·罗尔夫这名天才工程师完全独立开发的。

麦克伦登、琼斯、约翰逊和罗尔夫对 Intrinsic Graphics 未能存活下来感到失望。但对 Keyhole 来说，大家都很高兴能将技术团队扩大一倍。随着这些新资源的加入，Keyhole 已经有能力承担新类型的工作、拓展新的行业了，包括使用新的 KML 数据格式来可视化和共享来自 GPS 卫星的数据。

由 24 颗绕地球运行的卫星构成的全球定位系统于 20 世纪 70 年代出于军事目的开始实施，最初的需求是定位潜艇和其他军事资产。1991 年海湾战争时，伊拉克战区便深深依赖上了 GPS，尽管在 90 年代初，使用 GPS 系统所需的接收器仍重达 50 多磅。

1996 年，美国总统克林顿指示军方停止降低非军用装置的 GPS 数据准确性的做法。GPS 卫星信号开始对普通消费者开放。这些信号由美国向全球免费提供，由此诞生了一种新型消费电子设备——个人导航 GPS 接收器。尽管消费级设备的价格高达数百美元，但到 2000 年，接收器的尺寸已大幅减小，重量降到了 3 磅以下。

这种新 GPS 技术的众多用途中的一个是执法。美国各地的警察开始注意到 GPS 装置的尺寸逐渐减小，于是廉价的新型 GPS 追踪装置很快得到普及。想知道某个案子里嫌疑人的下落？那你只需偷偷接近他的车，然后在他小轿车的保险杠下或者在他金色的福特 F–150 皮卡车上放一个带磁性的 GPS 追踪设备就可以了。圣克拉拉县地方检察官就是这样对待斯科特·彼得森的，他是杀害他怀孕的妻子蕾西的主要犯罪嫌疑人。

彼得森的案子不是在圣克拉拉县审理的，但该县的地方检察官依然对这个案件进行了调查。检察官在通过 GPS 和地图绘制技术破案方面成了一位思想领导者。他在 2003 年夏天来到 Keyhole，与约翰·汉克和我会面。他拿着从斯科特·彼得森的皮卡上收集来的数据，而且，这位地方检察官的办公室正是EarthViewer的订阅用户。在当时，已经有十几个当地警队成了Keyhole的客户，因为他们已经厌倦了在Esri地图软件里等待重新加载地图视图。

圣克拉拉地方检察官办公室仔细研究了约翰·罗尔夫的新KML标准和早期地图注释工作。在应用程序中，我们将它们称为EarthViewer地名标注。具体来说，这些结构化数据文件包括纬度和经度、高程设置和视角。这些地名标注文件会告诉EarthViewer要飞到哪里以及在屏幕上显示哪些内容。EarthViewer不再只是一张地图，在这张地图上，你可以自由绘制，制作你自己的地图。

这个KML地名标注数据结构与地方检察官从安装在彼得森皮卡上的GPS装置上捕获的数据并没有太大的不同，尽管这些数据中还包括了显示每个纬度、经度位置访问时间的时间戳。

约翰同意从中拿出一些样本数据，看看我们能做些什么。他将这项任务交给了戴维·科恩曼。导入经纬度并将它们变成确切的地名标注对戴维来说简直轻而易举。他只用了几个小时就完成了这项工作。地方检察官现在能够手动点击标注点来查看路线了。但戴维对时间戳产生了兴趣：GPS数据显示了每个纬度和经度组合的时间。通过一些简单的数学运算，他可以测算出速度（计算两点之间的距离和时间差，然后用距离差除以时间差）。如果斯科特·彼得森开车去过哪儿还不能说明他与谋杀有关的话，那他的行车速度肯定可以证明。

在蕾西·彼得森失踪后的几周里，斯科特·彼得森成了主要嫌犯。但调查进行了几个月，仍然没有发现尸体，这让案子变得复杂起来。蕾西失踪后约两周，莫德斯托警方把GPS追踪装置吸在了彼得森的皮卡上。在接下来的几周里，GPS 数据显示，彼得森已经回到了伯克利码头。据说圣诞前夜，也就是蕾西失踪的那一天，他曾在伯克利码头钓鱼。

GPS 数据——以及戴维的神秘力量——使陪审团能够看到彼得森返回码头后所做的一切。这就是他们看到的：EarthViewer 中以倾斜的视角俯瞰伯克利码头的鸟瞰图，并在前景中用红点表示彼得森的皮卡。地方检察官点击了播放键。在沉痛的静默中，彼得森、法官、陪审团以及整个法庭观看了几段持续几分钟的回放，回放中，彼得森以每小时 8 英里的平均速度在码头上沿海岸线来回开。

几周后，蕾西和她未出生的儿子康纳·彼得森的尸体被冲上码头附近的岸边。陪审员们不得不自问：当彼得森以每小时 8 英里的速度调查海岸线时，他可能会在寻找什么？

南加利福尼亚的圣贝纳迪诺县是我们软件的另一个早期使用者，他们选择给他们的森林消防员部署 Keyhole，不光因为流式 3D 体验的速度和交互性，还因为包括 GIS 专家和普通消防员在内的人都能使用它。消防部门愿意为 EarthViewer 的敏捷和简单易用放弃 Esri 复杂的分析和地图创建功能。

关于向圣贝纳迪诺县出售 Keyhole 软件，有一点需要特别指出的是，这个县也是 Esri 总部的所在地。这是一个钻在杰克·丹杰蒙德数十亿美元数字地图巨轮船头的一个钥匙孔[1]，而且约翰并不介意向我们的团队指出这一点。我感到，作为 Keyhole 的领导者，约翰变得越来

1　钥匙孔的英文是 Keyhole，此处喻指 Keyhole 公司。——译者注

越自信了。

约翰不介意通过任何必要的手段来吸引更多Esri的客户。2003年夏天，我们申请在圣迭戈举行的Esri用户大会上设立展位（理所当然被拒绝了）。展会将有25 000名受过Esri培训的制图师、顾问、集成商和销售代表参加。我们希望能争取到更多Esri的核心GIS客户，但我们也想更多了解Esri为了与Keyhole竞争而开发的新产品。我们的一些客户和潜在客户开始向我们说起一款被Esri销售代表称为Esri ArcGlobe的新产品。他们正在推销的这个新软件既有Keyhole的速度和互动性，又能使用Esri复杂的数据分析工具。别忘了，Esri仍然具有比Keyhole更为先进的工具：热点图、空间影响区域、机队调度的最小距离计算以及犯罪事件报告和分析。如果Esri能够将其数据分析功能与简单快速的可视化工具结合，那么EarthViewer就会遇到大麻烦。

在听到我们被拒的消息后，约翰决定硬闯Esri用户大会。这个不合常理的策略让我们所有人都感到惊讶。这是一个组织松散的科技初创公司的CEO所做出的明目张胆的举动。约翰要我和他一起去圣迭戈打营销游击战。我带了两箱带着讽刺性标语的T恤衫，上面印着"Keyhole，疯狂的GIS"，还制作并带上了几盒EarthViewer演示光盘。

我们脖子上戴着用官方挂绳挂着的展会身份牌，不过并不是Esri的展会派发的。在圣迭戈会议中心，我们发现了一个走神的保安，然后飞快地冲进了会议中心。我们进来了。然后呢？约翰和我都不具有真正的不速之客的性格。之后的两个小时里，我们在参展商的展台前走来走去，难为情地向警惕的Esri忠实用户散发我们的东西。

尽管我们的游击营销力量薄弱，但我们确实设法首次看到了被大肆宣传的 Esri ArcGlobe。它灵巧，迅速，美观。约翰沉默了，像石头一样僵在那里。我什么都没说，我们惊恐地观看了约 30 秒的演示。然后我们偷看到了 ArcGlobe 幕后的秘密：我注意到演示程序是在一台没有接网线，也没有连接到无线网络的电脑上运行的。也就是说，它是在一台单机电脑上运行的，所有数据都存储在本地的硬盘上！这些数据不在服务器上，这意味着他们的地球 3D 模型和所有数据都仅限于那台电脑。当我向 Esri 销售代表询问此事时，他尽职地回答："服务器基础设施仍在优化中。"（我要是他，我也会选这句台词的。）事实是这样的：Esri 只是做出了容易做的客户端部分，而不是服务器部分，而服务器才是菲尔·凯斯林完成的真正的工程飞跃，使 Keyhole 能通过互联网传输大型地图。它只是 Esri 的又一款单用户工具，和其他 Esri 工具一样，是仅供事务部门的 GIS 专业人士使用的。ArcGlobe 永远无法同 Keyhole 竞争。

当天下午晚些时候，约翰离开会议中心，接了一个工作电话。我拿着那个 T 恤和光盘不断变少的盒子四处转了转，遇到了另一家做演示的公司以及一群同样可疑的商业潜在客户。这家公司的创始人，一个友善的中国人，坐在展厅后方的一张小桌子旁。与会议中心里的大多数与会者不同，他很高兴见到 Keyhole 的人，还向我展示了他正在做的东西。他是 Keyhole 的用户。他打开 EarthViewer，飞到了加州的圣何塞。他建了一个 KML 地名标注的文件夹，在地图上显示为圣何塞市中心一条林荫道上的一串圆点。

然后他给我展示，如果点击地图上的标注点，就会弹出一个信息气泡窗，气泡窗里有一张图片。他告诉我，这张照片正是在地图街道上的某地点拍摄的。我非常惊奇：我从未见过这样的想法。

在弹出的窗口中，在照片旁边还有一个箭头图标，指向不同的方向。他解释说：“你可以点击箭头，它会向你展示四个不同方向的街道图片。”这一体验能让你在 EarthViewer 中飞到街道上，单击地图上的图标，然后向任何方向转动来查看该地点的景色。

“你是怎么获得这些照片的？”我问。

“我在我的车上安装了四个带 GPS 的摄像头。”他从他的电脑上找出了一张他的雪佛兰 SUV 的照片，车顶上的装置像是一个被拆过的突变机器人割草机。

“太酷了。”

他进一步解释说，他将继续拍摄圣何塞的街景照片，还和我分享了他拍过的街道的英里数、他驾车拍照的时长和时段、用过的汽油量和设备、所需的人员和车辆、处理照片的软件以及这种产品的市场前景。我一边和他谈话，一边在脑中大概计算了一下。如果他在全球雇上数百名司机和汽车，那么需要很多年才能获得所有这类数据。完成之后，你将不得不从头再做一遍。它在我脑海中马上变成了我听到过的在经济上最可笑的商业创意之一。毫不夸张地说，这将花费数千万美元。呃，不，更正一下，是数亿美元，才能支撑起这样一个计划。

我发现自己正试着乐观看待他的前景，思考能发展这一概念的方法。“或许应该和联合包裹合作？”我建议。从概念上讲，这个想法类似于黄仁勋在 Keyhole 和英伟达正式开始合作的会议上向约翰提的那个问题，即放大到街道级别时“采用程序化的方法”的概念。我祝他项目顺利，接过了他的名片，然后就走了。

虽然我们的游击式营销有失妥当，但 Esri 用户大会之行却非常有成效。不久，2003 年秋，Esri 和杰克·丹杰蒙德意识到 Esri ArcGlobe 在技术上走入了死胡同，丹杰蒙德与约翰接洽，想与 Keyhole 合作。他问约翰：Keyhole 可以作为 Esri 创建的数据的前端可视化工具吗?

我们的团队开始研究与 Esri 的合作方式，包括支持导入 Esri 的数据文件格式。但约翰也担心，这样会与拥有庞大的销售渠道、大量系统集成商、部署时间和销售周期都很长的大型企业软件公司走得太近。考虑到 Keyhole 眼前的其他优先事项和需求，约翰并没有非常重视 Esri 所需的定制工程支持。他对 GIS 市场采取的立场从 2001 年我第一次向他提起时就没有动摇过："我不想被局限住。"

与此同时，在接下来的几个月中，约翰将 Keyhole 工程方面的人才和资源引向新版本 Keyhole 2.0 的开发上，新版本预计将于 2004 年初发布。在速度、测量、注释工具和数据方面，新版本将是公司迈出的重要一步。约翰还继续为 Keyhole 团队引进人才：韦斯·蒂里、弗朗索瓦·巴伊以及他的孪生兄弟奥利维耶·巴伊。这个团队将负责软件的分叉，所以他们面对的是不同的代码库——一个是面向专业人员的，一个是面向消费者的。我聘请了贾森·凯恩来导入全美交通地图的数字版本。此时，这些地图已经作为 KML 文件共享了出来，贾森可以将它们导入 Keyhole 中。市政机构当时正在联系我们，说："嘿，我们有这些数据。"这是我第一次完全明白了那次在卫生间的短暂交流中约翰·罗尔夫说的是什么。

2004 年春，约翰和杰克·丹杰蒙德都参加了在圣安东尼奥举办的一个军事情报展会。杰克·丹杰蒙德在演讲之后找到了约翰。出于策略上的考虑，我打算听听他们的谈话。整个数字地图行业的创造者杰克·丹杰蒙德来到了我们的展位，这真是个大新闻。我非常激动。他穿着破旧的西装，背着破烂的皮挎包，尽管看起来像一个衣着邋遢的官僚，但他确实是那个创造了数字地图的人。

“约翰，我们公司有没有什么地方让你对与我们合作有顾虑？”丹杰蒙德问。他像林登·约翰逊[1]那样身子前倾，盯着约翰。显然，他对 Keyhole 在 Esri 整合问题上的进展速度感到沮丧。很可能他的许多顶级客户都在询问这一进展，包括军事情报界的客户。与此同时，迈尔斯·奥布莱恩仍然在他的 CNN 节目中使用 EarthViewer 报道中东的战事。

“没有，杰克。”约翰紧张地笑着说，“我们正在努力促成这件事。我保证在未来的两三周内再次联系你。”

杰克不知道的是，他来迟了：牌局中现在出现了一张未知牌，而且约翰完全是在打另一套牌，一套不包括 Esri 的牌。

那时候，我偶尔会骑自行车上班。在加利福尼亚北部地区，一年中的大多数时候都风和日丽，气温往往保持在完美的 72 华氏度（约 22 摄氏度）。从帕洛阿尔托开始，我沿着一条有很多指示牌的自行车道骑行 6 英里，穿过 101 号公路，路上经过 Intuit（一家计算机软件公司）、Sports Page 酒吧、计算机历史博物馆、微软以及数十家小型科技初创公司。其中一家初创公司位于一座低矮的二层建筑中，街边

1　林登·贝恩斯·约翰逊，1963—1969 年担任第 36 任美国总统。——译者注

高大的红杉树将这栋建筑藏了起来。建筑前有一个不起眼的小标志，上面是公司的名字——谷歌。1999 年（Keyhole 成立的同一年），谷歌反常地进入了一个大多数人认为已经过度饱和了的市场。我每次穿过公司的停车场时，都会发现有越来越多的汽车在抢车位。

我记得我当时在想，是不是有另一家公司搬进了大楼，但还没有把他们的标志立在外面。我最终决定绕过这条捷径，避开拥挤的停车场，并且再也没有考虑过走这条路。我为什么要考虑它呢？

毕竟，谷歌不做地图。

第 7 章
发射台：无限增长

“我们非要拿那笔钱吗？”我问，为了追上去，我有点气喘吁吁了。如果在办公室度过了平淡的一天，我和约翰就会慢跑。我们刚一开始跑，我通常就能从约翰定下的速度看出 Keyhole 的状况如何。如果错过了产品的节点或新图像数据库的推送被延迟，我们就会飞奔；如果在一些用户界面的决策上与布莱恩·麦克伦登发生了争执，我们就会全速冲刺。

通常，约翰会在一天结束时走到我的工位旁，说：“我们去跑步吧。”我会停下手头的工作，去卫生间换上运动服，然后我们一起从前门出去。我们会沿着人行道沉默地走着，当我们路过微软的硅谷园区时，约翰似乎在想事情。走过一个半街区之后，我们会到达小道的路口，也就是拉阿韦尼达街的尽头。我们会稍稍伸展一下，然后踏上铺着碎卵石的小道，沿着史蒂文斯溪小道向北跑。史蒂文斯溪的右侧是能容纳 2 300 人的巨大的 NASA 埃姆斯研究中心（NASA 的太空任务控制软件就是在这里编写的），左侧是一个家庭拖车的停车场（你可以在那里买到价值 80 万美元的活动房）。

约翰跑得比我快。“如果想先到达那里，我们必须拿这笔钱。我是说，我们显然抓住了机遇，一个有机会发展成大公司的机遇。也许有我们今天规模的 10 倍大。”他说。此时，Keyhole 拥有约 5 万名付费用户。“董事会希望我们尽力争取，而且，很快就会出现对我们剑拔弩张的竞争者。”约翰向海岸线圆形剧场北边的小山上奔去，绕着一个弯道跑。我追不上他了。

2004 年春，随着科技行业在三年的收缩后开始出现复苏迹象，风险投资家醒来并再次打开了他们的钱包。作为一家经受住了互联网泡沫破裂的考验并且逐步转型实现收支平衡的企业，Keyhole 是一个很有吸引力的投资选择。101 号公路沿路的许多公司都倒闭了，但我们最终掌握了自己的命运。

我还没有参与过筹资：1 000 万美元的 B 轮融资将把我们这个小小的地图软件新贵的市值推高至 3 000 万美元。在整个硅谷，聚集在“Web 2.0”这个含糊不清的大旗下，新一季的创新蓝图被注入了资金。约翰知道，现在正是时候。他希望利用这笔新资金购买更多的数据、更多的服务器，招聘更多的技术人才，甚至实现更多的市场营销。

2004 年 2 月和 3 月，约翰和诺亚来到沙山路寻找 Keyhole 的投资机会。这段路长 4 英里，穿过硅谷的心脏地带，一直延伸到圣克鲁斯山，在风险投资界与麦迪逊大街在广告界的地位有一拼。约翰设法从几家风险投资公司获得了三份投资意向书，而硅谷历史最悠久、最受好评的风险投资公司之一的门洛风险投资公司（Menlo Ventures）给出了最令人满意的投资条款。一笔交易即将开始。

约翰因快速冲刺而汗流浃背，他站在山顶，一边等我，一边俯瞰北边的旧金山湾。“嘿，基尔迪，你明白我们必须兑现在销售收入上做的承诺吧。你知道，如果达不到承诺的数字，我可保不了你的饭碗，甚至是我的饭碗。”

“我知道，我知道，约翰。我明白！”我说。我累得直喘气，只好朝他挥手示意。

这是那一周里他第二次用这件事吓唬我，我开始紧张起来了。这些下午进行的跑步对我来说是一场零和压力游戏：当约翰不断地向我抛来状态更新、营销细节之类的问题时，跑一英里减掉的压力、释放的多巴胺就会被下一英里积累起来的肾上腺素抵消掉。

细节无小事。“我记得你说过月度时事通讯会在今天发出，对吗？”“两周前你告诉我，新的演示视频将在 10 天内发布。”“我们不是同意把那个按钮改成蓝色吗？”“你为什么还没按照新的 Earthfusion 价格方案更新报价表？”“你能不能看看，如果你能把新图标集的成本降到 2 000 美元以下会如何？”“我认为我们的最后一版规格表样子太浮夸，显得很廉价。”

跑了几英里后，他会继续质问我。约翰的目标是改变世界，但从我的角度看，门洛的钱只会给我这个营销人员带来成吨的压力。

4 月 21 日，星期三，门洛风投公司将它的投资意向书的三份原件交给了 Keyhole。这份文件列出了之前口头讨论过的条款。道格 · 卡莱尔和他的合伙人已准备好完成交易，并准备在 4 月 26 日（星期一）与 Keyhole 举行会议，签署投资意向书。整个办公室都非常兴奋。事实上，我不确定那天大家干了多少活。那天大家开始打台球和扔飞镖的时间比往常要早。（公司里有个规矩，下午 4 点半之前不能打台球，但那天是个例外。）

可星期一到了，星期一又结束了，约翰也没宣布任何消息。事实上，约翰与布莱恩、迈克尔、诺亚一直待在会议室里。当我去厨房或卫生间时，我朝会议室门上的悬窗瞥了一眼，看到他们仍然围坐在桌旁。我晚上 7 点半下班的时候，他们依然没有要开完会的迹象。和公司的很多人一样，我也开始担心了。这笔交易出了问题吗？

当我第二天来到公司时，看起来他们四个似乎一直没离开公司，因为他们又回到了会议室。最后，约翰在那个星期二的下午出现了。他看起来如释重负。我感觉到有大事发生，就很感慨地说，这个会真像跑马拉松。作为回应，约翰问我想不想下班后喝杯啤酒。我们一起开车去了 Sports Page 酒吧，把车停在停车场相邻的车位上。对于周二这样一个日子来说，今天的停车场显得异常拥挤。看到约翰在停车场上等我，我很惊讶，因为我们通常是在酒吧里碰面的。当我从车里出来时，约翰正站在我车的后保险杠旁，挡住了我前往酒吧的路。他的表情很严肃。

“嘿，我要告诉你一件事。”

他环顾四周，继续说道：“你必须保证不告诉任何人，谢莉也不行。”

“好。”

约翰站在铺着黑色沥青的停车场上。落日的余晖映在纯净的蓝色天空中。又一群陌生人走过我们身边，他停了一会儿。一阵凉风吹过附近的一排柳树和棕榈树。酒吧旁边的沙滩排球场爆发出一阵喧闹的欢呼声。更多汽车驶入停车场。在检查了三遍，确保附近的人听不到我们的说话声后，约翰转过来对着我。

“谷歌想买我们。”

我敢肯定，我当时站在那里，嘴巴张得老大。约翰转身向酒吧的入口走去。我站在那里，我不确定是否听清了他说的话。约翰停下脚步，转过身来。这一次，他诡秘地咧嘴一笑。

“你说什么？”我一边摇头一边问道。

“这就是我们没有与门洛签协议的原因。”

“这完全说不通啊。谷……谷歌！？！”

“小声点，基尔迪。”约翰说，把我引向酒吧。

我开始往前走了，不过走得很慢。谷歌？就是那个谷歌吗？那个正好在那天终于宣布他们的上市日期的谷歌？那是那天在世界各地上了头版的商业新闻，是硅谷一个重要的转折点。作为科技创业企业界的新宠，谷歌这次上市时的估值竟高达 270 亿美元（而且发行的是 B 级股！）。这向全世界表明，在经历了四年动荡之后，硅谷又回来了。

谷歌员工，开着丰田普锐斯，纷纷来到酒吧庆祝他们的成功上市。实际上，谷歌距 Sports Page 酒吧大概四个街区，约翰担心他可能会碰上知道这笔交易的人。虽然他想先等等再告诉我，但他肯定不希望我从别人口中听到这个消息。

我好不容易在靠墙的地方找到了一张空桌子，约翰花了很长时间才买到一大罐啤酒，因为酒吧里挤满了谷歌员工。我坐着等约翰时，仍然觉得很震惊，我想了一长串问题，但在我看来最重要的那个是：谷歌究竟为什么想买 Keyhole？谷歌不做地图，也没有地图产品，一个都没有。

约翰穿过一个又一个人群，来到桌旁坐下，啤酒从罐的上沿溢了出来。他给我俩各倒了一杯啤酒。约翰解释说，谷歌早已迷上了 Keyhole 的技术，但没有透露为我们制订了什么计划。

“我们还不知道，但很快就会获得更多详细信息。他们正在整理出价。”约翰悄悄解释说，他不想在一群兴奋的谷歌员工间说出“谷歌”这个词。“另外那笔交易被搁置了。”

一名穿着带有谷歌标志的黑色摇粒绒夹克的谷歌员工拿着他那台高级的尼康 D70 在酒吧里四处给这些即将成为百万富翁的年轻人拍合照。他们中的很多人距离高中毕业也不过六七年的时间。

“上市日期是 8 月 19 日，还有 4 个月的时间。”我回忆了一下当天的新闻，说，“你认为我们可以在上市之前完成交易吗？”

“呃，当然能。”约翰说。“我们会在一两个月内完成——然后你就可以告诉谢莉了。”

最后，我鼓起勇气，提出了我真正想问的那个问题。

“那，我不会丢工作吧？”

“不会。”约翰说，“会有你的位置的。”

约翰这个承诺中透出的自信和郑重其事令我感到惊讶。众所周知，营销人员往往是收购后最先被解雇的人。收购方买的是技术和客户群，而不是营销团队。

当我回到在帕洛阿尔托租的房子时，谢莉已经让20个月大的伊莎贝尔上床了。“不，妈妈读。”伊莎贝尔看到我之后说（就她的年龄来说，她非常聪明）。

“今天过得怎么样，亲爱的？”谢莉问。

“呃，很好。”我说，然后在房间里待了一会儿，看着她们母女俩。

第二天，约翰和我去海岸线高尔夫球场（山景城的一个公共高尔夫球场）里的自助餐厅吃午饭，约翰给我讲了故事剩余的部分。在从门洛公司的道格·卡莱尔那里拿到投资意向书的前两天，约翰接到了谷歌企业发展部负责人梅甘·史密斯的电话。梅甘在麻省理工学院获得了机械工程硕士学位，并且是PlanetOut的创始人。她是一个容易激动、执行力很强的人，总是面带微笑，态度积极。约翰，可以来谷歌园区演示一下软件吗？她向约翰解释说，谷歌联合创始人谢尔盖·布林及其他高管显然见过EarthViewer，并希望深入了解这个软件。她并没有解释这一兴趣是如何出现的，而我们过了很久才了解了其中的来龙去脉：

两周前，十几位高管在谷歌开会，对公司的照片编辑软件Picasa进行产品评审。会议中途，出生于苏联、才华横溢的联合创始人谢尔盖·布林穿着人字拖走进会议室，他刚从公司总部Googleplex正中的沙滩排球场打完球回来。他打开他的笔记本电脑，很快就被谷歌工程负责人杰夫·休伯（他和布莱恩·麦克伦登是好朋友）发给他的一个东西吸引住了。Picasa的产品经理没讲多久，就发现其他人也被谢尔盖的屏幕上的东西分散了注意力。埃里克·施密特中止了会议，问谢尔盖能不能分享一下究竟是什么比会议还重要。于是，谢尔盖跳起来，关闭了产品经理的投影，开始投影他电脑上的东西：Keyhole EarthViewer。

黑暗的会议室里，所有人都着了迷。谢尔盖在地球上随意打开了一些地点。Picasa 的评审已经被遗忘了，如同四年前在 Intrinsic Graphics 做的演示一样，这次会议也被 EarthViewer 劫持了。本来感觉百无聊赖的高管们一下子来了精神，他们被迷住了，有几个人甚至站到了椅子上，恳求谢尔盖输入他们的家庭地址。

不久，喧闹平静了下来。谢尔盖只说，“我们应该买下这家公司”，没有提到任何商业策略来支持他这个结论。

谷歌的高管们环顾会议室，没有人不同意。这就是故事的起因。

晚饭后，约翰和我走到高尔夫球练习场，打了一桶球。当我们轮流看着对方打出斜飞球[1]时，约翰开始继续讲。梅甘·史密斯已经向 Keyhole 敞开了大门，交易进展很快。迈克尔、布莱恩和约翰在周一下午开车去了六个街区外的谷歌，向一群高管演示了 Keyhole。他们会见了杰夫·休伯及其他高管，包括梅甘、拉里·佩奇、谢尔盖·布林及埃里克·施密特。演示非常顺利，约翰小声地告诉梅甘，Keyhole 即将从门洛公司获得一轮融资。

第二天，梅甘给约翰打电话，询问她是否可以去 Keyhole 的办公室谈谈。约翰形容这次会议是一次“相当愚蠢、乏味的会谈”。在会上，梅甘希望“多听听我们的计划”以及“探索合作的可能”。约翰

---

1 斜飞球即 shank 球，是使用球杆颈部将球击出，会严重影响成绩。——译者注

说这很奇怪。毕竟，谷歌没有地图服务。

“这就好比我们希望马上结婚，然后地球上最有吸引力的求婚者突然主动找上门来了。”约翰告诉我。或者至少他是这么想的。或者，我们只是被戏弄了？

星期三，门洛公司的投资意向书送来了。拿到这份文件之后，约翰只需要在虚线上签字就可以完成交易。如果我们拿了这笔钱，我们在接下来的四年里就可以独自前行，无须谷歌的帮助。

约翰顾不上收购前期协议，在那天下午拿起电话，打给梅甘，问：“你们那边是什么情况？”他告诉梅甘，他收到了门洛公司的投资意向书。“有什么我不应签这份文件的理由吗？”

梅甘亮出了她手里的牌：她告诉他，谷歌非常真诚和迫切地希望收购 Keyhole。对约翰来说，这个前景非常令人兴奋：谷歌的资本和技术资源远超任何一家潜在风险投资公司注入的资源。谷歌是一个发射台，一个可以推动 Keyhole 这样的服务无限增长的平台。

但事情也有点奇怪，谷歌不做地图，它对 Keyhole 有什么计划？说实话，约翰和梅甘都不知道答案——这个问题只能被暂时搁置。约翰知道的是，他需要给门洛公司一个答案，因为完成交易的会议已安排在下周一举行。

约翰告诉梅甘：“你们现在必须拿出点行动，否则收购不太可能实现。”梅甘明白了。她让约翰给谷歌一周时间。约翰同意在这段时间里暂缓与门洛公司的交易。

接下来的星期四，谷歌提出了一份收购 Keyhole 的不具约束力的要约。约翰召集了他的核心交易团队，在会议室里评估这两个选项。

布莱恩认为，在确认了谷歌拥有几十万台服务器的传言为真之后，这个抉择很容易做：他全力支持加入谷歌。迈克尔也毫不犹豫地选了谷歌。他知道，整个 Keyhole 团队进入这个科技世界的中心将是多么令人兴奋，Keyhole 在谷歌也能更快地实现自己的愿景。诺亚纯粹从钱的角度来看这个问题，他认为谷歌的报价比门洛公司所能给的任何东西都要好得多。他也支持这笔交易。

但是对约翰来说，谷歌这个选项还是存在几个问题。它对 Keyhole 的愿景来说意味着什么？谷歌对这个服务有什么打算？谷歌既然不做地图，那它对 Keyhole 有什么计划？我们被收购后，是不是只把我们的技术转化为谷歌的某种服务，而我们的团队会被拆散，好同化我们？或者谷歌确实相信将整个地球转化为快速、流畅的三维模型的愿景呢？还有，Keyhole 的员工将何去何从呢？谷歌打算怎么办？

事实上，迈克尔和约翰对收购价格没有意见——谷歌向 Keyhole 出价 3 000 万美元。约翰更关心的是，谷歌能不能致力于实现 Keyhole 最初的愿景——向人们提供整个地球的高分辨率三维模型。

他们都认为约翰需要再去谷歌开一次会，好好问问谷歌的创始人。5 月 13 日，星期二，约翰和迈克尔会见了拉里、谢尔盖和埃里克，讨论谷歌对 Keyhole 的计划。他们先是在两个创始人共用的办公室里见面。肮脏的运动服、曲棍球护具、零散的玩具散落在地毯上，曲棍球球棍靠墙立着。（谢尔盖是轮滑曲棍球的狂热爱好者，他经常组织在谷歌的停车场上进行激烈的轮滑曲棍球比赛。）隔壁是埃里克的办公室。会谈在旁边的一个公用会议室举行。

“你们认为我们这个地球三维模型的概念未来会怎么发展？”约

翰问。

“我认为它可能会成为谷歌的核心。”拉里说，“似乎很多类型的数据都可以围绕地图和地理来组织。”

埃里克补充说：“我向你保证，我们会给你们提供更多图像数据，比你们团队处理过的数据更多。”

会议结束后，在40号楼二楼的零食箱附近，梅甘把约翰拉到一边。“嘿，我想给你看点东西。”她说，“一个不该给你看的东西。”到目前为止，约翰和很多人一样，只能猜测谷歌到底是不是赚得像人们推测的那么多。它会不会只是又一家财务状况脆弱的互联网公司？有人点击过那些小小的文字广告吗？由于谷歌是一家私人公司，公司之外没有人知道真实情况。

梅甘翻开她的笔记本电脑，向约翰展示了过去三年谷歌的财务报表。

“天哪！”

他从来没想到一家私人公司能创造这么高的收入，利润这么丰厚！约翰惊呆了。

有了谷歌的创始人和CEO的支持，以及对谷歌前所未有的财务成功的一瞥，决定就非常容易做了。

约翰给门洛公司打了那个很难启齿的电话。考虑到现在的情况，他尽力表现得很体谅对方。

“我们没有签署文件。我们正在朝另一个方向发展。”他告诉卡莱尔。

“能不能让我们至少看看有没有可能加到那个价？”卡莱尔问。

约翰无法告诉他的竞争对手是谁，因为谷歌进入了上市前的静默期。他只能回答："不能，抱歉，你加不到的，我们已收到了收购要约。"

几周后，约翰告诉我，门洛公司和卡莱尔对 Keyhole 被收购之事表示支持。考虑到门洛公司和 Keyhole 的交易进程，门洛公司可以很轻易地给谈判设置障碍，但卡莱尔和门洛公司选择让步，让约翰和 Keyhole 继续收购交易。

除了迈克尔、布莱恩和诺亚（很快又加上我），约翰无法告诉 Keyhole 团队中的其他人这一计划上的重大变化。整个 5 月，与谷歌的谈判进展迅速，到了月底，约翰对在谷歌上市之前完成收购感到乐观。获得谷歌的"原始股"将是 Keyhole 员工和股东的另一个收获。

然而，在最后关头，就在双方正准备签署交易时，危机发生了。危机来自一场诉讼。5 月 28 日，Keyhole 鲜为人知的一个竞争对手 Skyline 软件公司起诉 Keyhole 侵犯了它的专利权。Skyline 向波士顿的法院提起诉讼，称 Keyhole 侵犯了该公司拥有的与远景显示和飞行员培训有关的大量专利。

我们当然听说过 Skyline：这个位于以色列的团队勉强和我们属于同一行业。虽然这么说，但它的服务仅限于为飞行训练和其他政府用途（如城市规划和军事）提供单个城市的景观。后来为了赢得更多联邦政府和军方的合同，它将总部迁至华盛顿特区。我试用过一次 Skyline，它会强制你在各个城市的数据库之间切换，这种比较有限且缓慢的服务让我非常失望。例如，你不能直接从菲尼克斯飞到拉斯维加斯，而是必须在这两个城市的两种不同模式之间切换。

这个诉讼提出的诉求涉及面很广，所提到的专利就其保护的具体内容而言缺乏针对性。无论 Skyline 的法律依据如何（或者根本就缺乏依据），这个诉讼最终将谷歌对 Keyhole 的收购推迟了好几个月。对 Keyhole 及其所有员工来说，这是一个痛苦的等待。对约翰来说，压力对他造成了很大的影响，他竭尽全力维持着公司的日常运营，从增加新数据到更新客户和修正软件缺陷，不一而足。与此同时，他只能作为局外人旁观 2004 年夏季商界最大的新闻：谷歌上市了。有几名 Keyhole 员工还不知道即将到来的收购。

那个夏天，约翰和我继续在下班后长跑。8 月下旬的一个傍晚，我们跑上了那座将海岸线圆形剧场与占地 26 英亩的 Googleplex 里的 41 号楼隔开的那座小山，这里之前是垃圾填埋场。用来排放甲烷的排气口散布在贫瘠的山坡上，从我们脚下正在腐烂分解的垃圾堆里释放出气体。当太阳逐渐消失在远处的圣克鲁斯山脉背后的时候，41 号楼开始发出微弱的灯光。最近，在谷歌上市前的预备期，谷歌的保安从小山上赶走了不止一名带着长焦镜头的摄影记者。（安保主管指示 41 号楼的谷歌员工，将他们的显示器从开阔的窗户附近移开。）

谷歌于 8 月 19 日上市，发行价高达每股 85 美元。拉里给潜在股东写了一封不同寻常的公开信，这份动员号令称，谷歌打算为长远的目标进行大笔押注，并且公司不会太过关注短期内的季度利润。尽管有这些警告，股票在上市当天仍然涨到了每股 100 多美元。Keyhole 则在努力解决 Skyline 的诉讼，股票每涨一美元，我们的团队就失去了一美元。我们在山顶上沉默地徘徊，看着落日的余晖洒在 41 号楼上。最终，我们不情愿地转身返回 Keyhole。

超越终点：
打造卓越产品

第 8 章
谷歌 41 号楼

“我们会弄死你们的！”暴躁的以色列人对约翰大叫道，一边使劲捶了一下律师事务所的桌子。约翰瞒着包括我在内的团队里的很多人，飞到波士顿，和 Skyline 的人坐在一起，希望能通过面对面的谈判来解决问题。约翰一开口就先给出了一个他认为合理的报价。然后，这么说吧，Skyline 不同意。自 8 月谷歌上市以来，这起诉讼进展十分缓慢。虽然谷歌高管一直很支持 Keyhole，但他们也认为约翰和 Keyhole 应该承担责任。这一仗不该由谷歌来打，而是应该由约翰来打。波士顿之行后，约翰只好听天由命，为一场旷日持久的法律纠纷做好心理准备。

约翰觉得这场诉讼到来的时机不可思议，很可疑。是不是他和德德通知股东收购的要约时，Skyline 打听到了这个消息？与 Skyline 的谈判印证了这个解释的合理性。

梅甘·史密斯经常来到我们的办公室与约翰见面，维持着双方保持接触的势头。她总是面带微笑，态度积极。在等待 Keyhole 的那段时间里，她用韧性来对抗惰性。和约翰一样，无论前方有什么障碍，她都要完成这笔交易。

约翰也想保持乐观，但这对他和身边的每个人来说都是一场令人沮丧的等待。我不再询问他最新进展。公司的大部分人以及他们的至亲至爱都迫切希望看到交易的任何一点进展。

最后，谷歌的企业发展主管、梅甘·史密斯的上司戴维·德拉蒙德介入了交易。拉里和谢尔盖可能对他施压了。9 月下旬，他告诉梅甘："不管有没有诉讼，让我们先完成交易吧。"

9 月底，收购交易的车轮终于又开始转动了，尽管 Skyline 的诉讼仍未解决。为了弥补诉讼费用上的风险，谷歌在 Keyhole 收购合同中增加了一个追回条款，这意味着谷歌产生的诉讼费用将从购买价格中扣除，并放入托管账户中，直到 Skyline 的事情得到解决。

一个星期五下午，约翰终于准备把收购的事告诉整个团队了。这是我们这家小公司有史以来保守得最差的秘密，不过仍有少数人不知道这笔交易。与公司大多数 TGIF [1] 的庆祝方式不同，约翰通知所有人，本周五的聚会必须参加。马克·奥宾架上烤架，开始烤香肠。约翰要求所有人端上吃的东西到会议室去。我们一共 29 个人，待在一个只有 10 把椅子的房间里。包括我在内的好几个人都注意到，约

1 TGIF 是"Thanks God It's Friday"的缩写，意思是"感谢上帝，终于星期五了"。——译者注

翰 · 罗尔夫坐在靠后墙的地板上。这是约翰 · 罗尔夫第一次出现在全公司大会上。

“我知道你们中的一些人——不，你们中的好些人——已经知道了这个消息，但我还是打算向公司的所有人正式宣布这个消息。”约翰笑着说，“我们已经同意被这条街上的一家小公司收购了。”整个团队立刻爆发出热烈的掌声。韦恩 · 蔡喊道：“被谁收购？微软吗？”他指了一下街对面。

“不对！谷歌！”约翰回答，脸上露出一丝诡秘的微笑。又一轮欢呼声席卷了会议室，大家纷纷互相击掌庆祝。

约翰告诉大家，我们还需要去谷歌面试。他向我们保证，面试多半是走个形式，重点在于工作“评级”（意思是：决定我们以何种级别进入谷歌工作）。作为一个团队，我们不会受到标准的谷歌面试流程的影响，而众所周知，只有顶尖大学最优秀的毕业生才不会被谷歌的面试淘汰。

约翰把聘用整个 Keyhole 团队作为与谷歌进行任何谈判的先决条件。在科技收购的世界里，这是闻所未闻的。普遍的情况是：大量的员工被弃用，新公司只给股权，不给工作。当梅甘 · 史密斯第一次告诉约翰谷歌的收购意向时，约翰回答道：“那太好了，但我要先说清楚，你们必须承诺雇用我们整个团队。如果不行，那我们就不要浪费彼此的时间了。”这不是我第一次——也不是最后一次——认识到，约翰 · 汉克是人们值得期待的最忠诚的老板和朋友了。当时，Keyhole 一共有 29 名员工，包括想辞职的马克 · 奥宾。约翰只对他说：“现在别辞职。我不能告诉你为什么，但别辞职。”

在一个微风吹拂的夏日午后，我走过八个街区，来到谷歌园区里的 41 号楼。我当时肯定很紧张。但是走上通往谷歌崭新园区的那条桉树成荫的街道之后，我感到神清气爽，心情放松。

陪同我们的谷歌人力资源员工带我们进入双层玻璃门，走入一楼一间设备齐全的会议室。在我的面试中，我见到了四位谷歌员工：戴维·克兰（公关主管）、道格·爱德华兹（市场营销总监）、黛比·贾菲（营销主管，即将成为我顶头上司的人）以及克里斯托弗·埃舍尔（首席设计师）。我是一个常年记笔记的人。当我在戴维旁边坐下，并将笔记本翻到新的一页时，我跟他开玩笑说，我需要谷歌扫描我不断增加的旧笔记本，好让我在电脑上检索它们。

“哦，有一天会实现的。我们正在使用书本扫描机器人扫描图书馆里的书。”他说。我笑了，后来才意识到他不是在开玩笑。

在面试中，道格和克里斯托弗对 Keyhole 在谷歌会做什么更感兴趣，问了我很多这方面的问题。整个过程都是友好而非正式的，只有黛比·贾菲把它当成了真正的面试。黛比几乎像讲解流程图一样，向我非常详细地介绍了谷歌的营销方式。

如果谷歌有人知道为什么要收购 Keyhole，那么他一定没有告诉戴维、道格、黛比和克里斯托弗，他们知道的比我还少！

在 Keyhole，大家度过了一个紧张的面试周。每过 30 分钟左右，就会有人走进我们的办公室，向约翰报告他们的面试。约翰总是问他们同样的问题：“谁面试的你？”“他们问你什么了？”“你觉得顺利吗？”每位应试者都放心地回到了我们的办公室。

8 月 25 日，梅甘·史密斯和苏欣德·辛格来到 Keyhole 的办公室，带来了 29 封聘用书。我被叫进会议室，梅甘向我表示祝贺，并把我的聘用书交给我。

所有 29 名 Keyhole 员工都被雇用了，正如约翰所承诺的。

那天我提早下班，去庆祝伊莎贝尔的第二个生日：我们在家的小院子里举办了一个冰激凌派对。我和谢莉坐在洒满阳光的台阶上，看着伊莎贝尔和与她同龄的小朋友玩耍。我手里拿着蛋筒冰激凌，牛仔裤后口袋揣着装在谷歌信封里的聘用书。我觉得我终于可以享受一下这样的时刻，终于不用太担心 Keyhole 和我们的未来了。

那周晚些时候，谷歌一个雄心勃勃的年轻产品经理布雷特·泰勒来 Keyhole 的办公室与我会面。他已被分配到了一个新的地图项目中，正在与丹麦的拉尔斯和延斯·拉斯姆森兄弟密切合作。这对兄弟来自 Where2Tech——一个三个月前刚被谷歌收购并聘用的小团队。（这个四人团队在收购时并没有立即被谷歌聘用。四个人分别位于丹麦、澳大利亚和美国。）那天，约翰去 41 号楼参加另一场会议，所以我用幻灯片向布雷特介绍了 Keyhole 的产品路线图，以及我们如何处理 Keyhole 到谷歌的营销转型。我们将把 EarthViewer 的产品价格全面下调 50%，但那将是收购时唯一的重大变化。在近期，该产品仍然叫 Keyhole EarthViewer，但会标有“由谷歌提供支持”的字样。等我们与谷歌完全整合后，我们会给产品改一个谷歌化的名字。我们约好，可能会在几个月后改名。

在会面结束时，布雷特问我：“你认为收购后你能做 PM（产品经理）呢还是 PMM（产品营销经理）？”我对谷歌这两个角色之间的区别所知甚少，我只好试探性地答道：“呃，我现在是身兼二职。我既管产品的功能，又管产品如何销售，所以我想我可以兼任这两个角色。”

我说的是实话：在Keyhole，我身兼两个职位。我协助构建了实际产品，包括排出功能、绘制接口原理图、雇用用户界面（UI）设计师以及管理产品的积压工作。我还协助营销产品，包括创建公司网站、编写销售文案、给产品定价、执行商业展会相关事项、编写宣传口号以及制作演示视频。

布雷特饶有兴趣地看着我，笑了起来。“嗯，告诉你不可能两样都做，不在我的职权范围之内。”他说，“但我认为这是不可能的。我的意思是，你可以试试看。但最终你会发现，在谷歌，既当产品经理又当营销经理是不可能的。”

那天傍晚，我们在Sports Page酒吧喝啤酒，约翰很想听我讲讲和布雷特的会面。“他还说什么了？”约翰坚持问道。他一如既往地在棋局中预先多想出几步棋，而我甚至还没有意识到这个棋局的存在。

“小心布雷特。”约翰告诫我，“我们还不知道会被插到谷歌的什么部门。有一位高管对地图很感兴趣，而布雷特是她手下的众多新秀之一。我不希望他成为我们的主管。”

这些话对我来说简直离谱。布雷特尽管聪明能干，但太年轻了，大概也就二十四五岁吧。诚然，他谈吐得体，拿过各种全国比赛冠军，会说多种语言，还写得一手好代码，但我无法想象让Keyhole的所有人都向他报告。

就在当周，谷歌在40号楼开了一次会，着重讨论隐私问题。来自一个跨部门工作组的代表出席了会议，他们希望更详细地了解隐私和航拍图像，并讨论如何看待 IQT 的投资。

与航拍有关的各种律例表明，Keyhole 的运营安全、合法。但是从谷歌的角度来看，公众的看法更为重要。我们被明确告知，用户对谷歌品牌的信任是最重要的，我们不能把这件事搞砸。

在所有这些预备性的会议中，我很惊讶几乎没有人谈定价、销售和收入预测。对于谷歌的许多人来说，产品收费是一个陌生的概念。实际上，在它的各个团队中，创造收入似乎并不重要。相反，谷歌员工追求的是“让用户快乐”“用技术改变世界”这一类目标，赚钱这件事很少被提起。

在 41 号楼召开的另一次收购前的会议上，我们讨论了让 keyhole.com 作为谷歌的一部分重新上线的事。网站将进行修改，发布有关收购的消息、新的定价以及有关隐私和数据来源的最新信息。

Keyhole 做事井井有条的网站管理员和文档负责人帕特里夏·沃尔和我一同会见了谷歌的网站管理员卡伦·怀特。在查看了我们网站的结构并惊叹于帕特里夏命名和管理文件的方式后，卡伦中断了会议，转向帕特里夏，说：“哇！你想来我的团队工作吗？”

我和帕特里夏笑了起来。卡伦说：“不，我是认真的。”她没开玩笑。这是我第一次体会到 Keyhole 团队在谷歌里获得新机会的感觉。

我想在由谷歌提供支持的 Keyhole 网站上添加一个有趣的设计元素。除了“Google ”标志之外，谷歌还经常使用五个不同颜色的小球，把它们用作间隔物，或让人们在视觉上得到放松的幽默小元素。这种设计图形通常被放置在网页底部或一段营销文字中。

我想把这些球做一点改动，把蓝色球替换成微缩版的“蓝色弹珠”地球，然后把它们用在 Keyhole 网站上。卡伦很喜欢这个想法，但说我需要找玛丽莎·梅耶尔商量，看这个设计上的小修改是否合适。我不知道这个玛丽莎是谁。在过去的两周里，我遇到了很多人，听到了很多名字。我曾路过一个装着玻璃墙的会议室，看到一个衣着时髦的年轻金发女子正和黛比·贾菲一起坐在里面，于是我就把她当成了黛比手下的谷歌员工。也许那就是玛丽莎？

两周过去了，许多准备工作已经完成：更新的定价、已获批准的新闻稿、限时发布的访谈、常见问题解答、高管的发言稿、新的帮助中心内容。但我仍未收到玛丽莎对蓝色地球设计的批准。这是一个很小的细节，但我很重视它。宣布收购的日子一天天地近了，我一直在关注卡伦那边的消息，她也没有收到这个玛丽莎的任何批准。

我给黛比发了邮件，直接找玛丽莎的上司（或者说是我认为的玛丽莎的上司）请求批准。黛比也喜欢这个想法，但重申必须先让玛丽莎过目。我把这话理解为，黛比希望赋予她的团队成员更多自主权。发出了很多封邮件却没有收到回复，我感到很沮丧，于是决定直接打玛丽莎的手机，一次性把这件事处理了。

我的电话直接转到了语音信箱，留下了一条语气生硬的信息。我只想要一个简单的邮件批准。卡伦、黛比以及其他人都对它表示赞同，我只想请求她也点个头。“我给你发了六封邮件，却一个回复也没收到，我真不明白为什么会拖这么久，我需要今天就收到你的回复，否则我将向你的上级黛比和约翰·汉克汇报此事。”我很恼火，这个低层员工、刚出大学校门的小姑娘竟然阻碍了我的创意。我的语气也肯定会让她明白，我觉得这是难以接受的。

诺亚·多伊尔的工位就在我的旁边，他一听到我发的信息就探出脑袋哈哈大笑，一边又想控制住他的笑声。“事实上，那个玛丽莎，嗯，事实就是，她是个大人物。”

诺亚继续告诉我说，玛丽莎其实就是我见过的那个和黛比·贾菲在一起的年轻女子，但作为第20号谷歌员工以及谷歌的第一位女软件工程师，她负责谷歌搜索所有的事务。我刚训斥了一个很可能是公司里权力最大的人。诺亚补充说：“是的，她可以说是整个科技行业中权力最大的女性。我认为超过一半的谷歌员工都要向她报告。”

德德听了我们的整个对话，她也在笑，我记得她都笑得停不下来了。如果我将必须与玛丽莎一起工作——这事很有可能——我这开局可真是精彩呢。最后，我发现我有必要参加玛丽莎主持的用户界面团队每周例会，并亲自请求她批准。我等了45分钟，终于轮到讨论我的议程了。她只花了一分钟看了一下我展示的幻灯片，然后说了句：“哦，很可爱，你当然应该用它。”它就被批准了。

随着收购交易接近尾声，约翰决定组织一个8人的Keyhole团队，在蒙特雷半岛上的阿西罗玛度假村对收购后团队的发展进行异地规划。傍晚，我们到达后，约翰带领团队穿越海岸线，走了很长一段路。他谈到了Keyhole从头开始的机会，也谈到了我们如何进入未知领域。在Keyhole一起奋斗的几年中，我们可能创造了一个了不起的东西，但现在，我们正在走向一个未知领域。因此，我们需要一个计划，因为如果我们没有计划，很多谷歌员工就会跑来告诉我们该怎么做，而我们的团队将会因此四分五裂。

由于害怕走漏风声，我们不提也不写“谷歌”这两个字，尤其注意不在各个白板或散落在会议室里的巨型便利贴上写“谷歌”。

我们在这两天里花了很多时间讨论一家我们早已决定不与之竞争的公司：MapQuest。诺亚收集了一些关于美国在线（AOL）收购 MapQuest 的让人大开眼界的市场数据，包括每月访问量以及 MapQuest 每月从每个用户身上赚到的钱的粗略计算。当时所有的网上地图搜索中，有 2/3 是在 MapQuest 上进行的，因此这家公司是这一领域的全球领导者。此前，Keyhole 一直有意远离消费者网络地图领域，但现在，有了谷歌资源的支持，我们开始思考：我们可以考虑发展一个网络地图服务来与 MapQuest 竞争吗？

我们还谈了很多 Where2Tech 四人团队的事。他们的初步技术演示令人称奇。拉尔斯和延斯·拉斯姆森使用的在浏览器中预渲染地图图块的高级 JavaScript 方法提高了加载速度，而另两位顶级谷歌工程师布雷特·泰勒和吉姆·诺里斯也参与进来，领导团队将该技术引入谷歌平台。

我们在想，是否能把在网页浏览器中快速平移地图图块的技术与 Keyhole 的航拍和卫星图像结合起来呢？是否还可以与谷歌便捷的相关搜索功能相结合呢？这似乎是一个令人兴奋的概念，但也是一个令人伤心的概念。在阿西罗玛度假村，我们开始意识到，我们可以为谷歌做的最好的事——Keyhole 能为新的所有者和用户带来的最大影响——可能意味着 Keyhole 团队的终结。这意味着要把我们的精力和我们的团队拆分成两部分：一个 Keyhole 团队将致力于开发我们的旗舰 EarthViewer 产品的完全谷歌化版本，我和其他一些人将留在这个团队中；另一个 Keyhole 团队由近井领导，将专注于刚刚起步的谷歌地图项目。约翰将管理这两个团队。所有 Keyhole 卫星和航拍图像将被导入一个即将推出的新的网络化产品。这个团队的一半将偏离我们的三维根基。约翰、丹尼尔和近井将担负巨大的工作量，他们需要重新构建数据库和基础设施，将航拍和卫星图像数据整合到一个新的网络化的地图产品中。

当然，这意味着这个 Keyhole 团队要把自身插入谷歌已经开展的这个项目中。而且，这个新成立的谷歌地图团队在没有我们的情况下也运作得很好。无论如何，如果没被问到，这个 Keyhole 团队就决定将谷歌的网络化地图开发工作放在首位。可他们的团队需要我们的帮助吗？他们的团队只有 4 个人，而 Keyhole 一共有 29 个人。这就引出了下一个显而易见的问题：谁来领导开发工作？

我这才开始对谷歌尚未发布的地图产品不断加剧的控制权争夺有了一点认识，而约翰早已经明白了这一点。这就是他提醒我警惕布雷特·泰勒的原因。他知道布雷特雄心勃勃，充满自信，而且他知道布雷特为谁工作、向谁效忠：那个负责谷歌搜索所有事务的人。

“等等。”我打断了约翰。“你是说布雷特是向——向——玛丽莎汇报工作的？”

“是啊，而且谷歌的高层可能会将地图搜索视为一种风格不同的搜索。”约翰解释道。“当然，你知道，玛丽莎负责所有搜索上的事。我认为她也想管地图。”我瘫坐在了椅子上。诺亚笑了起来。

那个星期五，10 月 15 日，收购交易据说已经完成，但会签的文件还未交给 Keyhole。梅甘·史密斯的解释是，她正在找戴维·德拉蒙德签字。显然，他刚从外地出差回来，她不知道他什么时候回办公室。我们审查了一些提议，表现得好像这是一个正常的工作日；毕竟，在等待谷歌派人把最终版合同送来的同时，我们还有很多工作要做。

下午3点，一辆货车送来了一台黄色谷歌刀片服务器的巨大机架，其容量是我们当前服务器后端的40倍。对收购知情的谷歌工程师已经对收购公告可能会产生的服务器负载感到紧张了。不到一个小时，没人假装还在做着实际工作了，连约翰也不耐烦地在办公室里闲逛。我们三三两两地打台球，扔飞镖，或者在停车场投篮球。6点，谷歌公司收购Keyhole的正式文件终于交到了约翰手上，上面注明执行日期为2004年10月15日。拿到了这份文件，约翰看起来松了一口气。

约翰开了一瓶冰了一下午的香槟酒，向十几位守在办公室的Keyhole员工道贺——他们已正式成为谷歌员工了。他告诉我们星期一早上9点到谷歌园区的41号楼报到，参加迎新会。他还提醒我们，虽然交易已经完成，但双方约定，从收购交易结束到公开宣布收购至少还要间隔两周。

那天晚上，Keyhole办了个自己的庆祝会。我说服约翰最后一次拿出钱，在帕洛阿尔托市中心一家叫NOLA的气氛欢快的新奥尔良主题餐厅包了一个包间。（1 200美元的包间费用是从Keyhole企业账户中用掉的最后一笔钱。）我在包间里放了一台投影仪，用EarthViewer浏览了世界上几个我最喜欢的地方，在多个KML地名标注间切换。静了音的电视上正放着红袜队的比赛，但我没怎么看季后赛，因为他们就要再次输给扬基队了，很可能会在七局四胜制的系列赛中连输三场。

杰夫·休伯、梅甘·史密斯等几位谷歌高管应邀参加了我们的庆祝活动。当晚有许多人祝酒，包括约翰、迈克尔和布莱恩。莱内特极力劝我发表祝酒词，最后干脆把我推到了最前面。我站在椅子上，讲了2004年初发生的一件事。

事情是这样的：那年春天，约翰和我来到Keyhole的停车场，坐上他的斯巴鲁去吃午餐。在这种时候，约翰往往焦虑不安，还有点匆忙。当他在我们办公楼的拐角处转弯时，近井正好从办公楼的侧门冲了出来，也是一副急匆匆的样子。他猛地停下脚步，约翰也猛踩刹车。他们两个都吓得屏住了呼吸。

我对约翰说："天哪，撞谁也不能撞近井啊。"确实如此：近井管理着所有数据的导入、拼接和发布。

后来吃午饭的时候，我继续和约翰聊这个话题。"说说看，撞了谁是没问题的？"我开始挨个分析。"帕特里夏？"啊，不行，没有帕特里夏，我们的网站就没人管了。"奥宾？"啊，不行，他在数据处理工具上做的工作非常重要。"丹尼尔？"不可能，他负责所有的数据交易和合作关系。"莱内特？"不行，她负责所有的运营工作。

等到吃完午饭，我们已经把公司的所有人想了个遍。确实如此，所有29个人都对公司的成功至关重要，约翰找不出一个缺了他也行的人。这种感觉很奇妙，而且Keyhole的每个人都有这种感觉。这是一种罕见而美妙的领悟，一个会让人永远记住的领悟。

作为一个团队，辛勤工作，再加上一点运气，Keyhole 最终活了下来。我们创造了一种用我们的新地图来观察世界的新方式。而现在，2004 年 10 月，在谷歌的大力支持下，这个地图的强大能量将被源源不断地释放出来。

第 9 章
“把目标定得再大一些”

星期一早上，Keyhole 团队在 9 点钟来到样子古怪的公司总部 Googleplex 报到。这是一个典型的北加州的早晨，天空中薄雾状的云还未完全消散。保安让我们先停在专门的访客车位上，直到拿到我们的谷歌工作证。与此同时，无数谷歌员工到达停车场，然后涌入园区的各个建筑物里。Keyhole 团队和当天入职的另外六名新员工一起聚集在摆了很多熔岩灯的 41 号楼大厅里。一个列出了多种语言的实时搜索结果的滚动列表被投影到了两位年轻接待员背后的墙上。（我们了解到，这里使用了一个特殊的过滤器，确保大厅墙上不会显示任何冒犯人的词语。）约翰和梅甘 · 史密斯在大厅里等待大家。我们从各种糖果、薯片和坚果罐子里拿东西吃。我们在 41 号楼里的第一站是领正式的工作证。之后，我们走进楼里的多个微型厨房中的一间稍事休息，吃点儿点心，喝杯咖啡。

“在这里能领到免费的谷歌 T 恤衫。”梅甘告诉我们，“我们要求每个人要有谷歌的做事风格，第一天只拿两三件，别多拿。”她继续介绍：这里是健身房。这里是游泳池。那边是谢尔盖正在里面打球的沙滩排球场。那边有一场极限飞盘比赛正在进行。这里有可以在园区里骑的自行车、滑板车、电动平衡车。在这里可以搭乘穿越湾区的免费班车。通勤车站那里有一个咖啡果汁吧。当然，班车上有 Wi-Fi（无线局域网）。这里是 41 楼的按摩室。来，吃点 M&M 豆吧。

我得说，大概过了 11 分钟，我们才忘记了拉阿韦尼达街 94 号的一切，那里的从克雷格列表网站上淘来的台球桌、漏水的屋顶以及放满牛皮纸袋装的简单午餐和各种吃了一半的好市多蘸料的冰箱。直到德德在三个月后带着一个谷歌的危险品处理小队去清理我们的旧办公室，我们才又想起了这些东西。

接下来是 41 号楼的“科技站”。每栋谷歌办公楼上都有一个这样的商店，门口挂着花哨的停车站标志。店里有两三名网络管理员或 IT 支持专家，他们的唯一任务就是确保谷歌员工拥有他们所需的所有性能最好的设备。在 41 号楼的科技站，我们受邀给自己装备任何想要或需要的技术设备。这个小店差不多就是一个免费的微型苹果零售店。每个人都拿了笔记本电脑包、充电器以及装了谷歌的安全软件、能在家连上谷歌服务器的 Wi-Fi 路由器。（谷歌负担了员工家中的互联网接入费用，但需要员工使用装有特别安全软件的路由器。）

我注意到工作人员正把一台蓝色的 Linksys 路由器交给员工，型号和我最近给家里买的一样。“嘿，我家里有台跟这个一样的路由器。

我可以拿过来让你们装上带谷歌安全软件的固件吗？”我想给公司节省 55 美元。科技站的工作人员从他的两台 30 英寸显示器后面看了我一眼，又看了一眼他的同事，他的同事似乎觉得我的问题太搞笑了。“不了，就拿个新的吧。”这种事需要很长时间才能习惯。

我们走过连接 40 号楼和 41 号楼的一段阳光明媚的通道。约翰提议出去稍微走走，因为他有事想和我讨论。“我们正在给你定职位。你的工作内容不会变，但谷歌希望你在产品经理和营销经理中选一个。”他也认识到我在 Keyhole 一直是身兼二职的。他问我对此事的想法，而我觉得我并不适合谷歌的产品经理这个井井有条的职位。也就是说，我没有计算机科学的学位。虽然其他高科技公司通常不会要求这一点，但由工程技术驱动的谷歌确实有这个要求。那天，约翰和我决定，我的职位将是营销经理，尽管我的职责和在 Keyhole 时并无区别。

我是第 2488 号谷歌员工。（今天，谷歌已经有 62 000 多名员工了。）

当天下午晚些时候，约翰通知我们，Keyhole 团队将参加一个会议。这是一个连梅甘也感到惊讶的会议。它被宣传为拉里 · 佩奇和谢尔盖 · 布林出席的官方迎新会。由于不了解情况，我以为他们会出席任何收购活动，但显然情况并非如此。

“你们会见到拉里和谢尔盖吗？”其他谷歌员工一早上都在反复问我们。谷歌在这次收购中充分展现了其在业界的威望，许多高管都注意到了拉里和谢尔盖对 Keyhole 的浓厚兴趣。谷歌到底会如何使用这个小小的地图团队？他们也在寻找答案。

六年前，拉里 · 佩奇和谢尔盖 · 布林都在斯坦福大学念博士，他们是同学，尽管一开始并不喜欢对方，但他们还是决定在各种项目上进行合作，其中一个项目叫作“网络爬虫”（BackRub），旨在研究互联网的数学原理，这是他们当时研究的五六个项目之一。为了证明他们提出的网络爬虫的概念，他们下载了整个互联网（在当时一共有 2 400 万个网页）。下载完成后，他们使用了一种他们新开发的软件算法来过滤网站数据库并对其进行排名，用一种新的方式来理解所有这些网页是如何相互关联的。网络爬虫算法确定了在看到一个搜索词后会给用户返回哪一组网页。

这样，拉里和谢尔盖的新算法就从现有的搜索引擎中脱颖而出：在对网页进行排名时，他们不是按照某一关键词在给定网页上出现的次数来排名，而是根据这个网页有多少个网页链接来排名。这相当于说，怎么说你自己不重要，重要的是其他人怎么说你。

例如，假设你运营着一个销售巴西柚木庭院家具的网站。如果有人在雅虎上搜索“巴西柚木庭院家具”，雅虎会返回一个网页列表，网页是按照“巴西”“柚木”“庭院”“家具”这些词出现在某个网站上的次数来排序的。如果你在你的网站上提到了更多次这几个词，那么你的网站在雅虎列表中的位置就会靠前一些。结果就是，用户点击了那些反复提到关键词的网站，但这些网站不一定是质量最好的。

相比之下，拉里和谢尔盖的算法采用了这种方法：你在你自己的网站上使用这些关键词的次数基本上是无关紧要的，重要的是其他关于巴西和柚木庭院家具的网站链接到你的网站的次数。如果其他网站认为你的网站质量较差，它们就不会链接你的网站。只有你确实有关于巴西柚木庭院家具的好内容，它们才会链接你的网站。

这里要澄清的是，网络爬虫概念并非一种全新的结果排序方式，实际上，它是对权威科学期刊一百多年来用以排列研究论文重要性的方法的一种创造性诠释，即通过引用某篇研究论文的次数来确定这篇研究论文的重要性。一篇被其他文章或期刊大量引用的文章被认为具有更高的重要性，来自著名期刊的引用尤其重要。我大胆猜测，拉里·佩奇是从他的父亲维克托·佩奇博士那里接触到这个概念的。维克托·佩奇博士是密歇根州立大学计算机科学教授，他被视为人工智能领域的先驱之一。

拉里给他的新算法起名为“网页排名”（PageRank，一个聪明的双关语）[1]，他们还把他们的网络爬虫项目重新命名为“谷歌”（Google），拉里以为表示模糊数学的量词“古戈尔”（googol，指自然数 10^{100}）是这样拼写的。

在 2004 年 10 月我们入职的第一天，谷歌已经成为一种文化现象。拉里和谢尔盖已经成为国际科技名人，尽管从一开始就可以确定，他们对名气和物质财富之类的东西不感兴趣。在谷歌上市时，股票的发行价达到了 85 美元，这让时年 30 岁的他们有了 67 亿美元的财富。但拉里仍住在帕洛阿尔托的一间小公寓里，而谢尔盖不久前才买了他的第一辆车（通用汽车的 EV1 电动车）。

在拉里和谢尔盖来到会议室之前，谷歌产品战略副总裁乔纳森·罗森伯格先与我们会面。乔纳森是个非常自信的人，他很爱讲笑话。布莱恩和约翰跟罗森伯格很熟：布莱恩在 20 世纪 90 年代中期曾

1 “Page 既是页面也是佩奇。——译者注

与乔纳森一起在 Excite@Home 工作；后来 Keyhole 在 2000 年寻找产品和市场营销主管时（我最终接了这份工作），布莱恩推荐了乔纳森。

约翰·汉克和乔纳森在山景城见面，一边喝咖啡一边谈 Keyhole 的营销工作，最后双方都认为他们不太适合对方。乔纳森最后成了另一家硅谷初创公司的产品管理部主管，这家公司就是谷歌。

我非常想听听谷歌对 Keyhole 的计划。“从现在起一年后，”我问乔纳森，“如果展望一下前景，Keyhole 是创造 1 000 万美元的收入好呢，还是获得 1 000 万用户好？”

这是一个有点离谱的问题，但我抛出这些大数字，是想从他那里套出些方向性指导——是赚钱还是获得用户。我们的支付条件节点，即作为收购交易的一部分而制定的目标，是 Keyhole 获得 50 万用户。我说的数字是支付条件目标的 20 倍。

“你问拉里和谢尔盖吧。”他只说了这么一句，“我猜他们更喜欢 1 000 万用户，但你还是应该问他们本人。”

会议在园区外围一栋偏僻建筑中的一个很像大学研讨室的房间内举行。这个会议室是专为各种谷歌培训课程而设计的。谢尔盖穿着轮滑鞋滑进房间，笨拙地从会议室前面的几节阶梯上走下来。拉里紧随其后，对谢尔盖的入场报以微笑（显然，他之前看过这个特技表演）。约翰上前问候他们并与他们握手，而我们其他人仍坐在椅子上。然后他们在会议室里走了一圈，由约翰向他们介绍每一个人。拉里和谢尔盖对我们在创办 Keyhole 方面所做的工作表示赞赏。从一开始就很明确的是，他们都只关注创建全球地图数据库模型背后的技术和数学。

“你们一米的分辨率内覆盖的是全球的百分之几？”“来源是什

么？”“分辨率是多少？”“给我们讲讲卫星的事吧。”“卫星是谁造的？”“他们发射花了多少钱？”“卫星是对地同步的吗？”“传感器的尺寸有多大？”“每个图像文件有多大？”“你们现在有多少台服务器？”“卫星飞行的速度有多快？”

拉里和谢尔盖辩论一颗卫星需要多长时间来捕捉整个地球的图像，他们考虑到了光线明暗、云层覆盖、大陆块的百分比、每张照片的大小、卫星的速度、地球的旋转、引力、燃料、天气以及其他因素。

“如果你用一米分辨率的细节覆盖整个地球，数据库会有多大？”谢尔盖最后问约翰。

我确信谢尔盖在开玩笑。这个问题就好比问在西斯廷教堂画了四年壁画的米开朗基罗：“你的画太棒了。给意大利的其他地方都画上壁画怎么样？”

约翰转过来，抬头看着坐在我旁边的迈克尔·琼斯。“迈克尔，你想回答这个问题吗？”“大约会是一个PB吧。”迈克尔回答。这是我第一次听到PB这个词。一个PB等于100万GB。

“我觉得不对。”谢尔盖拿出自己的计算结果反驳道，“应该是500TB。”

我们快没时间提问了。谢尔盖继续质疑迈克尔的计算。他不相信这个结果。经过几分钟的辩论后，迈克尔用盖棺定论的语气说：“相信我，谢尔盖，就是一个PB。我稍后去你办公室给你演算一遍。”

拉里和谢尔盖准备离开会议室了。“拉里，谢尔盖，1 000万美元或1 000万用户，你们选哪个？”

他们转向我，一脸疑惑。“我不明白你的问题。”拉里冷冷地回答。

“如果让你展望一下我们的前景，也就是 Keyhole 团队的前景，假如说一年之后吧，你是希望增加 1 000 万用户还是希望多赚 1 000 万美元呢？”

拉里和谢尔盖互相看了一会儿，好像在无声地交流谁应该回应我的问题。拉里露出他标志性的笑容，说：“我认为你们应该把目标定得再大一些。”他盯着约翰，以示强调。整个房间都沉默了。

随后，拉里和谢尔盖离开了会议室，谢尔盖仍穿着他的轮滑鞋。

会见结束后，约翰带领 Keyhole 团队回到了 41 号楼。我们开始拆我们搬家用的纸箱子，并装饰我们的新办公室。坐在色彩鲜艳、配备了赫曼 · 米勒（Herman Miller）的椅子和两台 30 英寸显示器的工位上，大家都显得很兴奋。我找了一架梯子，想挂上我定制的印有 Keyhole 和谷歌标志的十字路口指路牌，但我刚一开始挂，谷歌设施团队的两名成员就出现了。他们带着麻绳、尼龙扎带、卷尺和工具箱。挂好后，这两名工人要求我检查路牌，以确保高度、位置、角度以及麻绳缠绕的方式是否符合我的要求。等我回到办公桌前，我收到了谷歌设施问题跟踪系统发来的一封邮件，请我给互动情况打分。

一位人体工程学顾问走访了 41 号楼，严谨地将每个人的桌子、椅子和显示器的高度校准到了最佳位置。我们还获得了免费现场按摩券，以防这些设备高度设置得不够完美而引起身体不适。我现在和丹尼尔 · 莱德曼共享一间办公室，但我并不了解的是，谷歌的规矩是总监才有指定的办公室。我在 Keyhole 是市场营销总监，但在大公司谷歌，我的职位却降了一级，我现在是产品营销经理，办公室紧邻约翰的办公室。在办公室里，海岸线圆形剧场的景色一览无遗。我们现在可以待在室内眺望约翰和我经常跑过的荒山了。

布莱恩和迈克尔搬到了拐角处的一间办公室，将我们团队的新部门驻扎在了41号楼的一层。这对迈克尔和布莱恩来说是一个颇具讽刺意味的转折：大约10年前，Googleplex的41号楼是硅谷图形公司园区的一部分。布莱恩、迈克尔、菲尔、近井和马克曾在同一栋楼上开发价值5 000万美元的飞行模拟器，而现在，这栋楼成了新的谷歌地图项目的中心。

Keyhole团队的其他成员则搬到了一个较大的紫色工位组成的区域里（这里也曾属于硅图公司）。这个区域里还有另外四个留给谷歌新的地图项目团队的工位。虽然我们还不完全清楚我们应该做什么或如何组织自己，但我们清楚地知道，我们都坐在一起。

当我回想起这个细节的时候，我觉得这是一个令人不安的群体动力。试想一下，有一家刚刚开业的热门餐馆，据传它的菜是城里最美味的。餐馆里空空荡荡，只有4个人围坐在一张桌子旁享用午餐。然后，请想象这个画面：一大群人忽然闯进餐馆。他们一共有29个人，而且都互相认识。其实，他们都是老朋友了。他们沉醉于新餐馆带来的兴奋感和期待。现在，一张空桌子摆好了：一张能坐33人的桌子。

已经坐着的那4个人本来非常满意餐馆的服务，现在却被告知要挪到大桌子上，和另外29个人坐在一起。他们在这件事上没什么选择权。现在所有人都坐在一起。没有菜单，不知道该做什么，该由谁来点菜。但显然，这是一个开放的标签。

布雷特·泰勒和吉姆·诺里斯在谷歌时间最长，他们是从另一个团队中派过来的，那个团队负责改进谷歌那些包含位置元素的搜索。布雷特和吉姆的二人团队最近又加入了两名新员工——延斯和拉尔斯·拉斯姆森，团队的目标是重新设计一些初始的谷歌地图原型。布雷特是天生的领导者。拥有斯坦福大学计算机科学硕士学位的吉姆则是个不爱夸夸其谈、安静、整天埋头干活的人，他很少关注某个项目里的固有的政治斗争。如果说桌子两端坐着两个互相不对付的人，约翰坐在一端，那么在另一端坐着的就是布雷特。

那些初始的谷歌地图原型是由 Where2Tech 设计的。它被谷歌收购前的创业之路比较短：团队的历史不足一年，却经历了不少波折。2003 年秋，延斯和拉尔斯被一家名为 Digital Fountain 的公司解雇，然后搬到了澳大利亚悉尼生活。艺术家兼软件工程师的延斯捡起了他在 20 世纪 90 年代中期为丹麦的一家黄页出版商工作时探索过的一些想法。不久，拉尔斯加入进来，和他一起探索这些想法。他们一起在他们的朋友诺埃尔·戈登的公寓里搞开发。随着第四位朋友斯蒂芬·马的加入，他们开始开发一款地图软件应用程序。

我在这里有意使用了“地图软件应用程序”一词，而不是“地图网站”，是因为 Where2Tech 希望与当时领先的基于 CD 光盘的地图软件“微软街道和旅行”（Microsoft Streets & Trips）竞争。他们的想法是，用户在电脑上安装软件，但大部分数据通过互联网由一个中央数据库提供。这和 Keyhole 的想法有点像。虽然如此，但 Where2Tech 没有拿到任何数据。

和 Keyhole 一样，因为 MapQuest，工程师们有意避开开发基于浏览器的地图网站。另外，由于有数据被爬取（自动下载或“爬取”网站数据的恶意软件脚本）的安全风险，工程师们几乎不可能从事网页地图的开发。地图数据提供商（如交通路网和商户列表数据库）只同意向延斯和拉尔斯提供寥寥几个样本数据集。罗伯逊不允许 Keyhole 建立地图网站也是出于同样的原因：担心基于网络的地图网站使软件开发者很容易写出脚本，自动窃取他们所有宝贵的数据。

2004 年初，Where2Tech 开发出了他们的可下载应用程序的一个可工作的原型。没有任何资金、商业模式或与数据提供者的合作关系，团队前景渺茫。3 月，延斯回到丹麦寻找其他工作机会。与此同时，拉尔斯前往硅谷，希望利用他们的演示程序为 Where2Tech 获得风险投资。这是一次艰难的销售。硅谷几乎所有人都认为，消费者地图服务已经没什么前途了。MapQuest 已经占领了市场。正如约翰·汉克四年前告诉我的，与 MapQuest 在消费者地图市场上的正面交锋将是耗资巨大、艰难且很可能无法成功的。

令人惊讶的是，一位据称愿意投资 Where2Tech 的风险投资人对拉尔斯的软件表现出了一点点兴趣，尽管兴趣不大。投资意向书被送交该风险投资人审核，同时，延斯从丹麦飞到了硅谷。双方约定在风险投资公司的办公室里开会来完成交易。和 Keyhole 与风险投资公司的交易一样，这次会议也没开成。但这次却是因为风险投资公司在最后关头取消了会议，他们被消费者网页地图领域的第二名——雅虎的一个看似微不足道的市场举动吓跑了，尽管雅虎在这个领域的实力远远落后于 Map Quest。

雅虎在 4 月 13 日，即 Where2Tech 投资会议的前一天，对他们的雅虎地图服务做了一个小小的、不那么重要的改动。雅虎的旅行业务部门雅虎旅游此前一直在其商户列表搜索结果中显示相关地图，而在那个星期一，雅虎宣布在雅虎地图首页的醒目位置提供这些地图和这个功能。虽然只是一个小小的改动，但对于 Where2Tech 和变幻莫测的投资者来说，这是一个不合时宜的信号：雅虎打算在地图产品上投入重金。于是，投资会议被取消，Where2Tech 还是没钱。延斯飞回了丹麦，斯蒂芬·马和诺埃尔·戈登继续留在悉尼。

拉尔斯则继续在硅谷发展工作关系。他的一个熟人偶然把他介绍给了拉里·佩奇。在努力了数个星期后，拉尔斯与拉里·佩奇的会面终于被定在了 6 月 4 日。延斯在会面前一周才知道这个消息，当时，公司的账户只剩下 13 美元，于是他用信用卡订了飞往加利福尼亚的机票，陪同拉尔斯与拉里·佩奇会面。

会议一开始，拉里向兄弟俩提出了质疑。“你们为什么不把地图做到浏览器里？”他问。拉里有一套跨越巨大的技术障碍去寻求卓越用户体验的办法，并且他总是能巧妙地贬低那些明着暗着讲遇到障碍的人。如果你像佩奇一样，少年时就能用乐高拼出一台功能齐全的打印机，那么你也可以这么做。

Where2Tech 的用户体验肯定比 MapQuest 或其他网页地图提供的服务更好，也就是说，它速度更快。事实上，它比 MapQuest 快得多。在某种程度上，它与 Keyhole 类似：在用户发出请求之前预先渲染用户可能需要的地图图块。如果你正在地图上查看得克萨斯州奥斯汀市彭伯顿山庄街区加斯顿街 1602 号，你很可能会向左右两边拖拽地图，因此 Where2Tech 将加斯顿街 1600 号和 1604 号的地图也加载到你的电脑上。和 Keyhole 一样，Where2Tech 也会预测你接下来需要的地图数据，并在你请求这些数据之前将它们加载到你的电脑内存中。但是，预加载地图图块并将这些图块保存在内存中，同时能安全地执行这些操作，这些只能通过安装在电脑上并具有对电脑设备内存的读写权限（还能防止数据爬取）的应用程序来执行。Keyhole 在处理黑客企图爬取并倒卖我们的数据方面积累了很多经验。例如，周末流量的异常峰值通常与窃取我们地图内容的企图有关。

不过，到了 2004 年，拉里的“为什么不做到浏览器里”的问题有了一些道理。Mozilla 基金会推出的火狐（Firefox）浏览器推动了互联网浏览器的发展，使得浏览器能处理更复杂的任务，为基于网页的用户体验提速。利用一组被称为 Ajax（即“Asynchronous JavaScript and XML”的缩写，意为异步 JavaScript+XML）的新技术，火狐浏览器使网站能从后台调用数据的同时不中断用户屏幕上的内容。在浏览器中提供更快的用户交互性，同时保证数据的安全性，这已经不再是不可能的事了。

“让我们试试，回头和你联系。”延斯这样回复拉里。兄弟俩把自己关在一个朋友在伯克利丘陵的家里，把他们的应用程序改成能在浏览器中运行的。有了明确的目标，他们便不停地写代码，以证明这个概念可行。延斯专注于设计元素，让配色更符合谷歌的配色，拉尔斯则专注于提高速度。斯蒂芬和诺埃尔构建了一个 ActiveX 控件。这是一种叫作插件的软件代码，能让你在 IE 浏览器中运行应用程序。

多年前，拉尔斯在一家管理 Wi-Fi 热点网络的公司工作时遇到了一个技术难题，该公司需要远程监控热点是否已经启动。每个热点都有各自的网页，但要想知道热点是否已启动，以前需要重新加载页面来重新查询热点的状态。

拉尔斯帮助公司找到了一种只获取一点点数据（即路由器的状态）而不需要刷新页面的方法。这是一种只有最新的互联网浏览器，如 IE 6.0 和 Mozilla Firefox，利用 Ajax 技术才能使用的方法。事实证明，这对 Where2Tech，最终对谷歌地图来说是一个巨大的飞跃。有了这个加载数据的新方法，就可以在用户请求地图图块之前对其进行提取和缓存。这种对地图数据的预加载将为用户提速，使用户感觉速度极快，响应极为敏捷。

三周后，拉里 · 佩奇和梅甘 · 史密斯出席了在谷歌召开的后续会议。Where2Tech 成功地将他们的原型转化为 ActiveX 插件，至少看上去是一个在浏览器中运行的服务了。拉里对这个概念很感兴趣，尽管他知道，一个基于 ActiveX 的解决方案并不是一个长期的解决办法。2004 年 6 月，Where2Tech 团队获得了聘书，并开始在谷歌工作。

这 4 名员工就在 41 号楼上班。他们几乎没得到什么指点，靠着自己继续完善这个项目。他们的目标是在谷歌实验室这个相对隐蔽的新想法、新技术试验场里发布一些东西。斯蒂芬、诺埃尔和拉尔斯回到了悉尼（但他们继续为这个项目工作），延斯则留在 41 号楼。很快，布雷特 · 泰勒和吉姆 · 诺里斯加入进来。

谷歌几乎不给他们任何指导。为了消磨时间，他们在 41 号楼的办公区域里安装了一盏交通信号灯，并给灯写了代码，让灯在诺埃尔 · 戈登离开他在悉尼的办公桌时变红，在办公桌前时变绿。延斯在他的和冠（Wacom）平板电脑上绘制草图，寻找用什么样的图标表示地图上的点：他先是在各种五角星、圆圈和方块间犹豫不定，最后选定了一个图钉的图标，这样可以标记一个地点的同时不遮盖它下面的图像。他还放弃了基于谷歌的五彩配色的地图早期设计，为他们的新地图项目设计选定了一套较为淡雅的配色。

他们的首批真正的任务之一，是完成对谷歌考虑收购的另一家公司的技术尽职调查，这家公司就是 Keyhole。作为审查过程的一部分，他们会见了布莱恩和迈克尔。

然后，2004 年 10 月，Where2Tech 和 Keyhole 团队齐聚谷歌。我们彼此独立，没有人来管理我们，不过两个团队同意，将尽快把 Keyhole 的图像集成到谷歌的新地图中。

在我们搬到谷歌的第二天，按照计划，约翰将会见包括韦恩·罗辛在内的工程高管。我深信，我们这次将从公司的领导层那里清楚地了解谷歌对 Keyhole 的计划。这次会议将成为我们真正的指南针，届时，所有计划都将清晰、完整地显现出来。

罗辛是一位备受尊敬、经验丰富的软件经理和工程师。他曾在苹果、太阳计算机系统等硅谷的多家公司担任工程领导。在太阳计算机系统，他是编程语言 Java 的创造者之一；在苹果公司，他是麦金塔电脑（Macintosh）的前身——Apple Lisa 个人电脑的工程总监。他目前担任谷歌的工程副总裁。作为产品战略的思想领袖，他在谷歌内部广受赞誉。所有的谷歌工程师都向罗辛报告，而罗辛直接向拉里·佩奇报告。

认为 10 月 22 日与罗辛的会议可能会解答有关 Keyhole 在谷歌的角色和职能的基本问题，这似乎没有什么不合理的。

那天傍晚，我和约翰一起坐在办公室外的亮黄色躺椅上。“会开得怎么样？ 计划是什么？他说什么了？” 我问。

“唉。”约翰缓缓开口说道，“我不太确定。”

“你的意思是？”

“嗯，我给你讲讲他都说了些什么吧。”约翰说，然后停了一会儿，“他的原话是‘我们不要把这些搞砸了’。”

“这话是什么意思？”

“我对他讲了一遍所有的情况：我们目前的产品报价、我们的产品路线图、我们的客户是谁、我们的收入、我们的销售预测。最后，他问我，‘这么说你们是有客户的，对吧？而且还有收入，对吧？’我说，‘对，我们有客户，也有收入。’然后他说，‘那我觉得计划应该是，我们不要把这些搞砸了。’”

“我们不要把这些搞砸了。”我重复道。

“他就说了这些。”约翰平淡地说。

就在此时，我开始觉得自己成了某种形式的 41 号楼社会心理学实验的一部分，而且我感觉似乎那群斯坦福大学的心理学博士不久就会从一面镜墙后面走出来，告诉我他们正在研究认知失调以及模糊的战略对团队的影响。

当我现在再思考这件事时，我开始明白罗辛的意思了：他那句幽默的话非常有道理。Keyhole 是一个能力很强的团队，我们很了解我们做的东西，我们有一位有着多年地图领域经验的强大的领导者。事实上，约翰在地图方面的经验比谷歌的任何人都要多。

我认为在罗辛与约翰会面之前，谷歌的其他部门负责人一直在为 Keyhole 考虑另一条路径：将 Keyhole 拆分到谷歌的各个职能部门里，并让我们成为玛丽莎搜索团队的一部分。

这是一个简单的办法，是收购方常常会采用的战略。确保新收购公司的人员能融入公司并能和公司齐心协力的最好的办法，就是拆分团队，把人员分配到各自的职能部门里，如工程、销售、市场营销和运营。

以 Keyhole 为例，我相信罗辛看到了约翰作为领导者的潜力，不仅仅是作为 Keyhole 的领导者，更是作为谷歌所有在地图方面的新的努力的领导者。也许谷歌员工应该与 Keyhole 齐心协力。

我认为罗辛说“我们不要把这些搞砸了”，是想表达：“我们现在有了一支强大的团队，他们在公司重要的新领域里拥有丰富的经验。我们不要拆散他们，就让他们在约翰和布莱恩的领导下建立一个新的团队吧。”

约翰在谷歌的职位是 Keyhole 总经理。在不久的将来，Keyhole 团队的所有人将仍然向约翰报告。而约翰和玛丽莎一样，将直接向乔纳森·罗森伯格报告。布雷特·泰勒和地图团队将向负责谷歌搜索和消费产品（即除基础架构外的所有谷歌产品）的玛丽莎报告。玛丽莎阵营和约翰·汉克阵营之间有了一条清晰的组织边界。怎么可能会出错呢?

10 月 21 日星期四，在我们进入谷歌的第四天，谷歌公布了上市后的第一份收益报告。这将是金融领域第一次看到谷歌的财务数据，也是谷歌上市后第一个看到公司财务状况的机会。我也很想知道谷歌的收入是不是真的达到了华尔街的预期。

谷歌用一个响亮的“是”首次轻松地回应了华尔街此前多次表达

的期望。背后的原因当然是，即使在 2004 年不到一年的时间里，谷歌神奇的自动取款机，即 AdWords（关键词竞价广告），也在以惊人的速度产生收入。现在收益公开了，全世界都已看到，谷歌的创收能力在商业史上是无与伦比的。它是历史上市值从零增长到 10 亿美元最快的公司。自三个月前上市以来，股价已经从 85 美元涨到了 140 美元。在第一个收益报告发布后，谷歌股价暴涨至 190 美元。

Keyhole 团队恰好坐在 41 号楼的营销和公关团队旁边。热烈的欢呼声和掌声在整个 Googleplex 里回荡。即使对于自公司成立以来一直在这里工作的人来说，这也是他们第一次看到谷歌的财务状况。我在这天尽量不去看盘后股价，但还是看了二三十遍。

在谷歌的第一周快结束时，Keyhole 团队被邀请参加每周一次在查理咖啡厅为全职员工举办的 TGIF 活动。查理咖啡厅是一个形状不规则的礼堂，礼堂一头有一个架高的舞台（我了解到的最惊人的事实之一就是，谷歌的 38 号员工是一位名叫查理 · 艾尔斯的全职厨师），一面墙上挂着一个大大的“Google”霓虹灯标志。公司当时已经拥有 2 500 名员工，迅速超出了查理咖啡厅的接待能力，因此，公司设立了一些视频会议室，来容纳多出的员工。

在这次聚会中，Keyhole 团队坐在了 Noogler（由“new”和“Googlers”缩合而成，意为“新谷歌员工”）专属区域前面最中心的位置。每把椅子上都装饰着一顶五彩的 Noogler 小圆帽，帽顶有一个小小的红色螺旋桨。到处都摆满了小吃、啤酒和葡萄酒。两位厨师从厨房里走出来，将一个冲浪板举过头顶——它被当作巨大的托盘使用，上面堆放着硅谷最好的寿司。埃里克、拉里和谢尔盖邀请戴着小圆帽的约翰在舞台上为公司演示 EarthViewer。和任何戴着螺旋桨帽的成年男子一样，约翰显得很滑稽。对于聚会上的大多数人来说，这是他们第一次体验 EarthViewer。约翰在软件上飞往世界各地的时候，现场的惊叹声此起彼伏，最后爆发出了雷鸣般的掌声。

约翰走下舞台时，埃里克·施密特难以置信地摇了摇头。“这太不可思议了。”埃里克补充道，“而且他是拿一台普通的索尼 Vaio 笔记本电脑做的演示。”作为一个在计算机行业干了 30 年的人，埃里克完全理解约翰刚刚演示的技术变革，也明白作为谷歌的一部分，它可能意味着什么。

TGIF 刚一结束，全体员工就慢慢走到 43 号楼和 41 号楼之间的草坪上，摆好姿势，准备拍一张特别的照片。酷爱摄影的迈克尔·琼斯爬到 43 号楼的楼顶，在上面拍了全体人员的照片，然后我们很快将照片导入 Keyhole 软件中。当谷歌员工回到办公桌前时，他们收到了一封罗森伯格发给全公司的邮件。邮件对 Keyhole 做了正式介绍，并欢迎 Keyhole 加入谷歌，同时通知谷歌员工，他们现在可以免费访问 Keyhole EarthViewer 了，他们可以直接使用他们的 @google.com 邮件地址登录 Keyhole。

谷歌员工猛增的需求差点让 Keyhole 的服务器崩溃。这如果不是一个危险信号，也算得上是一个有用的经验教训了。让服务免费，即使只对 2 500 人免费，也将面临成倍增长的巨大使用量和需求。

接下来的一周里，10 月 27 日，即谷歌公布收益报告后的第五天，收购 Keyhole 的公告终于获准发布了。在黎明前的几个小时里，

Keyhole 和谷歌的一小队人来到了我们的旧办公室。近井买来了卡卡圈坊（Krispy Kreme）甜甜圈，德德煮好了一壶新鲜的咖啡。由于谷歌的股票已经公开上市交易，收购公告是重大财务消息，因此收购公告发布的时间必须与股票市场开盘的时间一致，即美国东部时间上午9点（或太平洋时间上午6点）。这是一系列需要高度协调的任务。作为营销主管，我担任了指挥。

早上5:45，Keyhole 服务器重新定向到新的谷歌服务器。5:55，由帕特里夏·沃尔发布新网站（Keyhole's Feeling Lucky）。6点，由卡伦·维克勒推送谷歌博客文章，同时解除对所有事先知情的媒体的消息封锁令；由诺亚·多伊尔在美国商业资讯网（Businesswire）上发布新闻稿。6:05，由里提向专业客户发送电子邮件新闻简讯。6:10，向消费者客户发送电子邮件新闻简讯；埃德·鲁宾将认证服务器切换为一台谷歌服务器，由于预计会出现下载高峰，他还要密切监控服务器的情况。

最后一项！不用再向朋友和家人保密了，我们可以随意地谈论收购了。我的邮箱马上开始收到朋友、家人以及商业伙伴发来的邮件，邮件标题有“基尔迪，咋回事？！”“天啊！给我打个电话吧！”“哇哦！哇！”

那天我最喜欢的一通电话也许是约翰·汉克接到的拉阿韦尼达街94号的房东打来的。你们应该还记得，这个房东就是四年前我和约翰在圣迭戈一边喝啤酒一边吃墨西哥卷饼时，和约翰在电话里讨价还价的那个人。

作为收购的一部分，约翰和德德被要求找到占 Keyhole 已发行股票份额 60% 的投资者，并拿到这些投资者批准收购的签名。两周里，他们一直在找我们的房东，想告诉他收购的事，让他填表格并在上面签字。

发布收购公告那天，约翰接到了房东的电话，他特别着急。“我没错过这笔交易，对吧？”他问。“我需要签什么字吗？什么时候签字？到哪签？”接着，他解释了为什么这些天一直联系不上他。他是从斯坦福大学医学中心的病床上打来的电话。10 天前，他心脏病发作进了医院，现在还在住院治疗。那天早晨，他躺在床上，一边心不在焉地看着 CNBC（美国全国广播公司财经频道）的早间财经新闻，一边吃早饭。

墙上挂着的电视机上，记者说：“搜索引擎巨头谷歌今天公布了上市以来的第一次收购。这家公司是位于山景城的 Keyhole，一家开发了 EarthViewer 的小型地图软件公司。大家可能在 CNN 及其他电视台上见过这个软件。这也是那家其房东拥有公司 13 000 股股票的公司。”

好吧，最后一句其实是我插进去的。不过，这个消息差点让房东再次犯病。他吐出嘴里的咖啡，从床上跳下来，慌慌张张地找他的手机和约翰的电话号码。

“没事的，你好着呢，不用担心。你的股票很安全，它们将被转换为谷歌的股票。你好好休息吧，我们会和你保持联系，稍后会跟你细说的。”约翰向他保证。房东终于平静了下来。但是，房东最后还问了约翰一个问题，也是朋友、家人以及媒体和分析人士提出的众多问题中最常见的一个：“谷歌？买了 Keyhole？你能解释一下，他们对你们有什么打算吗？因为，说实话，我不太明白啊。”

“这个嘛，我们得等着瞧了。”约翰说。

第 10 章
革命性产品

一天早晨，我们来到 41 号楼上班，却发现布雷特团队的工位空空如也。一开始我们以为他们可能是迟到了，但到了后来，很明显他们团队当天不会来办公室了。显然，布雷特和玛丽莎在公司外组织了一次地图策略会议，但没有邀请约翰、布莱恩或 Keyhole 团队的其他人参加。

就我的经历来说，我曾与布雷特一起参加过好几次会议，他的个性和才智总让他在会议上出尽风头。凭借其深沉的男中音和过分自信的想法，他甚至压过了约翰·汉克，赢得了会议的思维模式以及谷歌地图项目的控制权。由于布雷特毕业后一直在谷歌任职，他的想法很实际，而且是基于对谷歌如何处理事情的深入理解。

谷歌内到处都是布雷特这样 20 多岁的斯坦福毕业生，不仅仅是项目经理和工程师，还有那些在科技站工作的小伙，或在人力资源部门工作、指导我填写医疗保险表格的年轻女士。他们都很聪明，随时都能详尽地回答你的问题。

自 2004 年 10 月我开始在谷歌工作以来，谷歌每天都会收到 3 000 份简历（一年要收到超过 100 万份）。结果，我自己也开始面试这些聪明、有创造力的大学毕业生，不过他们中的大多数人未能通过谷歌的面试挑战。在一次面试中，我遇到了一个年轻人，他为 EarthViewer 提了 9 个营销点子，而且这些点子都很棒。这位求职者没能参加第二次面试，另一个谷歌员工出于这样或那样的原因把他淘汰了（我从未搞清楚原因是什么）。我很久之前就明白，谷歌绝对不会给我面试机会的，更不用说工作机会了。

虽然布雷特刚刚接触地图行业，但他似乎更想靠着自己来寻找方向，而不是利用 Keyhole 的经验。布雷特和他的团队与不少数据提供商签订了合同，其中一些是已经与 Keyhole 建立了合作关系的提供商。丹尼尔·莱德曼接到了一些数据提供商的电话，询问这些新的谷歌联系人给他们打电话安排会议的事。工程师被招募到这两个独立的团队里；在决定新来的工程师被分到哪些项目时，布莱恩需要与拉尔斯竞争一番。我们很快就踩到了彼此的脚，以及彼此的自尊。

由于我属于 Keyhole 团队，我要向约翰报告，但我经常会被要求给玛丽莎的项目帮忙，因为她管谷歌的市场营销。玛丽莎把谷歌的大部分营销职能抓在了自己的手中，绕过营销传播团队的道格·爱德华兹及其他人而控制了营销职能（不包括公关）。

玛丽莎·梅耶尔开始成了众多公众活动和演讲活动中的谷歌代言

人，包括在全国广播公司（NBC）的《今天》节目和哥伦比亚广播公司（CBS）的《60分钟》节目上露面，谈论谷歌，还演示了Keyhole的软件，让约翰感到十分恼怒。他知道《60分钟》上的访谈只是因为黛比要求我在40号楼设立一个EarthViewer演示站，而在那个演示站旁，CBS的工作人员和《60分钟》的主持人莱斯莉·斯塔尔将会采访玛丽莎，询问有关新技术、谷歌文化以及公司未来发展的问题。

出于很多原因，我尽量与玛丽莎保持距离。首先，当然是收购公告期间那场蓝色弹珠图标引起的小混乱。拥有斯坦福大学计算机科学硕士学位的她对我来说聪明、尖锐得可怕，而且她身边都是些斯坦福最优秀、最聪明的毕业生。因为我上的是州立大学，而且是约翰·汉克阵营的一员，所以我不在她那个圈子里，那个她苦心经营起来、某种程度上是——用《连线》上的话讲——她的“秘密武器”的圈子。在校期间，她开发了一款旅游推荐软件，表明她很早就对包含地理元素的搜索感兴趣。她后来在斯坦福国际研究院（SRI International）和位于瑞士苏黎世的瑞银集团Ubilab研究实验室实习。毕业后，她收到了14份工作机会，其中包括1999年谷歌提供的工作机会。

2002年，玛丽莎设立了一个特殊的大学招聘计划，对40名“天才谷歌员工”进行精英培训。这一培训方案被称为“助理产品经理计划”，简称APM。一旦聘用，这些新来的大学毕业生马上就会被派往全球各地（通常由玛丽莎掌控），满脑子都是有关谷歌和市场营销的东西。我会阅读这些毕业生写的毫无意义的总结报告，里面有这些满脸稚气的年轻人在耐克工厂或路易威登总部参加会议前、站在中国的长城上或埃菲尔铁塔下拍的照片。然后，这些新员工会开始在公司的不同领域进行为期六个月的轮岗，以相互影响并学习谷歌业务的各个方面。这批玛丽莎的忠诚分子后来被派到了谷歌的各个领域中，担任产品领导职位。不出所料，布雷特和黛比都参加过这个项目。

那些天里，我毫不掩饰我对谁效忠：在享受谷歌提供的各种福利时，不论是在查理咖啡厅吃免费午餐，在谷歌篮球联赛上打篮球，TGIF 时聚会庆祝，还是在谷歌的健身房健身，约翰和我总是形影不离。不论何时玛丽莎在谷歌园区里看到我，无论是在开会还是在别的地方，我都和约翰·汉克在一起。

对玛丽莎来说，含有位置元素（例如，旧金山的酒店或圣马特奥开放参观的房产）的搜索只不过是另一种搜索罢了。无论搜索结果是基于地图还是基于列表，它依然是个搜索。因此，她声称位置搜索属于她管，即便开发了最好的地图搜索软件的团队也是如此。我推测，她想抓住地图不放的原因还在于，基于位置的搜索是各类搜索中极少数能提供创收机会的搜索之一。

请想一想：你觉得“红绿金刚鹦鹉的平均寿命”“sycophant 这个词怎么拼”或“喝醉的戴维·哈塞尔霍夫[1]吃墨西哥卷饼的视频”这类搜索结果里，广告商会急着往里面投广告吗？嗯，不会。作为一个人，当你知道这类搜索占了谷歌上所有搜索请求的约 93% 时（我可没夸张），你肯定会觉得不好意思（你们这些人哪！）。所有在谷歌上输入的搜索中，只有 7% 的搜索会返回广告（在所有搜索里只有 7% 让谷歌有机会赚到钱）。此外，谷歌不允许做色情广告。

1　戴维·哈塞尔霍夫是一名美国演员，代表作有《海滩救护队》。——译者注

巧的是，与旅游规划和房地产相关的搜索（这两种搜索被列入基于地图的搜索结果的条件已经成熟）是谷歌两类最有利可图的搜索。玛丽莎本来不想让别人进入这个有利可图的领域。

2004 年 12 月，情况对我来讲变得更加复杂起来。不知何故，我发现自己需要同时负责谷歌本地服务和谷歌地图的营销以及我原先在 Keyhole 的职责。黛比 · 贾菲把这个机会视为一些自然而然且参与度较低的附加职责，因为谷歌本地服务是一个只对美国开放的实验性的服务，对收入几乎没有多少拉动作用，而谷歌地图甚至还没有推出。还能有多难呢？我很高兴我们刚一起工作了几个月，黛比就要我承担额外的职责。

在咨询约翰并获得他的批准后，我同意了。在谷歌公司的全球组织结构图上，负责谷歌地图以及即将发布的谷歌版 EarthViewer 的市场营销的人有两个：Keyhole 的市场协调员里提 · 鲁夫和我。突然间，我又要负责谷歌地图和谷歌地球的营销。

这意味着我现在要同时向约翰和玛丽莎（通过黛比 · 贾菲）报告。约翰批准了此举，因为他知道只有玛丽莎有权力决定在谷歌主页上推广哪个产品。他猜测，如果我与玛丽莎有某种表面上的工作关系，我就可能会让 Keyhole 更频繁地登上谷歌主页。他猜对了。

每两周，谷歌主页上那个搜索框的下方就会显示一个一行字的链接。通常，这个链接是用于慈善事业或突出介绍当前的一个事件的（如法国国庆日）。虽然只是一行文字，但它可能是地球上最有价值的广告，每天都有成千上万人看到它。而玛丽莎控制着这行文字的内容。

加入玛丽莎的组织后，我便能够在黛比的帮助下，让 Keyhole 在 2004 年秋季和 2005 年春季多次登上谷歌主页，而每次推广都能为 EarthViewer 产生每天上万次的下载量。

然而，这些双重任务很快便让约翰恼火，因为我把我的时间分给了两个老板。我每天都要参加无数个会议，我经常要向潜在广告客户展示 EarthViewer 的演示程序，例如百事公司、Travelocity（旅游城）和戴尔，还要在谷歌高管会议、新员工会议以及其他会议上展示 EarthViewer。所有这些意味着当约翰来找我时，我常常不在我的办公桌前。

黛比负责玛丽莎管辖下所有产品的营销：谷歌本地服务，一个名为 Froogle 的购物服务，照片编辑软件 Picasa、Gmail、Blogger 以及其他一些我想不起来的产品。哦，对了，还有 Google.com。既然我正在和玛丽莎的团队合作，我发誓不要变成 Blogger：这个博客发布服务团队在一年前被收购，但似乎已经从谷歌文化中被移除，而且被拒绝转换为谷歌的品牌。当我在那个春季更多地融入了黛比 · 贾菲团队中（因此也是玛丽莎的组织中）的市场营销部分的时候，近井在产品方面也迅速嵌入了布雷特 · 泰勒的团队中（因此也嵌入了玛丽莎的组织中）。毕竟，布雷特的团队需要近井的专业技能——处理和维护全球地图数据库。

在 Where2Tech 探索的基础上，布雷特和他的团队的最初原型只使用了一些免费的政府数据集的小样本。现在他们坐在 Keyhole 团队旁办公，而我们的团队在过去五年里已经建起了一个地图数据的资料室。我们还创建了导入和管理所有数据的工具和流程，使用马克·奥宾和约翰·约翰逊开发的最新版本的 Earthfusion 工具所完成的数据导入任务，已经产生了一台运转良好的数据处理机器。（事实上，马克给谷歌员工开过一个小技术讲座，解释我们软件中使用的图像拼接工具的机制。这种技术讲座是一种在吃午饭时开的简短讲座，几乎每天都有，是公司为促进部门间的交流而做出的努力之一。）

我想提醒大家的是，地图本质上是一个数据库，在这个数据库里，所有的记录都有一个位置。布雷特、玛丽莎、延斯和拉尔斯也许正在开发历史上最伟大的音乐播放应用程序，但约翰和 Keyhole 团队却拥有所有歌曲。这些歌曲是交通路网数据、商户信息数据、边界数据、公园和建筑物等兴趣点（point of interest）、航拍图像等等。Keyhole 团队现在完全能够强力助推谷歌地图团队发起的工作。

在 11 月和 12 月的一系列会议中，约翰、玛丽莎和布雷特开始意识到这一点，并为两个团队设立了一个共同目标：在三个月内推出谷歌地图。达成这一目标的关键在于一个共通点——数据。拥有打开所有数据的钥匙的那个人就是小间近井。近井领导了这项工作，并设法让两个团队协调合作。他在这两方面做出的努力不亚于约翰·汉克或布雷特·泰勒。

从 2004 年 11 月开始，许多人都在这段时间里努力工作，但我可以坦诚地说，我从未见过任何人像小间近井一样努力地把 Keyhole 的图像整合到谷歌地图中。我每天早晨来办公室以及每天晚上离开时，近井都在办公室里写代码、与服务器工程师或布雷特和拉斯姆森兄弟开会，甚至周末他也不分昼夜地待在办公室里。（就在收购 Keyhole

之前，谷歌的保安部门制定了不允许员工在办公室就寝的政策。当时，一个刚从布朗大学毕业的大学生被发现住在谷歌办公室，他没有租房，而是睡在办公室的沙发上，使用园区里的自动洗衣店，并在谷歌健身房里洗澡。）我经常和近井开玩笑说，他是不会被允许住在谷歌的。他的超大号工位下面有一套推拉式的沙发床，如果这个规定执行没那么严格的话，他很可能会睡在上面。

近井的外交努力始于一个对布雷特、吉姆和 Where2Tech 团队发起的友好挑战。他们的打赌集中在 Where2Tech 团队想要创造的清晰的用户体验上。未来，拉尔斯和布雷特的图块预渲染技术加速后，谷歌新地图服务的用户将获得流畅的使用体验。服务里还会设置一个按钮，允许用户查看该地点的航拍或卫星图像，图像数据库将与 EarthViewer 背后的数据库完全相同。

在服务器工程师安德鲁·基尔姆泽的帮助下，近井建立了一个特殊的服务器集群，然后让谷歌地图团队能够使用 Keyhole 的图像数据库。（约翰其实在 8 年前就与安德鲁在一个名为 Meridian 59 的游戏项目上合作过，Meridian 59 被普遍认为是第一个 3D 在线角色扮演游戏）。接着，近井打赌，看 Where2Tech 团队能不能在一周内将 Keyhole 的图像数据库整合到基于网络的谷歌地图体验中。如果他们能做到，他们可以在硅谷随便挑一家饭馆，近井请他们吃饭；如果他们失败了，Where2Tech 团队则要请近井吃晚饭。

近井所不知道的是，在谷歌完成了对我们公司的技术尽职调查之后，延斯和拉尔斯预计他们会与 Keyhole 的航拍和卫星图像整合，因此他们一直在焦急地等待着这一天的到来。和 Keyhole 一样，他们一直在等待收购交易的结束。虽然近井不知道这件事，但兄弟俩已经对如何整合数据进行了概念上的证明。

于是，Where2Tech 团队愉快地接受了近井的挑战，并在不到 24 小时内完成。到了 2005 年 1 月，内部的谷歌地图项目已经包含了航拍图像，同时已经开始定期更新经过演示和测试的内部版本。一天下午，我站在延斯身后，他向我展示了最新版本。我以前从未见过这样的东西，简直太神奇了。这是一个在网络浏览器中运行的加载速度极快的地图，你可以随时切换到卫星和航拍图像，并能方便地查看这些图像。它比任何其他基于网页浏览器的地图都要快得多。直到此时，我才开始理解拉里的那句话："你们应该把目标定得再大一些。"一天晚上，在玩谷歌地图的初始阿尔法版时，我开始意识到，它将完全超越 MapQuest。它的用户体验显然是出类拔萃的。

最初的这一系列成功以及近井的努力帮助两个团队走到了一起。近井请 Where2Tech 团队（他自己掏钱，而不是用谷歌的 G 卡[1]）在帕洛阿尔托的高档古巴餐厅 La Bodeguita del Medio 吃饭。

虽然 Where2Tech 团队提供了一个向谷歌地图添加航拍和卫星图像的清晰的技术路径，但这一做法并未提供清晰的业务路径。我们的航拍和卫星图像提供商并未授权我们在免费的基于网络的服务上使用这些图像。Airphoto USA（美国航空摄影公司）、Digital Globe 等公司有充足的理由担心，外部黑客会恶意攻击并下载整个航拍图像库。因此，丹尼尔和约翰还有很多工作要做，他们需要和谷歌的律师一道重

1 G 卡是谷歌发给员工的信用卡，谷歌会替员工支付信用卡账单。——译者注

新就我们的数据合同进行谈判。这将是一个昂贵且耗时的过程。从法律上讲，我们未被允许使用谷歌第一版地图产品里的图像。

不过，不知何故，布雷特、延斯和他的团队似乎并不理解约翰和丹尼尔面临的这项艰巨的任务。两个团队之间仍然存在着“我们”和“你们”的心态。谷歌地图团队似乎认为，Keyhole 将最高分辨率的图像留给了 EarthViewer 产品，而没有拿出来分享。

“你们有你们的获利能力付款方案节点要完成。”几年后延斯对我说，“所以我们知道你们不希望我们拿到最好的图像。你们想把最好的留给 EarthViewer。”这个说法毫无事实根据，但最终，谷歌地图团队相信了我们。

先不说信任问题。41 号楼里的工程师还为这个杀手级的新地图创造了第三个功能：一个集成的谷歌搜索框。毕竟，虽然含有航拍、卫星图像，而且地图的快速流畅的确令人惊叹，但地图只有在搜索到用户要找的东西时才是有用的。

早在 Where2Tech 或 Keyhole 踏进谷歌园区之前，就已经有几位很有才华的谷歌员工在思考如何让用户方便地搜索与某一地点相关的结果。这个团队由一位名叫丹·埃格诺的软件工程师领导。

丹是通过比赛进入谷歌的。2002 年 4 月，谷歌举办了名为“第一届年度编程大赛”的挑战赛。比赛设置了丰厚的奖品（包括 1 万美元的奖金和一次谷歌山景城园区的贵宾之旅），同时它也是一个很好的激发新想法的方法。比赛的参与者可以访问 90 万个网页的数据，并被要求设计一个项目来探索这些数据的创造性用途。

5 月 31 日，谷歌宣布，丹 · 埃格诺以他的“地理搜索”项目赢得了比赛。丹编写了一个软件算法以有效抓取这 90 万个网页的信息，寻找其中的街道地址。然后，他对这些地址进行了地理编码处理。地理编码就是将地址转换为经度和纬度信息，而有了这类信息，就可以用这个数据库来创建地图了。这意味着，如果某个网页包含街道地址，就可以把它标在地图上。

如果说在拉里 · 佩奇眼中，谷歌的使命是“整理全世界的信息”，那么丹 · 埃格诺的新算法就是“通过地理整理全世界的信息”。谷歌在 2002 年向他提供了一份工作，但因为不想离开纽约，他没有立即接受这份工作。一年后，谷歌成功地将埃格诺聘为其在纽约的第一位工程师，而埃格诺也为谷歌设立了一个东海岸的前哨，他在那里与另一位工程师伊丽莎白 · 哈蒙一起创建了一个名为“通过位置进行谷歌搜索”的项目。

哈蒙和埃格诺将抓取网页并寻找地址以及对这些网页进行地理编码做成了产品。然后，他们将这些数据与 InfoUSA、Dun & Bradstreet 等第三方数据提供商授权的其他数据库相结合。2004 年，谷歌为埃格诺的成果申请了专利，专利名称为“根据地理相关性将文件编入索引”。

在 2004 年之前，建立和维护一个准确的商户信息数据库是一项西西弗斯[1]式的任务：它永远无法完成。传统上，所有的地图公司，从 MapQuest 和 Navteq 到 TomTom 和 Keyhole，完全依赖数据提供商

1 在希腊神话中，西西弗斯（Sisyphus）因前生罪恶受惩罚，无休止地将一块巨石搬到山顶，而巨石总是一再滚落。——译者注

来创建、更新和交付商户地址数据。没有人想自己创建这些数据。获得这些数据需要成百上千个电话销售员给商户打电话，来验证信息的准确性。即便如此，这些数据还是出了名的不准确。仅在美国就有 3 000 万个商户营业地点，而且，现有商户会不断搬迁或倒闭，新商户、新的连锁店会开张。

数据导入的延迟也加剧了不准确性。比如说，Keyhole 每六个月会从 InfoUSA 收到一次更新（数据刻在几十张 CD 光盘上）。根据近井和韦恩的工作量，我们可能会每 8 个月或 9 个月更新一次数据库（假设 InfoUSA 的电话销售员已经正确发现了地址变更）。因此，众所周知的是，MapQuest 及其他地图服务，包括 Keyhole，常常将用户引导至已经搬迁或完全倒闭的商户。我记得一天晚上，我按照地图的指引来到一个联邦快递网点，想发一个紧急包裹，却发现网点大门紧闭，门上挂着一个牌子，上面写着："已搬迁。"毕竟，地图只不过是表示地理环境的数据。

埃格诺和哈蒙现在正致力于为谷歌创建最干净、最完整、最新的地理数据。如果他们能成功，我们就不必仅依靠第三方数据提供商了。相反，我们会将第三方数据作为基础，然后将它们与埃格诺和哈蒙的网页索引创建的数据库进行比较。

想想塔吉特百货吧。2017 年，该公司在美国各地拥有 1792 家店铺。自 2007 年以来，公司的店铺数量增加了约 300 家。这等于说，塔吉特百货每年会新开设大约 30 家店铺，而其他很多店铺也可能会搬迁。塔吉特百货或任何其他商户在开设新店或关闭旧店时，首先要做的一件事就是在其网站上更新地址。如果你想让你的顾客找到你，你就必须更新你的网站。

哈蒙和埃格诺的工作使得谷歌无须等待 InfoUSA 给塔吉特百货打电话核实其地址，更新其商户信息数据库，再将更新后的数据库寄给客户，这些数据也无须和其他数据一起排队等待更新。由埃格诺和哈蒙的网站抓取生成的新数据库将与旧数据进行比较，任何无法验证的旧数据都会被标上“该地点可能已关闭”的警告。

2004 年 12 月，森尼韦尔新开了一家塔吉特百货，离我嫂子家不远。当我在阿尔法版的谷歌地图中搜索“加利福尼亚州森尼韦尔附近的塔吉特百货”时，这家新店在搜索结果中排在第一位；在地图上，延斯设计的图钉图标标在了森尼韦尔市中心的一个新地点上。为了比较，我在 MapQuest 和雅虎地图上做了完全相同的搜索。它们完全漏掉了这家新的塔吉特百货，而是在埃尔卡米诺雷亚尔路上标出了一个地点，而这个地点上的旧店一年前就关闭了。

“哇哦，快来看这个。”我从我的办公室里喊约翰。他来到我的办公桌旁，我向他展示了塔吉特百货的搜索，首先在 MapQuest 上，然后在谷歌地图的预发布版本上。

“我已经知道了，我上周刚见过埃格诺和哈蒙，”约翰说，“他们从纽约过来，向布莱恩、丹尼尔和我报告他们工作的最新进展。这将是对第三方提供的旧数据的重大改进。”

布雷特、拉尔斯、近井及团队正在创建最快、最美丽的基础地图，不过最重要的还是数据，也就是在地图上标出的兴趣点（places of interest，POI）。埃格诺和哈蒙的工作将确保谷歌的兴趣点——即我们的地理信息——是最全面和最新的。

这是谷歌地图计划的一个重要组成部分，而现在，Keyhole 团队也加入了进来。谷歌的使命是整理全世界的信息，现在这些信息也包括了现实世界中存在的具有物理位置的信息。埃格诺和哈蒙的工作将谷歌搜索从为网页编索引扩展为给我们周围的整个世界编索引。

我还应该指出的是，对于前面提到的塔吉特百货的搜索，我只需将信息输入阿尔法版本的单个搜索框中，不需要在多个框中输入信息。而在 MapQuest 上，我点击了“商家”单选按钮，然后在商家名称框中输入了“塔吉特百货”，又在城市名框中输入“森尼韦尔”，然后再在州名框中输入“加利福尼亚”。类似地，查找一个地址时，用户需要点击地址单选按钮，在街道地址框中输入“第 31 街西街 806 号”，在城市名框中输入“奥斯汀”，然后在州名框中输入“得克萨斯”。与所有谷歌搜索一样，谷歌地图里也只有一个搜索框。这是一个完全陌生的概念。（因此，“波基普西的冰激凌店”这条搜索示例在谷歌地图搜索框下面一直存在了好多年。）

埃格诺和哈蒙的工作是在谷歌地图产品的前身，一个叫“通过位置进行谷歌搜索”的服务中首次面世的。这项服务主要是为了证明这个概念，以及证明地图解决方案确实有市场需求。你可以在谷歌公司网站上的“谷歌实验室”中找到“通过位置进行谷歌搜索”条目。

早在收购 Keyhole 之前，2004 年 4 月，通过位置进行谷歌搜索就已经被玛丽莎改组为“谷歌本地服务”，布雷特·泰勒、吉姆·诺里斯和另一位名叫陈太的产品经理在 Where2Tech 和 Keyhole 来到谷歌之前曾在谷歌本地服务团队工作。虽然仍处于测试阶段，但谷歌已经开始向消费者和广告商推销这项服务，把它从一个默默无闻的谷歌实验室项目变成了谷歌主页上的一个链接。作为此次试运行的一部分，通过谷歌的 AdWords 服务注册并在谷歌上投放广告的企业可以同时选择广告的投放地点。

到了 2004 年底，所有三个团队都在齐心协力地创造一个杀手级地图。我们都各自带来了革命性的东西：布雷特、拉尔斯和他们的团队创建了能在浏览器中运行的美丽地图视图；约翰、近井和 Keyhole 团队带来了拼接起来的航拍和卫星图像视图，现在也能在浏览器中运行了；丹·埃格诺和伊丽莎白·哈蒙开发了最好的点数据，代表着最新、最完整的数据库。

这三个团队被称为地图 / 本地服务 /Keyhole 联合团队。联合团队的一半人正致力于推出谷歌地图，另一半人开发谷歌版本的 EarthViewer，这个版本还没有名字。

到了此时，三个团队已经开始更有效地融合了。我特别喜欢内向的延斯·拉斯姆森。这样一位高水平的设计师是团队中一笔非常宝贵的财富。他开一辆新的红色法拉利，每周五都给整个团队的人带丹麦糕点吃。拉尔斯则非常聪明，受人尊重，并且很有洞察力。兄弟俩所做的工作——在布雷特·泰勒和吉姆·诺里斯的帮助下——不能不令人啧啧称奇。我得承认，我确实开始怀疑这个地图服务会阻碍我们的旗舰软件 EarthViewer 的市场需求，它实在是太出色了。

约翰的看法则有所不同：Ajax 技术也令他感到兴奋，但他也知道，网站要达到本地 3D 客户端应用程序那样的渲染效果还需要好多年。EarthViewer 现在还能查看整个世界的地形、三维建筑物和数百个数据叠加层。而基于 Ajax 的网站只能显示静态二维地图图块。（这两项技术最终会合并到一起，但那是差不多 10 年之后的事了。）

2004 年 12 月 19 日，星期五，也就是 2004 年我们正常上班的最后一天，拉里和谢尔盖出乎意料地在 TGIF 庆祝会上给全公司 2 500 人每人发了一个装了 1 000 美元现金的信封。当晚，公司举行了年度假日庆祝会。谷歌为此次活动租下了整个山景城计算机历史博物馆。博物馆的装饰主题是一座荒岛，入口处是一架坠毁的露出了一大堆金条的塞斯纳 172 飞机。在那天晚上的某个时刻，一个康茄舞队伍伴随着一支热情的加勒比风乐队的钢鼓鼓点在中庭里蜿蜒前行。草裙舞舞者婀娜地扭动着她们穿着草裙的臀部。毕竟，公司的规模翻了一番，股价在短短 6 个月内从 85 美元暴涨到 192 美元，所以，大家都在开怀畅饮。

傍晚时分，谷歌早期的一位高管把我拉到一旁。我们站在一个阳台上，俯瞰着热闹的庆祝会。“你们要非常小心。”他说，“不要被她的外表欺骗。她是个会吸干她周围所有人的精力和责任感的黑洞。如果汉克不小心，如果他不提防着点的话，她也会吸干你们所有人的。”他的妻子站在他身旁，心照不宣地点了点头。

他没有说她的名字，但我知道他说的是谁。

“我知道她不赞同不让约翰向她报告的决定。”我说，“但我觉得约翰不会有事的，Keyhole 团队也不会有事，因为韦恩 · 罗辛确实看到了我们带来的价值，我认为他是支持约翰的。”

“喔，我看不一定。”他说，啜了一口鸡尾酒，然后四处张望了一会儿，“我听说罗辛要退休了。”

第 11 章
整个地球的数据

2005 年 1 月下旬的一个寒冷的清晨，Keyhole 的 41 人团队（我们已经开始扩充我们的队伍了）在 5 点 30 分悄悄登上了停在 41 号楼外的一辆漂亮的黑色大巴。我们登上的这辆带 Wi-Fi 的巴士是那天早晨在 Googleplex 里排队等候的 45 辆巴士之一，这些巴士将把整个公司的员工从山景城拉到 5 小时车程外塔霍湖附近的斯阔谷滑雪度假区。从 2000 年开始，谷歌每年都会组织一次旅行。这一次，谷歌包下了整个滑雪度假区，供全员度假两天。（这次是公司最后一次全员一同旅行，为了更易于管理，往后的旅行改成了分批进行。）

当我们到达山上时，湛蓝的天空格外晴朗。入住豪华酒店之后，团队的大部分人立即冲到了山上。约翰和布莱恩买了几十部荧光绿色的 Garmin GPS 定位记录设备。在山脚下靠近滑雪缆车的地方，我们摆了一张桌子，让谷歌员工在上山滑雪前在GPS设备上签到，以记录下他们的滑雪路线。等他们滑完回来，我们就会下载他们的数据，并把一个EarthViewer KML文件发给他们，让他们可以虚拟地重温他们那天在山上的体验（文件里包含了滑行路线和速度）。当时的许多GPS记录设备都已经开始采用约翰·罗尔夫的KML标准，使得EarthViewer成了查看设备收集到的数据的首选工具。这可能是消费者第一次能看到他们的位置被以一个个小圆点在真实的航拍和卫星图像做成的地图上标示出来。

约翰希望利用这项GPS特技让其他谷歌工程师一瞥他的新团队的创新成果，并希望有机会吸引其他人加入谷歌这个不断扩张的地图项目。

对于许多谷歌员工来说，约翰和Keyhole团队对GPS追踪滑雪路线的演示让他们首次了解到了谷歌在地图上的举措。几位谷歌员工在滑雪之旅中曾公开质疑我们的战略和计划，他们对我们团队平时在41号楼里做些什么所知甚少。

有人可能会认为，在谷歌地图推出之前的几周内，整个公司可能都在为产品的发布忙碌着。但事实上，公司中很少有人知道，也不会多想我们正在做什么。对于其他员工，我们只是另一个做着自己该做的工作、准备推出另一种产品的团队。而且，不仅41号楼之外的人没有任何期待，我也不认为41号楼里的人都了解我们即将引发的地图热。

发布日期定在2005年2月中旬。产品神奇地将三个特点结合在一起：一个快速、流畅、基于浏览器的地图，一个庞大的航拍和卫星图像数据库，以及一个能搜索最新地理数据的更为全面的谷歌搜索。在这几个功能中，航拍和卫星图像的功能是最难实现的，因为它必须与 Airphoto USA 和 Digital Globe 等公司重新签署合作协议。（众所周知，任何需要律师参与的事都要花费很多时间。）约翰和丹尼尔需要与我们的数据供应商就所有的合同重新谈判；我们将不得不向 Airphoto USA 和 Digital Globe 支付更多的钱。

在清楚地认识到我们需要为整个世界，而不仅仅是美国创建一个地图服务后，丹尼尔决定倚重 Digital Globe。丹尼尔带着一个巨大的需求去找他们谈判。谷歌希望为地球上 200 个人口最多的城市提供最新的卫星图像。

Digital Globe 商业销售负责人迈克尔·麦卡锡与丹尼尔一同工作了数周，以便仔细审查这笔巨大的数据许可协议，并给谷歌报价。经过多轮谈判后，丹尼尔和约翰终于对协议条款感到满意了。Digital Globe 卫星图像在协商后的价格降到了每平方公里一美元的合理价格，但由于数据量巨大，总价依然高得惊人：300 万美元。

约翰走进我们的办公室，跟我们讲了他对总价的震惊和顾虑。虽然如此，他一直在收到积极的信号，包括有拉里参加的为我们召开的欢迎会以及对拉里提出的“把目标定得再大一些”的挑战，所以他和丹尼尔决定去争取一下。约翰准备向管理层报告 Digital Globe 的提案，以获得对这笔预算的批准。这是他第一次去找拉里和谢尔盖要钱。

在当时，谷歌还没有一个正式的程序来审查交易。如果你想为合作、收购或大量的地图数据寻求资金支持，你需要预约时间到 43 号楼与拉里和谢尔盖面谈。事实上，你很可能需要与拉里和谢尔盖本人约时间，两位创始人都经历了没有行政助理的荒唐的阶段。显然，他们这么做的理由是：他们比他们所希望的还要忙，如果他们不用行政助理，就不会有这么多会议要参加了。

让他们松一口气的是，拉里和谢尔盖终于与丹尼尔和约翰定下了会谈的时间。他们走进拉里和谢尔盖共用的昏暗而杂乱的办公室，这间办公室位于43号楼三楼的一个夹层楼上，与下面的楼层联通。丹尼尔和约翰跨过散落在地上的被拆解的小装置，躲开那台由拉里的电脑控制、满办公室跑的有轮子的机器人笔记本电脑。

拉里继续在他的办公桌前工作，当丹尼尔打开笔记本电脑要进行演示时，他才抬头匆匆看了一眼丹尼尔。在丹尼尔启动PowerPoint（演示文稿）之前，拉里和谢尔盖就已经开始向约翰和丹尼尔询问Digital Globe的QuickBird卫星技术规格方面的问题了：它飞行的速度，高度，传感器的大小，分辨率，每个图像的大小，它在白天可以运行多少小时，机载存储，发射时间以及它的成本。

拉里和谢尔盖就Digital Globe数据库的总体规模辩论了一番，他们考虑到了云量、飞行路径、发射进入太空的日期等因素。在被谢尔盖打断之前，丹尼尔刚放了他准备的五页幻灯片中的两页。约翰与丹尼尔一同坐在沙发上，默默地接受着他们眼前发生的一切。

“为什么这么少？”谢尔盖问。

“为什么这么少？”丹尼尔不明白他是什么意思。这笔300万美元的采购意味着将现有的地图航拍和卫星数据库扩大3倍。现有的数据库是Keyhole花了五年时间建成的。丹尼尔的提议是将我们花了五年时间建成的这个数据库扩大3倍。

“这是他们的全部数据吗？”谢尔盖问，虽然他自己已经算过，知道并不是。

“可这就是我们需要的全部数据。”丹尼尔回答。

“他们的整个资料库有多大？”拉里问。

“你指的是整个地球的数据吗？”约翰问。

“他们的整个数据库还包括了大洋中央的一些偏僻岛屿，非洲、澳大利亚及南极洲的一些人口稀少的地区，撒哈拉沙漠，以及其他许多我们并不需要的东西。总面积大概有 8 000 万平方公里。”丹尼尔解释道，“我们想请你们批准我们购买其中的 300 万平方公里，费用是 300 万美元。我们只需要这么多图像。”

“你们为什么不购买整个资料库呢？”拉里问。

丹尼尔和约翰目瞪口呆地看着对方。只有美国军方购买了整个 Digital Globe 数据库。

机器人继续在铺着地毯的地板上乱跑。

“是啊，你们还是先回去，看看如何购买整个数据库吧。”谢尔盖也赞成这个意见，“全部 8 000 万平方公里。”两位创始人似乎在互相怂恿，抬高赌注，以使产品尽可能的出色。

那天下午，我与约翰和丹尼尔一起去查理咖啡厅吃午饭。他们都没有说话。

“喔，有那么糟糕吗？”我最后忍不住问。

约翰冲我一笑，微微扬眉看了丹尼尔一眼，然后说：“我想我们可能需要改变我们的想法了。”

午饭后，丹尼尔给迈克尔·麦卡锡打电话传达这个消息。“你的提案被拒绝了。”丹尼尔对麦卡锡说，后者正在科罗拉多州的一个球场打高尔夫球。“你最快多久可以做出针对整个 Digital Globe 数据库的提案？”

我简直不敢相信。我仍然没有完全理解拉里和谢尔盖对 Keyhole 和谷歌的地图计划制定的范围。它似乎并不是建立在我所能理解的任何经济现实之上的。他们到底准备把这一切引向何方？他们都疯了吗？我们是不是也应该疯掉？

接下来的那个周一，约翰向 Keyhole 管理团队通报了拉里和谢尔盖对 Digital Global 合同的回应。他向我们所有人传达的主要信息是：振作起来，做好准备，大变革即将到来。对于布莱恩和近井来说，这无疑为服务器和人力方面带来了挑战，甚至还引发了关于所有这些数据存储在哪里的担忧。“我们需要给所有这些储存 Digital Globe 数据的硬盘驱动器买一个更大的机柜。”近井说。

随着卫星图像的交易规模剧增以及谈判的时机悄悄溜走，航拍和卫星图像已经不可能在 2 月初推出谷歌地图时准备就绪了。结果，玛丽莎和布雷特决定仍然在 2 月份的原定日期发布——但不含 Keyhole 的航拍和卫星图像数据库。我们对 Keyhole 的图像不被包含在初版发布的产品中感到失望，但也理解这一决定。

“先发布再说”是当时谷歌一句常见的口头禅。大家对灵活迅速有着强烈的渴求，不想让完美成为发展路上的绊脚石。

发布日期和时间定在了 2005 年 2 月 8 日星期二早上 9 点（太平洋时间）。此时，谷歌在支持新产品的市场营销方面做得还很少，而这次发布甚至比谷歌的最低标准还低，完全没有营销活动。名义上，我在 1 月初就已经接任了团队的营销总监一职，但之后一直没有营销计划，也没有时间策划媒体拜访或发布预告片之类的营销活动。虽然产品已经在内部使用和测试了两个月，但在美国推出的谷歌地图的发布对公司来说似乎是一件大事。另外，我工作的重点在谷歌版本的 EarthViewer（它是可下载的应用程序）上，而不是谷歌地图的网站上。

布雷特写的一篇宣布新服务诞生的博客短文已经在谷歌服务器上排队等候，准备在星期二上午 9 点发布。因为这个公告发布的时间比较早（谷歌工程师是出了名的上班晚），而且由于博客文章已链接到新的域名（maps.google.com），延斯和拉尔斯以及团队的其他成员决定星期一晚上就让网站上线，在第二天正式发布前，依靠一个隐藏功能来免于走漏消息（我们就指望这 11 个小时里没人会找到 maps.google.com 网站了）。

星期一傍晚大约 6 点钟，团队在 41 号楼一层办公区的那个角落里集合：布雷特、吉姆 · 诺里斯、延斯和拉尔斯都到了。诺埃尔 · 戈登和斯蒂芬 · 马也提前几周从悉尼飞过来，为发布前最后几个星期的工作提供支持。尽管航拍和卫星图像没有一同发布，近井也一直在为团队工作。安德鲁 · 基尔姆泽也在那里，成了谷歌地图团队和谷歌服务器基础设施团队之间的沟通渠道。

当时，谷歌在全球拥有大约 40 万台服务器，比其他任何公司都要多出许多倍。谷歌正在给数据中心的使用方式带来一场革命，使其可被用作一个提供各种新型网页服务的高效、高速、具有冗余的平台。基尔姆泽就像是谷歌地图的交警，他帮我们将谷歌地图的负载分散到全球各地，使得谷歌地图能有效地处理流量。由于谷歌拥有十多个主要数据中心，他正站在一个即将变得更加拥挤的十字路口。

那天晚上，布雷特和安德鲁按下了向世界发布谷歌地图的按钮（尽管它只包含美国的地图）。那是2月7日星期一，傍晚6:50，选这个时间是为了与晚7点的服务器推送错开（每小时都会推送一个新版本的谷歌）。

虽然我不是他们核心团队的一员，但我也为项目的正式上线激动。那天晚上，在走出办公楼的路上，我顺路去了他们那里表示祝贺，还和延斯简短地聊了几句。他们低矮的工位上贴着从各种历史地图集里撕下来的地图，天花板上挂着老式的地球仪，带轮子的白板上写满了计算机代码和一些数学公式。很明显，办公室里充满了活力。约翰也在这里，他为拉尔斯、布雷特、安德鲁和近井拍了照片。在按下发布的按钮后，我们一起观察了开始显示网站流量（和预期的差不多）的最初使用情况图。那天晚上，当我离开41号楼时，谢尔盖·布林拿着一瓶香槟和一些红色的Solo牌一次性杯子从我身边经过。尽管这是一次低调的发布，但许多谷歌员工，包括谢尔盖，已经在内部测试了新的谷歌地图两个月。谢尔盖成了这个服务的一名早期测试人员和声援者。在发布前的几周里，他还成了团队的一名常客。

团队成员一同在办公室里四处闲逛，一边留意服务器有没有出性能问题，一边点了几个比萨。晚上8点左右，网站流量开始上升。网址已经被发现，而且一些人已经在使用谷歌奇特的新发明了。

第二天早上7:45左右，谷歌地图的流量开始激增，这是因为有人在颇有影响力的科技网站 slashdot.org 上发了一个有关谷歌的新地图服务的帖子。流量进一步增加，到我在 9 点到达办公室时，甚至在布雷特的谷歌博客文章发布之前，谷歌地图网站的流量已经超过了整整 24 小时的流量预测和服务器配额。基尔姆泽和服务器基础设施团队开始紧张起来。

人们对谷歌地图的初步反馈令人惊喜。在像红迪网（Reddit）这样的论坛上，兴奋的用户热烈地讨论了拖拽地图的功能，以及不必等待地图刷新的顺畅体验。这种体验比任何其他地图服务都快得多，也流畅得多，而且这种惊人的速度引发了更多随心所欲的探索和发现。

然而，这种探索仅限于美国。国际用户的抱怨和积极的反馈来得一样快：他们抱怨，把地图缩小到一定级别后，只能看到被海洋环绕的美国。团队甚至懒得把美国以外的其他国家的轮廓渲染出来。它就像是《纽约客》封面上出现过的那些替代现实地图中的一个。在这个地图上，谷歌的意思其实就是，世界的其他地方都不存在。

在公司内部，谷歌地图的成功推出令大家激动，同时也带来了将服务推向全球的新的压力。尽管新服务颇受欢迎，但最常见一个评论就是，谷歌再次把美国摆在了比任何其他国家都重要的位置上。布雷特、吉姆、延斯和拉尔斯已经建立了一个进入地图世界的绝妙的前端接入点；而现在，这个工具需要被扩展到全世界。

谷歌在各个国家分部的经理开始游说山景城的高管，想在其各自的国家推出这个服务。甚至我自己也被黛比团队里来自世界各地的市场营销经理们仔细研究了一番。在她的谷歌营销组织中，我突然变得特别受欢迎。“吉列尔莫[1]你好，祝贺你们发布了这个神奇的服务！”气度威严的西班牙区经理贝尔纳多·埃尔南德斯在一封邮件中写道，“作为谷歌在欧洲的第三大市场，西班牙拥有 62% 的市场份额。我真诚地相信，西班牙应该进入您的候选名单，供约翰·汉克制订全球推广计划的总体计划时考虑。你能帮帮我，让汉克先生考虑一下西班牙吗？又：如果你和约翰想访问欧洲，我们很乐意在马德里接待你们。”接着，他提供了一份数据提供商、媒体和潜在广告商的联系人名单，他还表示愿意为在西班牙推出谷歌地图而做出努力。

在由拉里和谢尔盖主持的 TGIF 庆祝会上，这个话题不止一次被提起。在某个星期五的下午，布莱恩被拉到台上，回答关于我们什么时候在非洲推出谷歌地图的问题。他再一次兜起了圈子，讲了团队如何努力扩展谷歌地图，但没有直接回答问题。

要知道，在一个新的国家推出谷歌地图更像是一个“商业提升”，而非“技术提升”。并非要在新的国家应用新的技术，而是应用完全相同的技术，但必须有新的数据。它转化成了与数据提供商和合作伙伴以及可能会被收购的新公司的多笔交易。预算、交易、谈判、时间表、优先次序——Keyhole 在过去的五年里一直在做这样的工作，但规模要小得多。由于公司打算尽快在其他国家推出谷歌地图，约翰、丹尼尔、近井的数据处理工具以及团队都坐到了驾驶位上，共同领导地图工作。

2005 年 7 月，日本成了第二个推出谷歌地图的国家。一名来自日

1　西班牙语中，吉列尔莫（Guillermo）这个人名相当于威廉（William）。而作者的名字比尔（Bill）是威廉的昵称。——译者注

本东北某地、名叫川井圭（Kei Kawai）的做事果断的产品经理与约翰取得了联系，并承诺，如果在日本推出谷歌地图，他会在所需的合作伙伴和数据交易上全力以赴。他最终带头达成了一整套与数据提供商的交易，帮助谷歌地图服务成功启动和运行。谷歌地图接着又在英国推出（由一位名叫洛兰·图希尔的充满活力的新晋欧洲市场营销负责人领导），然后是爱尔兰和法国。约翰给一系列国家排了优先次序，丹尼尔·莱德曼则开始在全球招聘业务发展人员。在我们共用的办公室的白板上，他列出了一些国家以及每个国家的数据提供商。这个名单后来也把那些谷歌可能会买下来、以将其地图服务推向全世界的公司包括进来。

谷歌地图在美国的首次发布非常成功，不过我想提醒大家，由于需要重新签订所有的 Keyhole 合同，我们在发布时没有把卫星图像加进去。近井和 Keyhole 的图像团队对未能参与到首次发布的热潮中而感到失望。我们是不是错失了良机？近井更加努力地工作，急切地想把航拍和卫星图像数据库作为谷歌地图的一项功能推出，共享谷歌地图首次发布的成功。约翰将发布日期定在 2005 年 4 月中旬。

丹尼尔最终与 Digital Globe 达成了价值数百万美元的卫星图像协议，获得了他们的所有数据。不久，谷歌办公室的柜子里就装满了存着卫星图像的磁盘驱动器，供韦恩·蔡进行处理。（虽然当时正在实施一个通过升级后的光纤连接实现数据交付的计划，但数 TB 的图像通过互联网传输还是太慢了。）我们必须做出让步，才能缓和 Digital Globe 对数据爬取的担忧。在网页浏览器（即谷歌地图）中，我们不能让用户一直缩放，最终得到最高分辨率的图像。谷歌地图需要将分辨率限制在比最高分辨率低一个缩放级别的水平。此外，我们还需要将“版权所有：谷歌，2005年。”这一版权声明制作成水印加在图像上。

约翰和丹尼尔对缩放级别几乎没有人为控制，但谷歌地图核心团队却不这么认为。延斯、拉尔斯、布雷特以及团队的其他人仍然认为丹尼尔、约翰、布莱恩和近井有所保留，认为我们把最高分辨率、最好的图像留给了即将发布的谷歌版本的EarthViewer。

我们加快在谷歌地图中推出航拍和卫星图像步伐的同时，命名的问题仍未解决。“Aerial”（航拍）已经被否决了，因为大部分图像是卫星图像。而“Satellite”（卫星）这个名字从技术上讲也不准确，因为有很多图像是从飞机上拍摄的。“Satellite”尽管事实上不准确，但确实有一个优势：从营销的角度来看，这是更有吸引力的选择。用户更希望他们正在从太空中观看地球，仿佛他们正在操作一颗监视卫星一样。

在最后一刻，布雷特出人意料地给我发了封邮件，让我来确定名字。他太忙了，不过我觉得他也太累了，不想为这件事争来争去。“你能不能负责这件事，然后把一致意见告诉我？”他写道。

我高兴地走到大厅，收集了一些最终的意见，稍微游说了一下，然后让约翰做最终决定。（我确实问过玛丽莎，但她表示会尊重约翰的决定，因为这是Keyhole的数据库。）我高兴地将最终决定发给布雷特，因为这也是他想要的名字，即使它不太正确。最终决定是“Satellite”。

Satellite Imagery（卫星图像）是在4月4日上午发布的。尽管我们检查了发布流量预测，但新服务太受欢迎，以至让我们措手不及。

这个服务的魅力一部分在于偷窥，一部分在于实用。你现在能看到你自己的房子、你邻居的房子，或者你前女友的房子了。实在是令人难以抗拒。在发布当天，谷歌地图的使用率开始逐渐增多。团队预计，从某个时间点开始，使用率会逐渐减少。但流量曲线并没有往下走。事实上，到了晚上，流量反而增加了。

晚上 9 点，当谢尔盖和一群服务器工程师来到近井的办公室时，他还在他的工位上工作。Satellite Imagery 太受欢迎、服务器流量负载太重，以至于新产品很快就要拖慢谷歌主页的整体速度。在谷歌地图上推出 Satellite Imagery 带来的服务器流量是首次发布谷歌地图时流量负载的 3 倍。这并不是一个惊喜。尽管我们努力将谷歌地图扩展到其他国家，但它仍未涵盖整个世界。对于世界上的大部分地区而言，数字地图数据根本就不存在。但 Keyhole 制作的图像数据集确实涵盖了全世界。由于与 Digital Globe 扩大了合作关系，谷歌地图的卫星图像涵盖了全世界，包括整个非洲和拉丁美洲，以及亚洲和南极洲最偏远的地区。这是第一个可以在浏览器中使用的网上全球地图，并且这是首次通过网页浏览器免费提供这种基于图像的全世界的视图。

英国广播公司报道的标题是《谷歌地图提供了全新的视角》，而《连线》报道的标题是《谷歌地图正在改变我们看待世界的方式》。《麻省理工科技评论》说道：“即使从表面上看，谷歌地图也比旧的交互式地图网站先进得多。令人惊叹的卫星视图，以及无须等待页面刷新就可以向任何方向拖拽地图的能力是最明显的进步。”

对于曾经坐过飞机靠窗座位的人，现在有了一个能重现他们在飞机上的体验的网站：带 Satellite Imagery 的谷歌地图。而且，它可以在浏览器中使用，无须使用 EarthViewer 账户（EarthViewer 的售价仍然是 29.95 美元）。

Keyhole 团队简直高兴得发狂了。我们曾希望 Keyhole 数据库的卫星图像在谷歌地图上的推出会受到欢迎，作为谷歌办公楼里的新成员，我们真的很想为达成整个谷歌公司——以及谷歌地图——的使命做出贡献，但是没人能料到它会如此受欢迎。虽然我们与谷歌地图在 2 月的发布没什么关系，但在 4 月的发布中，我们代表了其中的核心功能——卫星图像。

我们终于清楚 Keyhole 为什么会被收购了。谷歌启动了一项有关地图的登月项目，来改变我们在地球上找路的方式，而我们将成为这个登月项目的核心。

这个发布程序将在全世界重复使用：我们会先在一个国家推出谷歌地图，然后几周后会添加卫星模式。卫星图像总是会吸引数百万新用户，创造巨大的需求。卫星图像带来的流量激增会不可避免地逐渐减缓，但即使流量稳定在某一水平，这一流量也是建立在一个非常高的使用率水平上的。

卫星图像是谷歌地图的一个绝妙的营销手段。这种图像引起了人们的兴趣并带来了新的用户，而且这些新用户会坚持使用谷歌地图，因为这个产品远比其竞争对手优秀。

发布一周后，玛丽莎向全公司发了一封邮件。她高兴地宣布，带卫星图像的谷歌地图是谷歌短暂的历史上最成功的产品发布，远远超过了之前最成功的发布：Gmail。玛丽莎赞赏了近井在发布中的表现以及他在发布前数周的辛勤工作。几周之后，他被叫到她的办公室，得到了一笔颇为丰厚的奖励。没人知道奖励具体有多少，但他那辆新买的黑色玛莎拉蒂的真皮座椅确实手感不错。

一个月后，玛丽莎又发了一封邮件，这封邮件宣布了一个不为团队中的很多人接受的决定。这个极为成功的新产品要改名了：谷歌地图和谷歌本地服务将合并为一个产品。合并后的产品将叫作谷歌本地服务。谷歌本地服务？

“谷歌本地服务到底是什么东西？”当她的邮件出现在我的收件箱时，我跳了起来，跑进他的办公室。约翰坐在转椅上转来转去，说：“我知道，这个问题问得很好。”他和我一样讨厌这个名字。约翰提醒我，这并不是他的决定。布雷特和整个谷歌地图团队仍然向玛丽莎汇报，而且她显然希望将其与谷歌本地服务这个她创立的产品结合起来。

罗辛已经不再为约翰提供空中掩护了。和许多人一样，罗辛在谷歌上市之后于 2005 年 5 月离开了谷歌，用他手头的数百万美元寻找工程方面的新“登月项目”，不久便找到了一项挑战：在阿塔卡马沙漠编写软件控制卫星防御激光，来探测和拦截小行星。

对于改名，玛丽莎有她自己的理由。首先，她认为谷歌地图这个词多多少少是有限的；用户会认为它只是用来找路的，而不是用来找当地的商铺的。“这个产品远不止是一张地图。”黛比在一次她的营销团队每周例会上争辩道。

黛比和我有一种亦敌亦友的关系：就像我与约翰·汉克私交深厚

一样，她私下里是玛丽莎·梅耶尔的好友。可想而知，她引导了玛丽莎的立场，而我则会引导约翰。

我辩解说，教谷歌地图用户搜索商铺会比试图教用户去访问一个叫“谷歌本地服务”的东西要容易得多。我的立场是基于视觉艺术家、作家温迪·里士满提出的一条规则，我一直认为这个规则道出了一个基本的营销真理，这个规则是这样的：“如果你想教别人一些新东西，那么你应该从他们已经知道的东西教起。”所以，我的思路是：人们知道地图是什么，那么我们就应该从谷歌地图开始，从这里扩展他们的知识。

黛比解释了玛丽莎做出这一决定的另一个原因：2004 年，谷歌 AdWords 推出了一个“本地广告”选项。在推出后的第一年，这一选项就吸引了相当多的业务。广告商只需在一个复选框前打钩，就能将“本地广告”选项添加到他们的谷歌广告宣传中：你的谷歌本地广告将立即出现在名为“谷歌本地服务”的产品上。

当谷歌地图逐步在全球推出时，一种模式出现了。我们先在一个国家推出谷歌地图；这个产品很快就会获得当地的商户数据以及商户做的广告，然后产品名就会从谷歌地图改为谷歌本地服务。

一天下午晚些时候，我们一起在谷歌的健身房里锻炼时，约翰提醒我，虽然他不喜欢这个决定，但这是玛丽莎做的决定——是她独自做出的决定。年轻的谷歌员工一个接一个地走进旁边的一个装着镜子的教室，去上免费瑜伽课。平板电视上放着伊拉克的最新消息，接着是旧金山巨人队和奥克兰运动家队在奥克兰竞技场的比赛。尽管我有些担心，但约翰让我让步。“你要学会选择什么时候斗争，什么时候妥协。”他说，劝我不要追究这个改名的问题。约翰现在并不想就这个问题争斗。玛丽莎正掌控着谷歌地图团队——或者应该叫谷歌本地服务团队。目前，约翰和她保持着距离。

第 12 章
微软的竞争

2005 年春，我被谷歌图书搜索团队负责人丹·克兰西招募，担任了一个非常重要的角色：他的谷歌篮球联盟球队的中锋。球队在 45 号楼外的一个铺着黑色沥青的停车场上安装了一套篮架，丹和我下班后在这个场地上打了很多场临时篮球赛。

我还在波士顿的时候就知道篮球球技和学术血统是逆相关的。那些年里，每当我要出门去哈佛的球场打球时，我常常会向谢莉念出电影《心灵捕手》（*Good Will Hunting*）里马特·达蒙的一句台词，“我要去哈佛痛殴聪明小孩了”。这个习惯一直跟随着我，而现在在谷歌，我也属于球技比较好的。

克兰西是得克萨斯大学的计算机科学博士，2004 年加入谷歌之前，他在 NASA 埃姆斯研究中心领导了一支有 500 名软件工程师的团队。

在谷歌，他现在领导着一个雄心勃勃的图书项目，目标是扫描世界上所有的书籍，并给它们编索引，让它们可被搜索。在NASA，他的软件可以控制5 400万英里之外的机器人。现在，他的软件正控制机器人翻页、扫描、除扭曲以及读取整个图书馆的内容。

我说服约翰也加入了球队（他在高中时打篮球，而且打得很不错）；我们为球队选了“Longhorns”（长角牛）这个名字。丹还邀请了乔纳森·罗森伯格和一位名叫杰夫·迪安的身材瘦长的软件工程师和我们一起玩。为第一场比赛热身时，我问杰夫他来谷歌多久了。罗森伯格停下了拍球的动作，其他人也都停下来盯着我。罗森伯格说：“你是真的不怎么了解谷歌啊，基尔迪，我们都是因为杰夫·迪安才来这儿的。”乔纳森、丹和球场上的其他人开始细数迪安做过的贡献：作为所有谷歌服务基础的Bigtable、MapReduce、Spanner等分布式运算架构工具。如果说拉里和谢尔盖造出了T型车，那么杰夫就是那个创建福特汽车公司的人。正是杰夫的代码使得谷歌以及Gmail、现在的谷歌地图之类服务能够扩张得越来越快。

我们热身时的聊天内容大多是向罗森伯格汇报谷歌地图的最新进展。在谷歌地图发布之前，我记得有一天在等待球赛开始的时候，罗森伯格展望了一下未来。

“我很喜欢这个新地图，”他说，“我觉得它肯定很棒，但我真正想要的，是一张能显示本周末硅谷所有开放参观的房产的地图。然后我希望可以把这张地图发到我的某个设备上，好让我把设备放在车上，指引我去那些房产的所在地。”要知道，这是iPhone推出前两年的事。

不过，这些在球场上进行的地图战略对话，约翰并没有坚持多久。在我们的第三场比赛中，当我要从场外传球时，约翰摆脱防守，迅速切入。就在这时，我们听到啪的一声，他的跟腱撕裂了，像橡皮筋一样缩回到了他的小腿上。他一瘸一拐地走到了41楼里的谷歌医务室，最后诺亚·多伊尔开车把他送回了东湾。约翰在接下来的几个月里只能拄着拐去开会，好一些后穿上了一个行走支具。我便经常跟着他去查理咖啡厅，帮他端餐盘。那年夏天我还把一个奖杯颁给约翰，奖杯上写着："2005年谷歌篮球赛冠军：长角牛。"

谷歌地图发布后，布雷特和吉姆·诺里斯将精力转向了一个新产品的开发工作，这个产品最终将成为谷歌地图大受欢迎的最重要原因之一。有人可能会认为它是有史以来针对谷歌地图开展的最好的营销计划。尽管它基本上就是罗森伯格所希望的东西，但我却没有意识到它的到来。

在它短暂的历史中，谷歌一直在努力与软件开发社区建立良好的关系。由于拉里和谢尔盖本身就是软件开发人员，他们很欣赏那些进行原创开发，同时会通过一系列API来开放它们的数据和工具来鼓励创新的公司。因此，谷歌公布了它的搜索API，允许开发者在其他网站上创建自定义的搜索服务。

当谷歌地图在2月8日星期二发布时，除了那些大名鼎鼎的出版物和用户的赞誉外，它还受到了网站开发人员和希望修改这些地图的软件工程师的热烈欢迎。换句话说，他们想用他们自己的数据创造他们自己的谷歌地图。正如乔纳森·罗森伯格在篮球场上所预测的那样，这类地图的首个，也是最受欢迎的例子就是由梦工厂动画公司

（DreamWorks）的动画师保罗·拉德马赫制作的与房地产有关的地图。

2004 年底到 2005 年初，拉德马赫一直想在旧金山湾区找一套他能负担得起房租的房子，但这在大多数人看来是不可能的。他搜索了好几个月——先在克雷格列表上读了无数个帖子，打印出了出租房的列表以及房子所在地的地图，然后周末出门找房。他的搜索效率不高，也不成功。当他带着几十张不同的地图开着车在旧金山四处找房却数周未果之后，他想：如果有那么一张地图能显示所有可租的公寓，那么找房效率就会大大提高了，这样我就可以在地理上缩小搜索范围了。

谷歌地图的推出及其对 Ajax 等先进技术的使用为拉德马赫开辟了一条道路。在地图上线后的数小时内，他便研究了谷歌地图的代码，试图逆向工程（把软件或硬件分解）其 Ajax。他的目标是把他的数据，即从克雷格列表网站上搜索到的可租住房的地理编码列表，叠加到地图上。在星期四，也就是谷歌地图发布仅三天后，拉德马赫就在他注册的 housingmaps.com 上发布了他的谷歌地图版本。

到了晚上，拉德马赫的地图已经迅速传播开来，成千上万的旧金山人带着他的新混搭地图 housingmaps.com 出门兜风。周五，这个网站在谷歌内部也传开了，谷歌地图团队中不止一个人在邮件讨论中表示，我们应该让拉德马赫来谷歌工作。实际上，谷歌也确实请他来工作了（不过他花了将近一年的时间才接受这份工作）。全国各地很快出现了几十个模仿 housingmaps.com 的找房地图网站。

那个周五谷歌地图团队中传阅的第二封邮件是关于另一个混搭地图的，这个地图叠加了芝加哥的犯罪统计数据。一位名叫阿德里安·霍洛瓦季的网站开发者和音乐家将库克县的公开犯罪统计数据与谷歌地图混合在一起，创建了 Chicagocrime.org。这个网站也迅速传播开来。全国各地马上又出现了几十个类似的犯罪统计网站。

布雷特和吉姆立即认识到，这两个网站已经引发了一场网页地图制作的平民运动，但这场运动正在不受控制地蔓延。他们意识到，这将为谷歌的基础设施和数据带来巨大的风险。这些混搭地图已经闯进了谷歌地图的后门，几十个拿着 GIS 数据的急切的网站开发人员正在涌进来。谷歌无法控制让谁或不让谁进来，也没有能力清除他们中的"坏人"。最重要的是，这些混搭地图很容易会因为谷歌地图的更新而中断服务。

布雷特和吉姆于是关闭了后门，并迅速开发出一项谷歌官方服务，为网站开发人员提供可预测、有文档记录的工具，用以创建更多混搭地图。对谷歌地图 API 的访问将受到控制：开发人员可以注册并获得一个谷歌地图 API 密钥，该密钥类似于一张令牌或票证，可以让你有序地从前门进入，从而将谷歌地图用作你的混搭地图的基础地图。官方的谷歌地图 API 于 2005 年 6 月发布，使得任何人都可以把谷歌地图集成到他们的网站上。

我说过它是免费的吗？

现在，我必须承认，我想不通为什么这个东西是完全免费的。创建一个像谷歌地图这样的网页服务并免费推出，这个想法是合理的。这种战略是一种行之有效的硅谷商业计划的一部分：创建一个产品，吸引受众，然后向希望被这部分受众了解的公司出售广告。这并非难事。

但是布雷特和吉姆创建了地图，还允许其他人用我们的地图创造他们自己的产品。然后，这些地图被放在他们自己的网站上，他们用网站卖广告赚钱。在我看来，人们似乎普遍对谷歌地图和其他谷歌服务的任何赚钱想法持否定态度，尤其是那些级别较低的工程师。

不仅如此，谷歌也没有收集和使用那些因谷歌地图 API 而解锁的数据。一天下午，我靠在布雷特工位的隔板上，向他抱怨这件事。“我们能否至少在谷歌地图 API 的服务条款中加入一些规定，允许我们在自己的地图上使用他们的数据？”我问。在注册谷歌地图 API 密钥时，所有开发者都必须同意谷歌地图 API 服务条款。我已经可以看到社区的创造性，以及那些很有创意的把我们的地图用作基础地图的方式。让我们在自己的地图上使用这些数据也将是合理的。这样，你就可以在谷歌地图上搜索旧金山的公寓、芝加哥的犯罪率、奥斯汀的小学或是波特兰的餐馆点评。谷歌地图能成为一个集中的地图枢纽（即使对隐藏的数据来说也是如此）。

拉里·佩奇和谢尔盖·布林也有类似的想法，并与布雷特和玛丽莎反复讨论过索取使用这些数据、将这些数据放在我们的地图上的某种权利的可能性。但在谷歌，较低级别的工程师似乎是以一种自由至上主义的方式看待所有数据的，因此这个想法遭到了抵制。他们普遍认为，我们的信息，包括我们的地图数据库，应该从后台的数据竖井中发出，并由能够访问这些地理数据的迅速成长的大量网络开发人员来发布。布雷特接受了这种自由至上的精神，于是谷歌地图 API 发布时，谷歌没有使用这些数据的能力。许多人认为，破坏这一认识就等于阻碍了谷歌“整理全世界的信息，使人人皆可使用并从中受益”这一使命的实现。

无数的基于谷歌地图的混搭地图最终确实让地理的光芒照亮了各种数据，各种以前从未在一个容易使用、交互式、快速、流畅的地图上显现的数据。这样的例子比比皆是：显示得克萨斯州新的“清洁煤”拟议项目的地图，显示洛杉矶警察施暴事件的地图，显示圣克鲁斯山区的伐木作业地点的地图，显示西弗吉尼亚州的露天采矿地点的地图，显示俄勒冈州波特兰市的自行车交通事故的地图。布雷特和吉姆引发了地图制作创造力的大爆炸和 GIS 数据的民主化。

每天都有太多新的基于谷歌地图的混搭地图冒出来，所以我很快便放弃了对它们的关注。甚至有一些网站专门追踪这些快速涌现的地图，比如迈克·佩格的“谷歌地图爱好者”网站就记录了这一热潮，每天都会发布数百个混搭地图中最受欢迎的四到五个。

除了成千上万的个人 API 混搭地图之外，另一类谷歌地图 API 开发人员很快也出现了，而这些人意味着生意。他们并不是希望阐明一个具体的问题、社会因素或数据库的年轻、独立的网站开发人员，而是那些真正在做生意、赚真钱的开发人员。于是，依赖于我们的免费谷歌地图 API 的纯粹的商业企业诞生了。我们做完了所有繁重的工作，创造了世界上最好的基础地图，然后把所有这些工作的成果免费提供给所有人。它产生了几十个成熟的、价值数百万美元（甚至数十亿美元）的企业。这些企业你可能也知道，可能正在使用它们的产品，或许有些还是你非常喜爱的。

它们包括 Yelp、Zillow、Trulia（美国房地产搜索引擎）、Hotels.com（好订网），以及后来的优步和 Lyft（来福车）等等。2005—2006

年间发布的一系列基于位置的新 Web 2.0 服务都是使用谷歌地图作为它们的基础层。突然间，地图成了一个热门的创新领域，一种由风险投资资助、被称为“基于位置的服务”的新型初创企业迅速崛起。布雷特和吉姆的谷歌地图 API 使得所有这些初创公司都能在经济上行得通。谷歌地图 API 成了一个巨大的科技企业孵化器，而且我们没有要求这些公司给我们股份。哎，我们甚至连租金都没让他们付呢。要钱可不是谷歌的风格。

最终，谷歌地图 API 在几年后成了一项付费服务。这其实是基于位置的服务这个行业要求的。虽然他们也喜欢免费获得最终基础地图的想法，但他们不喜欢谷歌可以随时更改服务或在他们的混搭地图中打广告的概念。例如，美国航空在其网站上推出了由谷歌地图支持的航班跟踪系统（Flight Tracker），但他们无法阻止谷歌在这个谷歌地图 API 支持的混搭地图上打出联合航空的广告。

在谷歌地图、谷歌地图 API 以及它所支持的几十种基于位置的服务取得成功之后，地图突然成了 2005 年一个极度热门的科技趋势。不过，成功总会引来竞争。在 4 月下旬，《华尔街日报》的一则报道在 Googleplex 中传播开来：微软正打算登上地图的舞台。

《华尔街日报》3 月 28 日文章的标题是：《在秘密的隐居地，比尔·盖茨思考着微软的未来》。记者罗伯特·古思被获准自由采访盖茨的“思考周”。这段时间里，盖茨遁入华盛顿州的一片森林里，思考未来的科技趋势和微软的产品发展蓝图。

这篇文章称，在 7 天退隐期间，盖茨可能读过 300 篇报道，他向记者着重介绍了自己的一个想法—— 一个名为“Virtual Earth”（虚拟地球）的产品提案。

> 盖茨先生站在办公桌前，用沾了墨渍的手翻阅一篇有62页的论文，题目是《虚拟地球》，他在上面写满了笔记。这篇论文描述了一个提供实时图像的旅行路线指引、交通状况的详细信息及其他信息的未来地图服务……“我很喜欢这个设想！”

为了防止谷歌还有人没完全明白他的意思，文章继续写道：

> 在《虚拟地球》论文的来源地MapPoint部门，总经理劳勒先生召集大家开会，讨论盖茨的评论……但盖茨对论文总体愿景的认可已经传遍了微软，包括微软研究机构在内的其他几个小组也参与了该项目。

好吧。谢谢你的提醒，比尔。

这个故事让约翰感到困扰，因为在被谷歌收购之前，Keyhole与微软有过短暂的往来。微软开发者关系团队负责人，一位名叫维克·冈多特拉的高管（他后来在谷歌担任要职）发现了Keyhole。他已经在微软内部展示了EarthViewer，甚至还在微软开发者大会上吹捧过它。Keyhole的工程师还被派到位于雷德蒙德的微软总部为Windows操作系统优化EarthViewer的代码，Keyhole还向微软展示了其覆盖数据的“地球浏览器”的设想。

两周后，盖茨在《华尔街日报》的沃尔特·莫斯伯格组织的全数字化大会（All Things Digital conference）上演示了微软的“虚拟地球”。演示结束后，莫斯伯格让观众提问。前三个问题都不是关于微软的“虚拟地球”，而是关于谷歌地图的。到第三个问题时，盖茨已经被激怒了。“是啊，谷歌很完美，美丽的肥皂泡依旧在空中飞，他们无所不能。你应该去买他们的股票，不管股价是多少。”他语带讥讽地回答道。

结果，盖茨的文章和演示对41号楼里有些杂乱的地图开发工作起了促进作用。工作邮件里开始出现“加速”和“紧急”甚至“共同努力”之类的字眼。从谷歌地图最初成功发布之后就已经增加了的预算又翻了一番，然后再翻一番。招聘计划和新修订的招聘计划也得到了批准。（Keyhole 团队开始时是29人，6个月后变成了200人。）

谷歌的许多高管先前在网景、Novell 等网络公司就职时就曾被盖茨和微软超越。2005年，盖茨再次出手，地图领域突然变成了战场。微软的3D客户端应用程序与我们即将发布的更名后的 EarthViewer 进行正面交锋的可能性越来越大。于是，新软件的开发速度加快，功能被削减。约翰和布莱恩将发布日期提前了一个月。

在谷歌的最初几个月里，我觉得约翰主要做的是在公司的高管层中寻找自己的立足点。他是 Keyhole 团队的领导，所以他留在属于他的位置上。但盖茨的文章引发了谷歌内部的恐慌。我认为，很可能就是在这个时候，约翰抓住了谷歌地图开发工作的控制权。作为对《华尔街日报》那篇文章的回应，约翰和团队中的许多人一起起草了一封邮件，并发给了拉里、谢尔盖和埃里克，为谷歌的所有地图服务制订了战略和战术计划。邮件还对微软的威胁进行了分析，详细阐述了微软可能采取的行动及其可能的供应商合作伙伴。根据盖茨的演示，约翰甚至对已经与微软建立合作关系的航拍和卫星图像数据提供商进行了猜测，还对这些航拍和卫星图像公司的能力和定价进行了说明。约翰为谷歌提出了一个加速发布更名后的 EarthViewer 的计划。他呼吁将谷歌本地服务、地图、Keyhole 团队联合起来，建议谷歌向服务于地图开发的数据采集和服务器基础设施投入重金。此外，他还列出了一些可以考虑收购的目标：重要市场中的区域地图公司。他认为谷歌应该收购这些公司，来加强数据采集，吸纳科技人才。

初夏，谷歌高管团队取得了一致意见：谷歌将全力以赴，以期在地图领域的竞争中取得胜利。拉里通过邮件向全公司宣布了他的决定：他正在建立一个名为“谷歌地理”的全新产品线。谷歌所有的地图工作都将隶属于这个新的谷歌地理团队。地图、本地服务、Keyhole 的区分将不再存在。这个新的团队将由一位负责人领导，他就是谷歌新成立的地理部门的产品总监约翰·汉克。所有的谷歌地理工程师将向布莱恩·麦克伦登汇报。

我和其他人一样是从拉里的邮件里得知这一变动的。而约翰对于他的晋升也没有提前透露一点消息。约翰告诉我，我们公司发展史上的功臣——梅甘·史密斯在这个过程中一直在劝拉里和谢尔盖选约翰。

“他们本可以选布雷特的。”他在几年后对我说，“我的意思是，我相信他能做到。他当然有那个能力。但他当时还很年轻，所以，我也不知道啊。不管出于什么原因，拉里和管理团队的其他人决定把这份工作交给我。”

布雷特以及谷歌地图和本地服务团队现在都向约翰汇报，约翰将直接向乔纳森·罗森伯格汇报，玛丽莎正式退出地图团队（不过是暂时的）。布雷特、延斯、拉尔斯以及其他许多人却不同意这一决定。从他们的角度来看，是他们创建了谷歌地图，因此也应该由他们领导它在全球的推广。

拉尔斯留在了谷歌地图团队，但搬到了澳大利亚，他在那里建立了谷歌的工程团队，并为一个新项目打下了基础。延斯继续在谷歌地图中负责设计和前端工程工作。诺埃尔·戈登和斯蒂芬·马也留在地图项目中。诺埃尔在一个营销项目中给了我很多帮助，这个项目把谷歌地图放到了捷蓝航空所有飞机座椅背的显示屏上。接下来，我们又把谷歌地图放到了维珍航空、边疆航空以及许多其他航空公司的飞机座椅背上。

诺埃尔和斯蒂芬是拉尔斯建立的新谷歌悉尼办公室的第一批工程师，而一年之后，他们都离开了地图团队。Where2Tech 团队聚在一起还不到两年，而他们分开的速度同样很快。

在悉尼那间小小的公寓里，四个半失业的软件工程师曾经拼凑出了一个地图演示程序，向拉里·佩奇和谷歌证明了网页浏览器具有什么样的潜力。他们的概念最终启发了谷歌的地图团队，使其在竞争中超越其他对手。Where2Tech 四人团队仅共同做了 18 个月的地图开发，但他们的成果却成了整个谷歌地图革命的基础。

第 13 章
你好，谷歌地球

谷歌地图就像一道闪电，击中了 41 号楼。谷歌再次证明自己是一个自由、大胆的创新之地，而股东们也注意到了这一点。谷歌的股价从 2 月的每股 185 美元涨到了 6 月的每股 285 美元。谷歌地图对于基于网页浏览器的地图而言是一个令人难以置信的改变，但它无法和专门的应用程序带给用户的体验相媲美。这在今天也是一样的：移动版网站的体验肯定比不上下载的移动应用。

一些功能，如流体速度，三维地形和建筑物，快速、直通的体验，测量、注释地图等 GIS 工具以及导入和导出数据集等，都是 EarthViewer 所独有的。

新的谷歌版的 EarthViewer 将具有全新的界面、单个谷歌搜索框（而不是分管地址搜索和商户搜索的多个搜索框）以及用于注释和测量地图的新工具；它还能快速访问十倍于旧数据的卫星图像数据，分辨率为我们能达到的最高水平。这些数据还将被复制为几份，分别保存在世界各地六个大型数据中心的数千台服务器中。举个例子，伦敦的用户将访问最近的爱尔兰都柏林数据中心提供的数据，而且新产品也更便宜。

虽然所有这些工作都已在 2005 年春季完成，但我们仍然无法在产品名字上达成一致。

一天下午，我靠在约翰办公室的一张皮椅上，和其他人争论应该起什么名字。

“我还是认为应该叫谷歌环球（Google Globe）。”

“你瞧！”约翰说，坐在他的转椅上一滑，离开了他的显示器。他抓住了我。我们正在进行一场持续的争论——已经持续了两个月，讨论给更名后的 EarthViewer 起什么名字：它将被重新命名为“谷歌 ×××”或“×××”。

谷歌市场营销方面的泰斗，包括打造了谷歌品牌的卓越的营销高管道格·爱德华兹和克里斯托弗·埃舍尔，都认为任何被谷歌收购的提供符合谷歌核心使命——整理全世界的信息，使人人皆可使用——的服务都应该重新命名为“谷歌 ×××”或“×××”。Keyhole 团队很乐意改名。我们不希望和 Picasa 或 Blogger 一样，被谷歌收购却没有改名。

至于给 Keyhole 的 EarthViewer 起什么新名字，我们分成了两个阵营。

“谷歌环球！”我重复道。这一次变成了朝约翰大喊，他则坚定地站在“谷歌地球”（Google Earth）的阵营中。但我担心这个名字会让我们被限制在环境和地球科学方面的使用上。并不是说我反对地球科学方面的使用，只是我不想将其定位为给科学家使用的非商业工具而限制了这个产品，我希望这个产品能够立足于普通的消费者，比如寻找酒店、研究房产和挑选餐厅等。

在我和谷歌市场营销总监道格·爱德华兹看来，“谷歌环球”也有一点异想天开的气质，还容易让人联想起小学教室里转动着的地球仪的形象。这是一个可以让我们少说大话、多做实事的名字，一个很谷歌的名字。

“好，那你试试快速念 10 遍。”约翰说。我再一次在念到第四遍时磕巴了。

其实，这两个阵营中只有一个人是真正说了算的。约翰提出，“谷歌地球”是对最初的想法的最简单、最优雅的表达。毕竟，尼尔·斯蒂芬森的小说《雪崩》里的那个应用程序就叫“地球”，而前美国副总统阿尔·戈尔也曾与一些著名科学家共同提出“数字地球”的构想。“谷歌地球”是约翰唯一能接受的名字。

Keyhole EarthViewer 将重生为谷歌地球。

当时，我主要在为发布做好四个方面的准备：为产品起名，为应用程序换上新的外观，为新产品创建网站，以及确定定价。（EarthViewer 的订阅价格仍为每年 29.95 美元，不到原价格的一半；面向专业 GIS 用户的价格为 400 美元。）

我聘请了几位外部界面设计师，其中包括像菲尔·梅利托这样我信任的朋友，他们将 EarthViewer 的专业、平滑、有些暗淡的界面转变成了更符合谷歌设计风格的界面：轻巧、明亮、通透、有趣。

尽管在入职第一天我就接受了产品营销经理的职位，但我仍然在履行产品经理的职责。我不止一次回忆起布雷特说过的话——这在谷歌中是不可能的。随着谷歌地球的发布日期越来越近，我开始对这句话有了切身体会。太疯狂了。5月初的一个下午，我参加了40号楼里的一场人满为患的会议，参加者多为各种创意人员，比如设计师和广告文案，他们拿着谷歌地球的界面设计等待上级审核。我等了40分钟，才轮到我向多位营销高管展示我的设计并获得批准。我刚放到第二张幻灯片就被叫停了。“暂停。”黛比说，她把双手举过头顶挥舞着，就像裁判员举手示意我击球犯规一样（如果她有哨子，她肯定会吹的），“你不应该参加这个会议，你应该参加玛丽莎的产品用户界面审核会议。”

我是产品经理还是产品营销经理？我甚至不知道应该参加哪个会议。但实际上我仍然在兼任这两个角色，这可能就是我常常加班的原因。当时谢莉正怀着我们的第二个孩子，同时还要照顾两岁的任性的老大，所以经常加班让我很苦恼。

在为谷歌地球的发布做准备的同时，我还在负责原EarthViewer产品的市场营销以及谷歌地图的市场营销，而谷歌地图正受到消费者和广告商的热捧。

作为重新发布的一部分，我们同意大幅度改变谷歌地球的定价结构。多年来，Keyhole一直在微调其产品种类和定价，以最大限度地赚取利润，面向政府机构的企业级产品的售价是十几万美元，专业版许可证的售价是每年600美元，消费版的售价是每年79美元。在

2004 年 10 月宣布被收购后，我们将这些价格降低了一半。

现在，在 2005 年夏季，我们又打算降价了。

丹尼尔 · 莱德曼与 Digital Globe 签订的新的图像采集协议使得即将诞生的谷歌地球可以访问 10 倍于 EarthViewer 的卫星图像。41 号楼有一个超大的数据储存室，里面装满了 Digital Globe 给近井和韦恩的团队寄来的硬盘。最近储存室还直接连上了光纤宽带，方便 Digital Globe 将图像传过来。谷歌地球的加载速度会比 EarthViewer 快得多，因为数据库现在分布在数以万计而不是区区十几台服务器上。它将拥有更强大的工具，比如注释和测量。它还会内置强大的谷歌搜索功能。价格呢？

免费。

免费？这个想法对 Keyhole 团队来说简直太离谱了，但来自拉里和谢尔盖的指示很明确。与多赚几千万美元相比，他们宁愿为用户和世界做一件了不起的事。

在谷歌地球发布之前，明显的兴奋感充斥着整个团队。在整个公司里，没有比在这里工作更令人兴奋了，也没有什么产品比我们正在开发的这一个更具创新性了。约翰甚至在谷歌里出了名，人们都把他看作一个成长中的明星。“它真的会免费吗？”埃德 · 鲁宾有一天问我，想到他的作品很快就要和成千上万的人见面了，他很是困惑。

我们计划继续向企业和 Keyhole 的房地产客户出售专业版的谷歌地球。谷歌地球专业版将继续提供更好的地图绘制和测量工具、更好的打印输出以及导入其他 GIS 数据集（如 Esri 文件）的能力。

解决了定价结构的问题之后，我把注意力转向了阻碍大规模普及的最后一道障碍：用户注册过程。尽管谷歌地球将会免费，但约翰和布莱恩坚持要求用户注册后才能使用产品，而我知道，这样的立场会对大规模普及产生不利影响。

以前 Keyhole 的情况是，如果有 100 个人访问 Keyhole 的网站，那么其中只有八九个用户会成功下载并安装 EarthViewer。这是在提供 14 天的免费试用，并需要用电子邮件进行注册的前提下的转化率。我估计，一旦提供免费产品（而不仅仅是免费试用），谷歌地球的安装数量可能会翻番（达到 16%~18%）。

相比之下，同样是免费服务的谷歌照片管理软件 Picasa 能让 35% 的网站访问者下载和安装这一服务，而用户无须注册就可以使用 Picasa。

布莱恩是注册的坚定支持者。在 Keyhole 的各种访问量激增和服务器宕机事件中，他一直奋战在最前线。尽管服务器从 8 台增加到了 800 台，但服务常常受谷歌主页的促销活动和各种新闻文章的影响而掉线。

为了让新的谷歌地球服务保持正常运行状态，布莱恩有点提心吊胆：毕竟现在数据量是以前的 10 倍，打上了谷歌的标签，而且还是完全免费的。用户注册过程是拦截汹涌的潜在需求的最后一道闸门。现在，我要求他拆除这道闸门。

约翰则非常不希望省略电子邮件验证这一步骤，因为他担心这样会导致我们宝贵的图像数据遭到爬取。

尽管布莱恩和约翰强烈抵制，我还是决定做最后一搏。我知道，我们最顺利的会议往往是在快下班时开的，因为这时候大家不会赶着要去做别的事，而且已经完成了一天中的大部分工作。一个星期二下午的晚些时候，我召集了一些关键的决策者，包括约翰和布莱恩，最后一次向他们解释一个不需要注册的下载过程。基于 Picasa 的经验，我列出了多种场景，以及各场景下预计可获得的用户数量。我还邀请了埃德·鲁宾参加这次会议，因为正是他开发的“臭名昭著”的认证服务器系统控制着所有的访问。以前，这个系统是一台爱挑剔的收银机，现在，它是一个喷水的水龙头。它会生成所有注册所需的许可证密钥，发送给正在注册的用户。

我想说服他们接受一个类似于现在下载移动应用的下载过程：下载完成后，点击安装按钮，安装完成后就能打开应用程序了。

在我展示了不需要注册的商业案例后，埃德的意见扭转了会议室里大部分人的看法。他建议我们取消强制用户注册，如果服务器无法处理太多的新用户，我们可以构建一个功能，不激活某些新用户——在服务器端设置一个关闭开关，这样就能解决布莱恩最担忧的问题。

“这件事由你决定，布莱恩。”约翰在会议结束时说，“你好好考虑一下，明天早上告诉我们你的决定吧。”

布莱恩当天深夜给埃德和我发了一封邮件，告诉我们他同意取消用户注册。到 2005 年 6 月初，我们已经准备好发布谷歌地球了。产品已被命名为“谷歌地球”，它将是免费的。它的界面已经焕然一新，符合谷歌的风格，且对用户十分友好。它的功能也已经过了调整和改进，其中包括了谷歌搜索功能。所有注册上的分歧已经消除了。图像数据库是原 Keyhole 数据库的 10 倍。该数据库还被复制到了世界各地的 800 个服务器上。约翰已经向媒体通报了情况。谷歌博客的文章已经写好并获得了批准。

产品已经呈递给拉里。为在 TGIF 上发布内部公告而准备的 3 500 件 T 恤已经印制出来。在运营和支持方面，莱内特的团队负责通报情况和进行控制。谷歌的合法审批已经完成。基于预测的带宽和下载量的服务器工程已获批准。产品网站已在 earth.google.com 的域名下搭建完成，并准备上线。

“那你拿到玛丽莎和用户界面审核团队的批准了吗？”拉里·施维默问我。我们正站在 41 号楼的网络团队区域里。

“拿到了，我在两周前就拿着谷歌地球参加了玛丽莎的用户界面审核团队的会议。我们拿到了批准，网站已经准备好上线了。”我答道。

此时距离 6 月 27 日星期一午夜零点（东部时间）或晚上 9 点（太平洋时间）的发布还有 12 个小时，而我最后要做的一系列工作之一就是将谷歌地球的首页 earth.google.com 发布上线。

“不，我问的不是谷歌地球的软件，我问的是网站，earth.google.com 这个网站，你已经拿到玛丽莎的书面批准了，对吧？”施维默问。

拉里·施维默，员工编号 17 号，是谷歌名人堂里一个闻名遐迩的人物。他是一个典型的谷歌工程师和网站开发者。他超级聪明，满身极客气却很为此自豪，做事高效；他时常害羞，有时有点调皮，还有一种扭曲的幽默感。在每次全公司参加的 TGIF 大会上，当拉里和谢尔盖宣布完消息让提问时，拉里·施维默每次都是第一个提问的人，而且提的常常是一个尖锐却又特别好玩的问题。这已经成了公司文化的一部分，成了令每个人都非常开心的一项公司的传统。

但这一次拉里并没有和我开玩笑。“没有用户界面审核团队和玛丽莎·梅耶尔的明确批准，任何谷歌产品的公开网站都不能上线，一个都不行，没有例外。”

我已经与谷歌的网站开发团队一起工作过；我已经与谷歌的首席广告文案迈克尔·克兰茨一起审核了所有的副本；我已经与网站开发者通过互联网开发人员贾罗德·拉姆一道仔细检查并将 earth.google.com 建成了一个迎接所有对谷歌地球感兴趣的人进入的大门。

所有的媒体文章、博客文章、新闻稿链接和谷歌首页促销活动都被设定为在新闻禁令解除的晚上 9 点整（太平洋时间）指向同一页面——谷歌地球的首页。而拉里·施维默拒绝将这一个小小的页面发布上线。

“你要是拿到了玛丽莎的批准就告诉我。”他临走时说。

我需要玛丽莎的批准。虽然谷歌地球不在她的掌控之下，但所有的谷歌网站却都要受她的掌控。我发给她的所有邮件无人回复，打给她的所有电话无人接听，尽管她的办公室管理员告诉我她在她的办公室。

在施维默离开了垂头丧气的我之后，我的黑莓手机接到了约翰的电话。他正在纽约接受采访。他打篮球受的伤还没痊愈，还穿着行走支具，在纽约一瘸一拐地与谷歌公关团队的艾琳·罗德里格斯一起拜访各大媒体。几天来，他们会见了《华尔街日报》《新闻周刊》《时代》等多家媒体的编辑和记者。“比尔，你必须要找到她，拿到她的批准。”他要求，“你明白了吗？快去找她吧，马上！”约翰像这样命令我是很少见的。“好吧。”我说，“我马上就去。”

上午 11 点，我很不情愿地从贾罗德工位的椅子上慢慢站起身，从 41 号楼走了很长一段路来到 43 号楼，然后上楼梯，路过拉里悬挂在天花板上的 SpaceX 飞船。我只能硬着头皮去玛丽莎的办公室了。

玛丽莎的办公室位于拉里和谢尔盖的夹层办公室的楼下。她的玻璃墙办公室外坐着她的办公室管理员，但这个管理员有意无视我，我便直接从管理员面前走过。在我开口之前，我看到她正被三名产品经理围着，他们都在盯着她的电脑显示器看，另外还有五名谷歌员工坐在门外的沙发上等待。“玛丽莎。”我说。她正与坐在她旁边的几个产品经理交谈。“玛丽莎。”我又说了一遍。她抬起头看着我，一脸怀疑的神色。“我很抱歉打断你们，但我们明天要发布谷歌地球，我必须得到你的批准才能将 earth.google.com 这个网站发布上线，而没有你的批准，拉里·施维默是不会把它推送上线的。我今天上午一直试着联系你，但联系不上。我必须得到你的批准。”

“哦，用户界面审查定在周四。”她生硬地说，“你和约翰·汉克必须试着把你们的事项添加到会议议程里，然后等到开会时获得批准，就和公司里的其他产品营销经理一样。”她朝在办公室外耐心等待的六七个产品营销经理挥了挥手。“这是谷歌的工作流程。”很明显，她仍然把我看作一个来自 Keyhole 的外人，而且是约翰的一名部下。

“可我们等不到周四了，我现在就需要你的批准。”我争辩道，“今晚 9 点我们需要解除 8 个以上的新闻禁令。约翰正与艾琳·罗德里格斯在纽约拜访媒体。公关部门已经准备好了博客文章。产品数据已经复制分发到了 6 个数据中心。一切都准备就绪了。”

“你什么意思？准备就绪了？显然没有啊！”她打断了我的话，“你们还有一个网站未经批准，所以，你还没有准备好发布啊！为什么不把它带到用户界面审核会上审核？你们 Keyhole 的人老是这么干！”“你们老是这么干！”玛丽莎提高嗓门重复了一遍，同时为了增强效果，她咚的一声捶了一下桌子。其他几个产品经理悄悄地走到一边。

我什么都没说。也许是因为我都不敢喘气了。我爱谷歌，我不想被当场解雇，但我也没有动。我只是呆呆地站在那里盯着她，不知道该怎么办。我没有回应，因为我不知道她在说什么。是不是谷歌地图发布的时候有什么事没找她商量？或者她在发泄对约翰的一些挥之不去的怨恨，因为约翰篡夺了她对突然大热的谷歌地理产品领域的控制权？

还好，在对约翰和 Keyhole 团队又温和地抱怨了几句之后，她冷静了下来。“好吧，让我看看。”她说，示意我上前来。

我打开我的笔记本电脑，坐在我刚进来时正和她交谈的产品经理的座位上，向她展示了谷歌地球的网站。我知道网站做得很好。其实，与其他产品首页相比，应该说非常棒。她当场批准了网站，并向施维默发送了一个简短的通知，告诉他网站可以发布了。

“但是你必须保证星期二发布后再来向我和用户界面审核团队展示网站。”她说。

“当然，我很乐意。”我说。

拉里·施维默收到玛丽莎的放行信号之后，我们终于可以开始发布了。星期一晚上，我与拉里和贾罗德在 41 号楼的网站团队区域里集合。在这个审核的最后关头，仍然有不少事情需要解决。即使是最小的变化（比如一个按钮或一个新的轮廓线颜色）也需要与这些每小时一次的全球谷歌服务更新中的一项挂钩。首先要做的是把谷歌地球软件的下载文件（大约 28 MB）推送到世界各地数以千计的谷歌服务器上。一旦这些软件被推送到位，我们就会在晚上 9 点（太平洋时间）打开前门，谷歌地球就可以从 earth.google.com 上下载了。

在测试了 earth.google.com 网站并确保网站能正常运行后，我给整个谷歌地球团队发送了一封邮件，并在 10 点多下班回家。当我回到家时，所有人都睡了。我悄悄爬上床，低声对谢莉说："哎，我们终于上线了。"我不知道谷歌地球发布后的反响如何，但我已经成功协调了一款谷歌产品的发布。由于肾上腺素水平仍然迟迟不肯下降，那晚我几乎没睡着。

当我第二天早上到达公司时，埃德、布莱恩和近井正聚在 41 号楼近井的超大工位里。清晨明亮的阳光透过附近几扇宽大的窗户照进来，他们三人正注视着显示数千台谷歌地球服务器带宽变化的仪表板，三个人的情绪在惊喜和恐惧之间来回波动。

每次安装就要下载一个 28 MB 的文件，谷歌地球的下载和使用率对谷歌的基础设施造成了严重的负面影响。在发布后的第一天，谷歌地球被下载了 45 万次。41 号楼里充满了兴奋，大家在这一天里常常击掌庆祝。终于挺过了发布这一关，我们感到如释重负。埃德、布莱恩和近井继续监视服务器，期待着在东海岸太阳落山后，流量也许能够回落并恢复到可控的水平。通常情况下，晚上人们入睡后（一般在 9 点左右或更晚），下载和使用率会减少。

但一件奇怪的事发生了。晚上 9 点后，谷歌地球的下载和使用率不但没有下降，反而不断上升：谷歌地球正在如病毒般迅速传播。在最初的 28 小时内，Keyhole 团队已经达到了 50 万次下载的获利能力付款方案的节点。

谷歌地球也得到了媒体的极高评价。大多数媒体都模仿了《个人电脑世界》(*Personal Computer World*) 杂志的态度。《个人电脑世界》那篇报道的标题是《谷歌令人惊叹的地球》，记者在报道中写道："它已经做到了极致，真的是一个奇迹。它是如此令人着迷，是软件历史上最好的免费下载软件之一。"

但是，到了周三早上，布莱恩、近井和安德鲁陷入了全面危机。前一天晚上他们与谢尔盖以及服务器工程师们开会，就是因为他们担心谷歌地球的需求威胁到所有 Google.com 服务的性能。那天早晨，布莱恩与刚刚从纽约回来的约翰商量了一下，决定切断谷歌地球的下载。即使是拥有数十万台服务器的谷歌也无法处理这些负载。

我和贾罗德一起草草做了一个网页，上面写着如下消息："非常抱歉，谷歌地球暂时无法使用。"我请贾罗德在网页上放了一张夜晚时分的地球的卫星照片，当作一种特殊时期的营销手段。谷歌地球熄灯了。那天，大部分该参加的会议我都没有参加，但我会及时向黛比和玛丽莎通报最新的消息。整个周末，负载一直处于时涨时跌的状态。安德鲁和服务器工程师将谷歌地球分发到更多的服务器上，然后重启了下载。接着，在每天几十万新用户的冲击下，下载被再次关闭。

在发布后的第七天，布莱恩、近井和安德鲁终于制订了一个可以满足需求的方案，包括将谷歌地球分发到更多的数据中心以及另外数千台服务器上。然而，对谷歌地球的需求并没有和典型的软件发布一样逐渐减少，相反，在第一个月内它被下载了 1 000 万次，而且在随后的几个月里仍然保持着很高的下载量。我们每天平均会获得 30 万 ~50 万个新用户，有时甚至更多。10 月的某一天，谷歌地球甚至被安装了 90 多万次。我想起了我们前一年与拉里和谢尔盖的首次会面，以及我提出的那个第一年是获得 1 000 万用户还是赚 1 000 万美元的荒谬问题。我们在第一个月里就超越了所有这些可能的期望——我开始亲身体会到拉里说的“把目标定得再大一些”的意思了。

在 2 月初的时候，我们还没有任何地图产品；到了 6 月底，我们已经发布了两款最具变革性的与世界互动和浏览世界各地景观的工具。一夜之间，数百万人改用谷歌地图和谷歌地球，来找到他们在世界之中的位置。我太不确定我们是否已经准备好担负起伴随这种大范围的流行而来的责任了。对谷歌品牌的不可侵犯的信任——在过去五年中在谷歌创始人的精心维护下逐渐建立起来——现在对约翰的谷歌地理团队产生了新的期待。我们的数百万用户认为（如果不算要求的话），我们必须保证地图准确，而卫星图像使他们更加确信我们提供的地理数据的准确性。我们以往确实做到了准确无误，但我们不是总能如此。

一个悠闲的星期五下午，午饭后，我向德德了解已经制订好但我还不知道的周末计划。德德的工位就在约翰的办公室外面，窗外就是海岸线圆形剧场林荫大道。正当我们交谈时，我听见窗外有什么声音。

“你听到外面的声音了吗？”我问德德。

“可能今天要开音乐会吧。”她说，一边把椅子转过来，向窗外望去。那天晚些时候，我们听到一支乐队在为晚上的演出做准备，但在那个时间，为演出排练还太早了点。我们往窗外望了望，噪声变得更大了。然后，我便看到了制造噪声的人群。

他们是抗议者，一共有几十，不，有几百个抗议者。好几个记者跟着他们。谷歌的安保人员密切关注着这个不断壮大的人群。一名手持扩音器的男子正在领导示威队伍。天空中，北加州的阳光十分灿烂。“他们在抗议什么？”我大声问。

“啊，那个标语上有一个谷歌地图的图标。”德德议论道。

在窗外喧闹但有序的人群中，有不少人举着带有手写口号的海报。“中华人民共和国”“台湾是一个主权国家”“谷歌地图和谷歌地球可耻！”“台湾不是中国的一部分”“台湾就是台湾……”抗议者停在了41号楼外的人行道上，距离约翰的办公室大概30码（约27米）。两名电视台的记者——分别来自圣何塞和旧金山——已经架好了采访设备。

约翰还在吃午饭；而我刚才和他以及迈克尔、布莱恩和丹尼尔一起在查理咖啡厅吃午饭，我先吃完出来了。我决定给他打个电话。

“怎么了？”他问，很快就接起了电话。

“嘿，我只是想告诉你，你的一点钟抗议到了。”我说，看着窗外聚集的人群。

“什么？”

“你的抗议，一点钟抗议。他们来了，就在你办公室外面。我该告诉他们稍等一下，等你吃完午饭吗？”外面的呼喊声越来越响。“你能听到他们的喊声吗？”我把我的手机举到窗前。

这次边界争端是多次争端中的第一次。以示威者为代表的部分台湾人认为他们完全独立于中国。台湾的一些人视台湾为主权国家，而中国大陆则认为台湾是中国的一个省。

当我们发布包括台湾在内的谷歌地图时，我们将这片领土标注为“中华人民共和国台湾省”，如此一来，我们实际上在一场国际争端中站了队。台湾外事部门呼吁在美国的台湾人向谷歌表示抗议，并要求谷歌更改名称。

我们完全陷入了困境。更改名称会产生一个新问题：我们可能会激起中国政府的不满，而谷歌与中国政府的关系已经非常复杂了。

又比如尼加拉瓜和哥斯达黎加之间的领土争端，它已经上了国际版的头条。甚至有报道称，谷歌地图差点在中美洲挑起了一场战争。在韦恩完成的一项数据推送中，我们的团队将边界线划到了公认的沿圣胡安河的地理分界线的南边。结果，谷歌似乎无意中把哥斯达黎加几平方英里的国土送给了尼加拉瓜。

和台湾外事部门一样，哥斯达黎加外交部部长也向谷歌提出抗议。几个月后，在一次数据库更新中，我们更正了这一边界线。在我们看似帮助尼加拉瓜“吞并”了这片土地的那几个月里，尼加拉瓜将50名士兵派驻到了一个叫“波蒂略岛”的小岛上，声称对其拥有主权，并且有理有据地解释说，“谷歌地图说这是我们的领土”。

我们的错误并非完全主观：我们的边界数据库里含有这种地理

差异是有特殊原因的。事实上，这片领土在 19 世纪曾有争议，起因是 1824 年哥斯达黎加的咖啡种植者投票使得两个边境城镇脱离了尼加拉瓜。人们起草了 7 个条约，但全都没有得到两国的批准。这一边界争端最终在 1858 年通过一项条约解决，但圣胡安河的主权归属仍然备受争议，因为在这条河上可能要修一条可连通大西洋和太平洋的运河。

这一边界引发的争议如此之大，以至于在 1888 年，时任美国总统格罗弗·克利夫兰派了一位测量员作为仲裁人来澄清条约。多年来，圣胡安河是天然向北流的，因而会流进尼加拉瓜，这就使问题更加复杂。为了维持官方的边界划分，尼加拉瓜疏浚了原本的河道。我们在这个复杂的背景之上绘制了我们地图上的边界线，结果重新点燃了长达数百年的边界争端。

随着谷歌地图在世界各地的推出，我们绘制了很多边界线。丹尼尔的团队很快获得了几十家不同数据提供商的数据，还利用以前 Keyhole 时代的一些数据来源。谷歌地图和谷歌地球正在成为最全面的地图集，并且拥有这个星球最大的地图浏览量。而这个星球则希望谷歌保证所有地图的准确性。

这并不容易。

我们似乎将一个叫多拉特湾的地方的一个船运通道并给了荷兰，这个船运通道正好在荷兰与德国的分界线上，因而将德国一个重要的海上入境口岸送给了荷兰，这让德国港口城市埃姆登（大众汽车出口的所在地）感到十分愤怒。我们在一个北爱尔兰城市到底该叫“伦敦德里”还是叫“德里”的问题上遭受了来自争议双方的抗议。韩国反对谷歌地图将其称为“东海”的海域标为日本的领海（“日本海”）。巴勒斯坦人发起了有超过 26 000 人签名的在线请愿，以回应谷歌对约旦河西岸地区和加沙地带的标注。在克里米亚半岛的主权问题上，我们在乌克兰和俄罗斯都遭到了审查。在印度，政府起草了一项关于如何绘制印度与巴基斯坦之间的边界的法律，按照该法，不承认印度对克什米尔地区主权的地图制作者将被处以监禁。

总之，一共有 30 多个国家或地区一直在积极参与边界争端，其中一些争端持续了数百年，且边界线也重划了几十次。

作为谷歌地图工作的领导者，约翰负责监督和解决这些问题。他被迫成了这方面的专家：几十个国际命名和边界争端的最终仲裁人。幸运的是，他大学毕业后在国务院工作的那段日子给了他和公司很多帮助。约翰和地图团队确立了三个地图绘制的标准：经过深入研究、有明确记录并进行公布。团队先提出一项建议，酝酿过程中往往要与有争议领土所在地区的谷歌区域经理进行合作，然后约翰就谷歌的地图产品如何处理争议做出最终决定。对于边界争端，这两种边界都将用黄色虚线（而不是通常用来表示边界的实线）画在地图上。对于命名上的分歧，我们默认将联合国决议作为我们的指导方针，有时我们也会把两个名字都放在地图上。在 Keyhole 时代将 Keyhole 软件卖给联合国的安德里亚·鲁宾帮助确定了这一解决方案。

在某些情况下，用户看到的是不同版本的谷歌地图，这取决于用户在何处访问谷歌地图。（这种做法没有被广泛宣传。）例如，日本的用户看到的谷歌地图上，日本西边的那片海域被标注为“日本海”，而韩国的用户看到的谷歌地图上，同一片海域会被标注为“东海”。

在那个阳光明媚的星期五下午，那些台湾抗议者的激愤帮助我开阔了眼界。对我而言，这是我第一次意识到自己是一个伟大产品的一部分，意识到整个谷歌地图和谷歌地球项目不仅仅是一种消费者网络服务。

人们喜爱谷歌和我们的新地图产品。他们信任谷歌。他们希望我们把它做准确。不，他们要求我们把它做准确。

第 14 章
自夸不是谷歌的风格

谷歌地球的发布原本可以是这个故事的最后一章。那一刻，以及所有促使它诞生而做的工作，已经远远超越了创始人创建 Keyhole 时最初的梦想和愿景。仅仅两年前，公司几乎走投无路，离倒闭只剩几周时间，而现在，我们的数百万用户遍布全球各地，他们以各种意想不到的，有时甚至是谦卑的方式使用着我们的产品。故事本可以就此结束，但在很多方面，它才刚刚开始。

卡特里娜飓风于 2005 年 8 月 29 日星期一袭击了路易斯安那州东南部的沿海地区。谢莉（当时正怀着六个月的身孕）和我密切关注着飓风，因为我们计划在下个周末飞往新奥尔良，然后和朋友一起开车到佛罗里达狭长地带未经开发的海滩，度过劳动节的周末假期。卡特里娜在墨西哥湾增强为 5 级飓风，并在登陆时减弱为 3 级飓风。尽管飓风肆虐，但新奥尔良似乎躲过了灾难。星期一晚上，我们和朋友仍旧在海滩上度假。

星期二早上，我接到了约翰·拉尔沙伊德的电话。他与我以及约翰·汉克在大学时代起就是朋友，是新奥尔良人，也住在这里，不过他现在已经疏散到位于得克萨斯博蒙特的岳父母家。“打开 CNN。”他说，“堤坝已经被冲毁了，现在整座城市就像一碗牛奶泡麦片一样。我们完了，整座城市都完了。”我打开 CNN，看到一名记者正站在新奥尔良的法语区，水已经快没过他的双腿了。我还看到波旁街上有一小群人还没有撤离，这让我既惊讶又担心。

“我需要你联系下约翰，让他用谷歌的卫星拍一下我家。”拉尔沙伊德说。“我们没有自己的卫星。”我告诉他。我心想，世人是不是以为我们拥有自己的卫星啊？这想法可真离谱。谷歌还能拥有自己的卫星？

整个上午，新奥尔良的情况越来越严峻。随着谷歌地图和谷歌地球的突然流行，我的朋友约翰·拉尔沙伊德并不是唯一一个呼吁谷歌采取行动、施以援手的人。随着 CNN 继续在电视节目中使用谷歌地球来报道洪水，人们的呼声越来越大，也越来越紧迫。难道我们就不能做点什么以拿到新奥尔良的最新卫星图像吗？

到了那天晚上，约翰已经确定了我们可以做的事，并在他办公室外的沙发上与近井、韦恩、布莱恩和我开了个临时会议。他与来自圣路易斯的一名航拍图像飞行员凯文·里斯取得了联系。NASA 和美国国家海洋和大气管理局（NOAA）已经与里斯及其团队签订了合同，要求里斯及其团队飞越新奥尔良并拍摄这座被洪水淹没的城市的最新航拍图像。约翰要求近井和韦恩找到一种方法，为获取这些新数据建立通道，以便里斯拍摄的最新图像能够在谷歌地图和谷歌地球中显示。（实际上，将这些数据先发布为谷歌地球可以导入的单个 KML 图像叠加层会更快一些。）为了处理图像以及更新谷歌地图和谷歌地球，韦恩和团队中的许多人一直工作到凌晨 3 点。这次高分辨率的图像更新让新奥尔良已经被疏散的居民们第一次看到了他们城市和家园遭受重创后的样子，而数周以来，他们一直被禁止返家。

大约 10 天后，一个电话打到了谷歌的总机上，然后被转到了我的座机上。由于我当时不在办公桌旁，来电者便留了一封语音邮件。来电者叫罗恩·施罗德，是在新奥尔良执行任务的海岸警卫队直升机队下属的紧急医疗运送小组的一名中士。这条消息让我震惊得差点把电话听筒掉在地上。我转向和我在同一间办公室的丹尼尔，说："快来听听这个。"我打开扬声器，重播了这封语音邮件。施罗德的消息是：海岸警卫队正在利用谷歌地球拯救新奥尔良数百人的生命。

我马上打电话给他。施罗德向我解释了两个月前才发布的谷歌地球是如何帮助被困在新奥尔良的屋顶和阁楼上的沮丧居民与盘旋在城市上空的几十架海岸警卫队救援直升机取得联系的。它是这样运作的：给 911 打电话的人被总台转给海岸警卫队的无线电调度员。调度员会请打电话的人说明他们的确切位置，而打电话的人自然会回复其所在的街道或十字路口的地址，例如，"托勒丹诺街 1430 号，在圣查尔斯大街往南两个街区的托勒丹诺街上"。

这就给海岸警卫队的导航系统出了个难题：该系统没有设置街道地址。这个海上救援队的成员和船只几乎都是部署在远离海岸的地方，因为他们通常要救援的是倾覆的船只、装着可疑货物的货船以及海上石油钻井平台。换句话说，都是些没有街道地址的位置。在卡特里娜飓风到来之前，海岸警卫队只接收包含纬度和经度信息的求救信号，直升机飞行员会使用这些坐标飞往遇险地点。你能想象打电话给911，调度员居然会询问你所处地点的经纬度吗？施罗德解释说，这就是正在发生的情况，直到他们下载了谷歌地球。

在谷歌地球中，海岸警卫队的直升机调度员可以输入一个街道地址，比如托勒丹诺街 1430 号。然后，他只要把光标移动到房子上，就可以获得屋顶的确切纬度和经度，然后通过无线电将这些信息传送给距离该地点最近的可实施救援的直升机。这是谷歌地球的一个常见且非常有用的功能：将光标移动到屏幕上的任意位置，软件会返回这一位置的纬度、经度和海拔。

打电话的人还可以说明他们处在屋顶的哪一部分，或者他们站在独立式车库或他家院子里的其他建筑物上。通过这种方式，调度员可以获得直升机飞行所需的精确纬度和经度，可以精确到米。另外，幸亏有了里斯传给韦恩的最新航拍图像，调度员还能向飞行员提供其他有用的信息，比如倾倒的树木、断落的电线以及其他可能的障碍物。

“你们绝对是在拯救生命，我认为我应该把这件事告诉你们，你们应该为此感到自豪。”施罗德告诉我，“我的保守估计是，我们在这里完成的几千次救援中，有 400 人的获救要直接归功于谷歌地球。”说实话，我以前从来没有为成为一个团队的一员而感到如此自豪。

施罗德非常感激这个软件，尤其感激我们为更新新奥尔良的航拍图像所做的工作。我们更新图像，但完全不知道施罗德会操作和使用谷歌地球。他还进一步对我说："我认为这件事应该让更多的人知道，我也很乐意帮助谷歌公开这件事。"我感谢他为营救做出的杰出贡献，并答应稍后再与他联系。

我马上去了谷歌公关主管戴维·克兰的办公室。我给他们讲了这件事，并向戴维以及公关团队的另一名成员梅甘·奎因播放了语音邮件。我询问他们对此有何想法。我们是否要联系施罗德，再联系一名记者报道这件事？

奎因和克兰互相看了一眼。"不，我们不会这样做。"克兰说，"虽然这件事很棒，但，比尔，那么做并不是我们的风格，不是拉里和谢尔盖的风格。作为一家公司，我们并不喜欢炫耀我们做过的事。对于这种事，自夸可不是我们的风格。"梅甘也表示同意。

像谷歌的许多其他事情一样，它有悖于我之前学到的每一个营销知识。在其他公司做营销时，我习惯于寻找任何一个可能的优点，把它归功于自己，然后在公开场合中宣扬。而现在我为一个据称挽救了数百条生命的产品做营销，我却被告知，"不，我们其实不想公开谈论这件事"。

当我打电话给施罗德，拒绝他的提议时，他和我一样惊讶。但我敢说，这次经历之后，他和我一样也对谷歌和谷歌地球有了更多的欣赏。

克兰和奎因也允许给这封语音邮件做些曝光——虽然只是在公司内部。在随后一周的 TGIF 上，拉里微笑着给全公司的人播放了这封语音邮件，而后，会场上爆发出热烈的欢呼声。关于这件事，我们既没有发新闻稿，也没有发博客文章，但我认为，每一个参加了那次的

TGIF 的人都会为他们工作的这家公司感到无比自豪。我便是如此。

卡特里娜飓风是谷歌地图和谷歌地球首次应对的自然灾害。在这次协作行动之后，谷歌建立了一个危机应急团队，团队装备了利用谷歌地图 API 的特殊地图，将在发生自然灾害时为社区和城市提供援助和支持。这些经过更新的特殊地图还被嵌入了多个媒体网站，并被国务院采用，以便向更多人提供信息。在 2010 年海地地震期间，一群软件工程师志愿者利用谷歌地图 API 开发了一个找人应用程序，帮助人们寻找失散的亲友（即使当地没有移动网络）。这个工具提供了登记表和留言板，幸存者可以发布和搜索彼此的状态和确切行踪。（在灾难性的大地震发生后三天，这个应用程序就以英语、法语和海地克里奥尔语三个版本推出。）

救灾是谷歌地球许多意料之外的新用途中的第一个。10 月，约翰给我转发了一封邮件，问："能请你见见这个女人吗？"会面的请求来自丽贝卡·摩尔，她是一名环保活动家，正在使用谷歌地球来对抗在圣克鲁斯山上采伐森林的有权有势的企业。

在谷歌地球推出仅仅三个月之后，我们就已经听说，有几十个大大小小的环保团体采用谷歌地球把各种环保活动可视化，比如把砍伐亚马孙雨林可视化，发现非法商业捕鱼活动并将其标注在地图上，等等。谷歌地球使得人们有机会彻底改变环境监测的方式，并有效地让更多人参与监测，密切关注我们的星球。丽贝卡·摩尔所反对的圣克鲁斯山上的砍伐计划就在我们的后院里：那里离谷歌只有约一小时车程。

我以为这次会面只需要和一位友善的社会改良家喝喝咖啡，而她的目标可能是让我们参加一项募捐活动。对这次会面，我没有多想，也没有研究丽贝卡的背景。

我决定在约翰办公室外面的沙发上与摩尔见面，这样约翰路过的话他们可以打个招呼。然而，这个毕业于布朗大学和斯坦福大学的计算机和数据挖掘方面的专家与我想象中的样子大相径庭。她穿着牛仔裤、西装外套和勃肯鞋，金发及肩，说话言简意赅，浑身散发着北加州的气息。她用她的笔记本电脑向我演示了一个用谷歌地球创建的 KML 文件，她曾用这个文件的演示阻止了对圣克鲁斯山上 1 000 英亩的红杉树的砍伐。（虽然产品名已经改成了谷歌地球，但布莱恩决定保留 KML 这一数据标准的名字，以表达对 Keyhole 的敬意。）

她向我展示了伐木公司发给她所在社区的 2 000 名居民的小得可怜的公告传单。传单上有一张很小的黑白地图，其目的显然是想降低伐木作业的影响。这张图片让我想起了我读过的马克·蒙莫尼尔的一本书，书名叫《如何用地图说谎》，书中着重总结了几种用地图选择性地重现事实的方法。

2005 年 8 月的一个周末，摩尔在谷歌地球中重新将拟议的伐木作业区绘制为 KML 文件后，她发现计划的实际情况令人震惊：拟议砍伐的红杉树林带有近 6 英里长，伐木作业区甚至一直延伸到了当地的托儿所旁。而向社区发出的公告里完全没有强调这一点。为了达到更生动的效果，摩尔甚至为可能在社区上空盘旋的原木运输直升机创建了三维模型。由于摩尔的谷歌地球演示，在市政厅会议上，该项目被立即否决。

摩尔所做的一切让我很惊讶，但我知道，谷歌不想参与任何与她的获胜相关的新闻报道。当我询问谷歌可以怎样进一步帮助她时，摩尔再一次让我感到惊讶。她不希望谷歌参与任何形式的媒体宣传活动，也没有要求谷歌捐助 2 500 美元，以被列为他们这个团体的年会的赞助商。相反，她讲了一个关于如何利用谷歌地球来拯救地球的设想。在谈了两个多小时之后，我终于明白摩尔确实是在严肃地对待这件事，而且她比我、约翰或布莱恩更了解这个主题。

她解释了谷歌地球数据处理工作流程中缺失的主要因素。也就是说，我们需要创建一个工具或网站，环保和地球科学团体可以通过这个工具或网站以结构化的方式上传他们的数据，使数据重组为一个谷歌地球图层。这个工具将负责处理和托管数据，从而清除在谷歌地球中可视化各种环境数据时遇到的两个技术障碍。“我不知道你们是否真的明白你们做出了怎样的一个东西。”在会面结束时，丽贝卡说道，“你们明不明白你们已经为环保界创造了一个梦幻般的工具？因为谷歌地球，现在有太多令人振奋的目标可以去实现了。”

那天晚些时候，约翰问我会面进行得怎么样。

“是这样的。”我说，“你必须雇用她。最好马上。”约翰便这么做了。丽贝卡·摩尔将向布莱恩汇报，并负责谷歌地球外展项目，利用谷歌地球解决各种环境问题。截至撰写本书时，丽贝卡仍然在谷歌，她正在与谷歌海洋项目经理珍妮弗·奥斯汀·福克斯合作，为一个她称之为“活生生的地球控制面板”的下一代谷歌地球而努力。

并非只有环保组织看到了谷歌地球的价值。像联合国和美国政府这样的组织早已是 Keyhole 的客户，而现在，这些数据图层可能已经让它们有了上百万新的潜在观众，正如摩尔所预测的那样。

连当时的美国总统乔治·布什也是谷歌地图的用户。在一次接受 CNBC 采访时，当被问及是否使用谷歌时，他说他喜欢用“谷歌的那个东西”飞越到他的农场上。后来，他对一个名为“光明大地”（Bright Earth）的团体所做的工作发表了评论。这个团体使苏丹达尔富尔被烧毁的村庄受到了人们的关注。“我还看到了一种使用谷歌地球进行的有趣的冒险。这种合作使得全球数百万的互联网用户可以放大并查看被烧毁的村庄、清真寺和学校的卫星图像。”布什说，“看到这些照片的人不会怀疑，达尔富尔发生的事正是种族灭绝，而且我们有道义上的义务去阻止它。”2007 年，国际社会做出回应，向该地区部署了 26 000 名维和部队的官兵，以制止暴力以及保障人道主义援助的安全分配。

谷歌地球的意料之外的用途还包括无数新发现：新的动物物种、新的岛屿、新的堡礁、捷克共和国里迁徙的牛鹿（它们会本能地根据地球的磁极调整路线）等等。

还有一条在谷歌内部广泛传阅的消息，说一个名叫萨鲁·布赖尔利的印度人通过在谷歌地球上回忆他 5 岁时与亲人走散后乘火车穿越印度的路线，最终找到了回到他家乡的路。他通过谷歌地球与母亲团聚的故事让团队备感自豪。2016 年，派拉蒙影业发行的影片《雄狮》就是根据布赖尔利的畅销回忆录《漫漫回家路》（*A Long Way Home*）改编的，这部电影还获得了奥斯卡奖提名。

在谷歌地球所有出人意料的用途中，最吸引约翰的是用它来绘制海底地图。有一次，约翰应邀在马德里举行的西班牙国家地理学会年会上展示谷歌地球。在他的演讲结束后，西尔维娅·厄尔博士起身发表演讲。厄尔是海洋学家、潜水员，她是海洋生物学和水下探索领域的先驱。她曾连续数周在水下工作舱中进行研究。1979 年，厄尔下潜到了瓦胡岛附近 1 250 英尺深的海底，创造了世界纪录。后来，她成为美国国家海洋和大气管理局的第一位女性首席科学家，她还是《时代》杂志评选出的第一位“地球英雄”。自 1998 年以来，厄尔一直担任《国家地理》杂志的驻站探险家。

在她的演讲中，厄尔感谢约翰演示了谷歌地球，但接着又在观众面前向他提出质疑。“但是，约翰，你们难道不应该叫它‘谷歌泥土’（Google Dirt）吗？”她问，“毕竟，在谷歌地球仍然无法探索超过 2/3 的地球啊。”虽然事实证明，使用 KML 文件共享数据对地球科学界来说非常有帮助，但海洋学家们公开表示，对谷歌地球不允许用户和研究人员在海平面以下进行探索感到沮丧。约翰表示同意，她说的当然有道理。

我与约翰交谈后发现，厄尔显然深深触动了他的神经。在拉里·佩奇的支持以及丽贝卡·摩尔和珍妮弗的组织下，一个新的地图项目诞生了。谷歌海洋创建于 2011 年，是一个绘制海底地图的项目，它将能让谷歌地球用户潜入海平面以下，探索水下世界。谷歌海洋最终拓宽了厄尔创建海洋保护区（她称之为“希望之地”）的努力的范围。厄尔创立“蓝色行动”（Mission Blue）的宗旨就是将这些海底的“希望之地”专门保护起来，就像国家公园一样。她已经使用谷歌地球以及谷歌海洋的数据帮助在海底建立了 50 个官方指定的保护区域。现在，你既可以穿上经过加压的常压潜水服亲自访问这些区域，也可以在谷歌地球中打开一个 KML 图层查看它们。

除了这些影响深远的环保努力之外，各色名人和政治家也常常造访 41 号楼。音乐家彼得·加布里埃尔与约翰会面，讨论录制来自全球各地的环境音，并将它们制作成一个展示层放在谷歌地球里。演员伍迪·哈勒尔森来和我们谈论他的家乡西弗吉尼亚州露天采矿的现状。前国务卿科林·鲍威尔也来过谷歌，我本来怀着激动的心情打算为他演示谷歌地球，但一件更令我激动的事让我不得不离开公司——我的第二个孩子卡米尔降生了（老大伊莎贝尔当时已经 3 岁了）。演员迈克尔·琼斯来找过我。U2 乐队主唱博诺要求我们为 U2 的“晕眩”巡演制作一个基于地图的动画。我们很乐意帮忙。当乐队在奥克兰演出时，约翰和我觉得很有必要去现场亲自检验一下这个项目。

前副总统阿尔·戈尔在一个星期五来谷歌观看谷歌地球的演示，并在当天下午参加了全公司的 TGIF 聚会。我与约翰和丹尼尔一起站在查理咖啡厅后面我常站的地方，手里拿着冰啤酒，听拉里和谢尔盖播报本周的新消息。忽然，在我身后传来一阵骚动。几个随行人员和我们公关团队一些成员陪同戈尔走进咖啡厅。他走到我旁边站住了，我便低声和他打了个招呼。他可能是我在每周的 TGIF 见过的唯一一位非谷歌员工，因为通常 TGIF 仅限谷歌的全职员工参加。但戈尔是谷歌顾问委员会的成员，因此可以为他破例。所以，真的很酷，是吧？阿尔·戈尔就站在我旁边。

很酷。但接下来拉里·佩奇的下一张幻灯片闹了一个超级尴尬的巧合。

拉里经常会在 TGIF 上介绍当周雇用的一些重要的新员工。屏幕上出现了一个人的照片，他将出任谷歌的首席科技顾问，这个人就是文特·瑟夫。

你知道文特·瑟夫发明了什么吗？听过一个叫“互联网”的东西吗？

没错。在20世纪70年代中期，在美国国防部高级研究计划局（DARPA）工作期间，瑟夫与他人合作设计了一种协议，这种协议可以将数据包分解成更小的数据包，通过网络传输到目的地（即某一IP地址）后，还能神奇地重新组合起来。传输控制协议/网际协议（TCP/IP）是当今所有流动着的数据的基础。

作为补充，拉里切到了下一张幻灯片，上面有瑟夫的照片以及一行文字“互联网之父”——这一称号是工程界公认的。但这就让情况更加尴尬了。我立刻放声狂笑起来，并用胳膊肘推了推戈尔，喊道：“嘿，老兄，我还以为要说的是你呢！”

我当然没有那么做啦。但如果我想被当场解雇，然后迅速被送出这栋楼的话，那么做会是个不错的选择。相反，我一句话都没说，并屏住呼吸，附近的所有其他谷歌员工也和我一样。当拉里切到下一张幻灯片时，我感到非常高兴。

必须指出的是，几个月后，我有机会参加了瑟夫的一个技术讲座。在讲座中，他很感激戈尔在互联网商业化中发挥的关键作用，并且大度地表示，戈尔在代表田纳西州担任联邦参议员期间，实际上在将互联网向非军事用途开放上发挥了重要作用。

大量电影、电视节目和体育赛事周边产品的大门也向谷歌地球敞开了。谷歌地球出现在了电影《谍影重重》里。电视剧《24小时》和《犯罪现场调查》里使用了它。在一位名叫迪伦·凯西的谷歌员工（他曾是一名专业自行车运动员，效力于兰斯·阿姆斯特朗所在的美国邮政自行车队）的努力下，它被用于报道自行车比赛，比如环加州自行车赛和环法自行车赛。它被NBC用于报道在意大利都灵举办的冬奥会。

在我办公室的白板上，我列着一个不断扩大的谷歌广告商和合作伙伴的名单，它们都希望与我们搞一些联合营销推广活动，它们是：塔吉特百货（该公司开始把它的标志喷涂在门店的屋顶上）、迪士尼乐园、奥迪、维珍美国航空、戴尔电脑、马自达、百事可乐、亿客行（Expedia）、塞拉俱乐部、菲亚特、捷蓝航空、索尼、《加勒比海盗》系列电影以及圣诞老人（美国国家海洋和大气管理局想创建一个"圣诞老人追踪系统"）。此外，似乎谷歌的每一位销售代表手上都至少有一位广告客户对使用谷歌地图和谷歌地球混搭地图的特别促销活动感兴趣。

谷歌地球所有的合作伙伴和娱乐周边产品中，有一个令我尤为印象深刻。这个合作的问询是乔纳森·罗森伯格收到的。乔纳森是南加州大学克莱尔蒙特麦克纳学院的校友，学院的另一位校友约翰·科里给罗森伯格发邮件询问："我正在为帕萨迪纳的玫瑰碗[1]做准备工作。谷歌地球团队中是否有人可以帮我制作一部能在体育场的超大屏幕上播放的动画电影？"

"嘿，比尔，过来一下。"12月初的一个傍晚，约翰叫住了我，"把门关上。"

1　玫瑰碗（Rose Bowl Game）是年度性的美国大学美式足球比赛，因比赛通常在帕萨迪纳的玫瑰碗举行而得名。——编者注我照做了，但很有些担心，不过他那满脸得意又极力克制的样子给了我希望。“我想给你看封邮件。”他说，同时站起身，把椅子让出来给我坐。

“我的天啊！”看完那封邮件后，我兴奋地跳了起来，和约翰击掌庆祝。“我这就把它转发给你，但你别声张，好吗？”他说。

一个多星期以来，约翰和我一直想买这一年玫瑰碗的门票，这是我们一辈子（差不多吧）梦寐以求的史诗般的对决。35 年来，得克萨斯长角牛队首次打进全国冠军赛，对抗全胜的南加州大学特洛伊人队，而后者则希望连续第三次赢得美国大学体育协会（NCAA）大学橄榄球赛的全国冠军。

第二天，我给科里发了封邮件，告诉他我很乐意帮助他制作他所需要的谷歌地球电影，并在邮件落款处留了个不那么隐蔽的暗示："比尔·基尔迪，得克萨斯州大学 1990 级毕业生。"

那周晚些时候，我们在我的办公室会面，讨论这个项目。说实话，我认为自己在使用谷歌地球的电影制作方面非常专业。毕竟，在软件工程师弗朗索瓦·巴伊构建这个工具时，我就坐在他旁边，向他建议这个工具在用于营销时需要实现哪些功能。有了我的帮助，科里十分高兴。他的设想是为每个球队制作一个视频，把球队每场比赛的精彩部分放进去，并制作一个谷歌地球动画，带观众飞到每场比赛所在的体育场。就要走出 41 号楼时，科里忽然转过来对我说："原来你是得州大学毕业的，你想去看比赛吗？"

“嗯，是啊。既然你提到了，我也不瞒你，我想去看比赛。”我还随口提到，我的老板约翰·汉克也是得州大学的校友。

"让我想想办法吧。"科里答道。

第二天早上，科里发来的邮件再一次让我们不敢相信自己的眼睛。科里奉上了 4 张 VIP 入场券，VIP 的意思是，除了五十码线[1]旁的座位外，我们还可以在比赛前后进入球场。我们邀请了丹·克兰西和另外一位长角牛队球迷观看比赛。（我们邀请了罗森伯格，但他很贴心地拒绝了，建议我们找一位得州大学校友一起去。）

当约翰和我在比赛前站在球场上，观看在超过 10 万名球迷面前循环播放的谷歌地球动画时，约翰用他的黑莓手机写了一封邮件给乔纳森·罗森伯格、黛比及其他市场营销主管，盛赞了我为谷歌地球精心策划的这一出色的免费广告。[2]黛比将他的电子邮件转发给整个谷歌营销团队。

可以毫不夸张地说，2005 年得州大学对南加州大学玫瑰碗全国冠军赛被公认为历史上最激动人心的大学橄榄球赛之一。长角牛队在扣人心弦的比赛中原本胜利无望，但在比赛结束前 19 秒，文斯·扬于对手底线前 19 码最后一次推进，神奇般地跑阵得手，帮助长角牛队以 41 比 38 击败了两届冠军。

当倒计时牌归零时，约翰和我冲出看台，像两个高兴得忘乎所以的学生一样冲进气氛疯狂的球场里，与球员以及迈克尔·戴尔、马修·麦康纳和兰斯·阿姆斯特朗等热爱长角牛队的名人击掌庆祝。在长角牛乐队前，我与一群进攻线前锋手臂相挽，高歌一曲《得克萨斯

---

1 五十码线即美式足球球场的中心线。——译者注

2 约翰没有附上照片，因为他的旗舰黑莓手机没有拍照功能。——译者注

的眼睛》[1]。然后，我发现约翰正绕着得分区跑，一边用他的相机拍照。当玫瑰碗现场的观众高声欢呼的时候，约翰又拍起了再次在体育场的超大屏幕上循环播放的谷歌地球动画。空中飘洒的五彩纸屑可能也是在为约翰和我表示祝贺。

这是一本截至 2005 年的故事书。这一年是非凡的一年，在这一年里，我参与了两个历史上最成功的产品发布：谷歌地图和谷歌地球。两个产品都极为受欢迎，都有几百万用户，并且一齐将谷歌股票的价格从 1 月初的 200 美元推高至 12 月底的 436 美元。我的好朋友现在已经稳坐这两个产品的领导者的位置，而且所有迹象都表明公司将扩大对地理部门的投资：我很快就会组建起一个包括我和里提在内的营销团队。

我完全沉浸在五彩纸屑、颁奖仪式、循环播放的谷歌地球动画带来的兴奋中，虽然我不得不用莱尔·洛维特的那首《此后就都是下坡路了》来提醒我自己。这是一段极为精彩的旅程，但到了 2005 年底，我开始怀疑自己还能跟着公司跑多远。我已经连续数月超负荷工作，而且，在有了两个年幼的女儿之后，我发现这样工作已经开始对家人造成伤害了。在那次旅行中，我还遇到了很多从奥斯汀来的朋友，我发现自己开始想我的得克萨斯老家了。

我还能紧跟约翰·文森特·汉克多久呢？我很了解他。是啊，当我们站在得胜的赛场上时，约翰可能会暂时满足，但等第二天早上醒来，他就又回到时刻准备冲刺的状态了。

1　这是得克萨斯州大学的校歌。——译者注

第 15 章
蓝点

当我和其他兴奋的旅客在拉斯维加斯的麦卡伦国际机场里穿行时，几十台不同主题的老虎机向我们不停地喊着“命运之轮！”“三倍钻石奖金！”“价格合理！”而离开拉斯维加斯的人们双眼昏花，拖着沉重的脚步，像一群牛一样缓缓通过安检。在那个阳光明媚而寒冷的星期四早上，出了行李提取处，至少要等上 1 小时 15 分钟才能打上车。抵达的大队人马的头顶上悬挂着一个横幅：“欢迎参加 2006 年消费者电子产品展（CES，以下简称电子产品展）！”参加这个展览的 17 万名与会者大多是用公费出差、衣着讲究的亚洲和德国商人。

在电子产品展上，电子产品制造商将与潜在的分销商和零售商建立合作关系，发布新产品，并保卫他们的零售和线上销售的市场份额。在接下来的四天里，一瓶瓶的清酒、伏特加和威士忌将帮助人们签下合同，从 2 130 亿美元的电子产品市场中分一杯羹。在身着商务装的人群中，穿着鲜绿色长袖谷歌 T 恤衫的我显得格外醒目，这是我的其中一件展台制服。那天是 2006 年 1 月 5 日，也就是得州大学长角牛队击败南加州大学特洛伊人队赢得全国冠军之后的第二天。我从帕萨迪纳前往拉斯维加斯，与里提一起在电子产品展上的谷歌地图和谷歌地球演示站工作。

如果我还在 Keyhole 工作的话，我将不得不错过比赛，至少提前两天抵达拉斯维加斯，带着电脑、显示器，背着大包小包来到电子产品展的场地。电子产品展的展区面积约为 185 万平方英尺，相当于 393 个篮球场。三星、LG 和微软等公司使用的最大的展位需要 18 天的时间才能搭建完成。在 Keyhole 时代，我不得不亲自布置一个 10 平方英尺的展位，用胶带把插线板粘牢，设置 Wi-Fi 和网线，还得求展会主办方给我们位置更好的展位。而现在，跟着谷歌，我只需要走进电子产品展的场地，找到通往 4 万平方英尺大、铺着黄色地毯、上方飘着巨大的被点亮的谷歌气象气球和乐高主题的展台的路就好了。一切都已为我们布置妥当。谷歌地图的演示台装在一块 4 英尺高的绿色乐高积木上，谷歌地球的演示台装在一块 4 英尺高的蓝色乐高积木上。事实上，所有的谷歌产品演示台都装在乐高积木上。我们的展位以及休息室里还放置了很多五颜六色的懒人沙发。

我把背包放在乐高桌下面的一个隐蔽隔间里，然后开始工作，向人们演示并回答问题。无数制造商代表来到我们的展位，向我展示他们新的连接型手持设备，都希望能将某个版本的谷歌地图嵌入他们的设备里。许多次演示都以询问如何进谷歌工作而告终，有为自己问的，也有为正在读大学的非常聪明的儿子或女儿问的。大多数与会者从未见过在这家有六年历史、拥有 5 000 名员工的公司工作的人。

这是谷歌第一次（也是唯一一次）在电子产品展上设立展位。我们参展主要是因为拉里·佩奇第二天早上要在大会上发表主题演讲。我很清楚拉里主题演讲的内容。他的演讲中有几个部分是关于地图的，而我曾与谷歌的公关团队合作，审查他演讲中的这些部分。

电子产品展主题演讲被认为是技术世界日历上里程碑式的时刻。整个电子产品行业和科技媒体都将关注的目光投向这一场演讲，既将其视为一年的开端，又视为一个了解未来创新趋势的机会。拉里的演讲经过了精心的编排和排练。谷歌希望避免比尔·盖茨 2005 年主题演讲时遇到的尴尬——他在介绍新的 Windows Media Center 产品时，产品突然崩溃，系统蓝屏死机。

第二天早上 9 点，拉斯维加斯会议中心可容纳 5 000 人大厅的灯光暗了下来。连分会场也挤满了人，很多与会者站在外面等待，希望能进入会场。看到会场外排的长队后，我决定待在 CES 场地内我们的展台里，观看通过闭路电视传输过来的视频。这时，黑暗中响起了心脏怦怦跳动声的音频。谷歌地球被投影到了舞台上、大厅里以及分会场的几十块大屏幕上，同时还有一个动画展示了全球的谷歌搜索流量。

为了平衡拉里慢条斯理的演讲风格，主题演讲还请了喜剧演员罗宾·威廉姆斯（他做了一个非常政治不正确的展望，描绘了一个用传真机来输出搜索结果的未来嵌入式谷歌大脑。由于他讲的笑话有点粗俗，这部分在闭路电视视频里被掐掉了）和 NBA 球星肯尼·史密斯来担任配角。拉里不认识这个拿了两届 NBA 总冠军的球星，但他非常了解他的第一位嘉宾："斯坦利"。

当灯光亮起时，拉里走上舞台，站在那辆定制的蓝、红色相间的大众途锐的保险杠上。这辆车就是"斯坦利"，是斯坦福大学开发的一辆自动驾驶越野车，最近赢得了美国国防部高级研究计划局 2005 年度挑战赛的冠军。拉里目睹了"斯坦利"在 132 英里的比赛中转了 100 多个急转弯，穿越莫哈韦沙漠，最终赢得了胜利。三个月前，"斯坦利"在挑战赛中击败了 195 名自动驾驶对手，赢得了 200 万美元的大奖。斯坦福大学的 50 人团队由研究机器人绘图的德国计算机科学家塞巴斯蒂安·特龙教授领导。

拉里穿着一件白色的谷歌实验室工作服。接着，他从"斯坦利"的保险杠上跳下来，有点像一个在实验室里放飞自我的疯狂技术专家。他解释了"斯坦利"是如何实现自动驾驶的。这辆车在车顶安装了五个激光雷达（用于光探测和测距）传感器，来创建车身周围环境的三维地图，为 GPS 提供补充，同时将这些数据输入其内部引导系统，来控制汽车的速度和方向。"斯坦利"依靠可靠的三维地图来穿越浩瀚的沙漠。包含三维结构的优质地图是自动驾驶汽车的基础，这一点儿也不奇怪。

几个月后，在电子产品展之后的那个春季，谷歌收购了位于科罗拉多州博尔德的一家名为 @Last Software 的公司。这家公司旨在创建地球上所有城市的三维景观，而这对自动驾驶汽车的进步和成功是至关重要的。公司的软件产品叫 SketchUp，可用于绘制今天在谷歌地图和谷歌地球中看到的那种逼真的三维模型。

Keyhole 很了解 SketchUp。和 Keyhole 一样，@Last Software 也获得过 IQT 的投资。他们的这个简单易用的可视化工具能让用户快速绘制建筑物和城市的三维模型。@Last Software 对 CAD（计算机辅助设计）绘图所做的工作就相当于 Keyhole 对 GIS 所做的工作：让以前使用难度较大的工具变得易用。这款软件本来是面向建筑师的，但由于使用起来非常简单，在很多意想不到的行业中也很受欢迎，比如电影和戏剧行业里的舞台设计、木工和 DIY（自己动手制作）市场等等。和 Keyhole 一样，美国士兵也开始使用 SketchUp 来创建他们可能进入的敌对区的三维模型，这就是 IQT 对它产生兴趣的原因。

在 2006 年初，由于需要为谷歌地球寻找整个地球的逼真三维模型，SketchUp 的名字再次出现在我们的视野中。约翰和布莱恩开始考虑众包的可能性，即全世界的人一起来绘制全世界的三维模型。

@Last Software 的 CEO 布拉德·斯坦来到山景城，与谷歌地球团队开了一系列会议，最后在 43 号楼会见了拉里和谢尔盖。我记得在那个昏暗的房间里，布拉德先为拉里演示了 SketchUp，然后又为谢尔盖演示了一遍。据说，约翰希望建立合作关系，但据我推测，他邀请拉里和谢尔盖参加会议，说明他的要求不止于此。在布拉德的第一次演示结束时，拉里说："也许我们应该买你的公司吧？"布拉德紧张地笑了笑，他以为拉里在开玩笑。

布拉德·斯坦的演示最终成了对 SketchUp 的易用性和可用性的测试。在情人节前大约一个星期，谢尔盖要求布拉德帮他完成一个他煞费苦心的项目。他想给他的女朋友做一个礼物。他想用 3D 打印技术打出两个相连的红心，但是找不到一款足够简单、能让他画出模型的软件工具。布拉德使用 SketchUp 在 5 分钟内画出了相连的红心，并用邮件给谢尔盖发了一个 3D 打印机可以使用的文件。现在想到谢尔盖的女朋友在打开她的亿万富翁男友送的这个情人节礼物时可能会有什么反应，我仍然会哈哈大笑。“哦，谢尔盖，让你破费了。”

然而，这次演示达到了目的。几周后，约翰打算在拉里、谢尔盖和埃里克出席的员工会议上做报告，请求他们批准收购 @Last Software。他刚开始做报告，拉里就打断了他。“我记得我好像告诉过你要买这家公司吧，”拉里说，“我不明白你为什么还要来这里。”

“是这样的，收购需要很多钱，我觉得我应该来请求批准。”约翰说。

“只管买就好了。”拉里说。

约翰回到 41 号楼，对我说：“还真容易呢。”@Last Software 的收购于 2006 年 3 月完成，随后，这个团队便开始朝着谷歌绘制世界的三维地图的目标努力。（现在，三维模型是从安装在谷歌飞机上的传感器中提取的。）

自 2006 年以来，我经常去参加电子产品展。这些年来，展会贡献给自动驾驶汽车的部分开始成倍增加。拉里 · 佩奇那次有“斯坦利”帮助的主题演讲可以说为科技企业研制自动驾驶汽车的竞赛打响了发令枪。

在主题演讲中，拉里的第二项产品发布是关于一个谷歌与大众的联合项目，即通过谷歌地图和谷歌地球将谷歌搜索功能嵌入汽车仪表板中。这个项目是谷歌对这种用户体验的第一个设想—— 一个全尺寸的原型仪表板（不含汽车的其他部分）被推到了舞台上。过去六周以来，这个仪表板一直放在约翰的办公室外，时刻提醒他不要忘记这个开发时间紧迫的项目。为了赶在电子产品展前完成一个基于谷歌地球的车载导航系统的原型，谷歌和大众的工程师成了访问这个仪表板的常客。布莱恩·麦克伦登和迈克尔·琼斯在拉里演讲的前一天就已飞到拉斯维加斯，与拉里一起排练他的这部分演讲，并与大众一起监督最终演示代码的完成和测试。当拉里控制着仪表板，在全国以及全球各地的三维城市中穿行时，安静的人群被迷住了。

大众并不是唯一致力于将谷歌的技术引入汽车的厂商。最近几个月，至少有8家汽车制造商——如福特、通用汽车、戴姆勒克莱斯勒、丰田——造访了41号楼，提出了类似的车载导航项目。几乎所有这些公司都在帕洛阿尔托开设了导航开发办事处，为这项重要且有利可图的工作发掘世界上最好的软件工程师。大众的行动速度最快，约翰便选择了大众来制造拉里在电子产品展的演讲中使用的原型。

由于汽车制造商和个人导航设备制造商都对此非常感兴趣，谷歌指派了一位名叫卡伦·罗特·戴维斯的业务发展高管负责与这些公司进行谈判。有一天，她邀请我、约翰和布莱恩参加与来自堪萨斯州的知名个人导航设备制造商Garmin的会议。身为堪萨斯人的布莱恩特别希望与他们进行合作。Garmin的代表把一个特殊的原型带到了41号楼，供我们试验。这是一个外部GPS设备，是个蓝灰相间的塑料盒，有一副扑克牌那么大，没有屏幕（它现在还在我手上）。你不是在Garmin的设备上查看你的位置，而是通过蓝牙把它和你的手机配对，然后在你的手机上查看这个设备的位置。

这很难想象，但那天与Garmin开会时，我在手机上看到了一个我以前从未见过的东西：我的位置。我是屏幕上的一个蓝点。当然，这个蓝点我已经在个人导航设备上见过很多次了，比如 Garmin 非常受欢迎的 Nuvi，但从没在我的手机上见过。在此之前，如果你想在手机上看到你的确切位置的地图，需要输入你所在地的地址，没有蓝点可以把你的位置自动告诉应用程序。

现在，有了 Garmin 的这个外设小盒子，我就不需要告诉我的手机我在谷歌园区的 41 号楼了，我的手机知道我在哪里，甚至知道我处于楼上的哪个位置。我觉得我在那天还没有完全认识到这个技术将产生的影响——这个脉动的蓝点将很快启动一个全新的行业。对我而言，这只是一个新颖而复杂的样机，需要一整套独立技术才能使用：它是一个连接到电源的外部设备，需要通过蓝牙配对，且需要在我的黑莓手机上安装一个特殊版本的谷歌地图，才能在谷歌地图里激活它。在知道如何操作的情况下，你也需要花 20 分钟才能把它设置好并让它运行起来。

讽刺的是，我的 2006 年新款黑莓手机其实已经内置了一个具有与 Garmin 外置小盒相同能力的 GPS 芯片，但黑莓手机不允许应用程序激活它。要激活手机中这个专门的 GPS 芯片，需要耗费太多电量。我的手机中的 GPS 芯片是专为紧急情况预备的。在手机中安装 GPS 芯片是一项新发明。20 世纪 90 年代初期，随着移动电话的广泛使用，911 呼叫中心开始被不知自己身在何处的人打来的电话所淹没：被困的自驾旅行者、受伤的徒步旅行者、迷路的骑行爱好者等各式各样的人打来的求救电话，而打来电话的人——许多人处于极度危险之中——无法告诉调度员他们在哪里。根据美国联邦通信委员会

（FCC）1996 年的一项强制要求，从 2000 年起，无线运营商必须确定拨打 911 的人的纬度和经度，并能够发送他们的位置。[1] 为了遵守这项法律，2000 年，手机制造商开始发售带有 GPS 芯片的设备。截至 2006 年，还没有一家设备制造商允许第三方应用程序（如谷歌本地服务）打开他们制造的手机中的 GPS 芯片，以进行导航或位置搜索。这种将 GPS 设备和手机搭配在一起的体验可能是 Garmin 团队在 2006 年初访问谷歌地理团队时心里所想的。当然，加州的库比蒂诺有一个团队也在探索类似的想法，而 Garmin 和我们都还不知道这件事。

为了在不消耗手机电量的同时实现无缝对接的用户体验，Garmin 做了这款外置 GPS 接收器。当然，这种方法的广泛应用仍面临一些巨大的障碍，但是一旦开始使用，这个蓝点就像魔法般让人无法自拔。

无论你走到哪里，蓝点都会跟着你。2006 年 4 月，我带着这个 Garmin 原型设备回了一趟得克萨斯，并在它的指引下开车 250 英里，从奥斯汀来到我姐姐在阿兰瑟斯港的海滨别墅。谢莉开着车，我在副驾驶位上玩我的新 Garmin 玩具，我们的两个女儿坐在后排。看着蓝点自动跟着我实在是一件令人陶醉的事，尤其是当地图处于卫星模式时。

这是一种极佳的用户体验，不过需要用一些数字的“胶带”把这些技术粘在一起，让它们协同工作。那个单独的 Garmin GPS 设备放在我的仪表板上，由点烟器供电，然后通过蓝牙与我的手机配对。同时，我的黑莓手机要运行一个特殊版本的谷歌地图。“如果有一天这

---

1 在卡特里娜飓风期间，911 调度员会将接到的电话转给海岸警卫队，但他们的位置信息却没有被一起转发，这迫使海岸警卫队想到了将谷歌地球作为应变的方法。

些东西都能被塞进一个设备里就好了。”我对 Shelley 说，“要能把它放进口袋里的话，那就太棒了。”我惊奇地看着蓝点沿着得克萨斯沿海平原上宽阔的高速公路加速前进，然后提前看到下一个转弯处周围被绿草覆盖的沼泽和沙滩。

而现在，在写这本书时，我发现自己已经很难想象一个没有无处不在的蓝点的世界了。事实上，为了能够在所有情况下（包括在室内）显示你的位置，开发者们做了大量工作。今天，蓝点仍然是一个可供研究和想象的领域：很多工程师都在致力于在多种环境中极为精确地确定你的实时位置，最高可精确到厘米，同时消耗最少的电量。现在，苹果就有一个团队，在他们内部被称为蓝点团队。谷歌也有一个类似的工程师团队，专注于为各种第三方应用程序提供低功耗的使用 GPS 的方法，并反馈为蓝点量身打造的信息和服务。当你不移动时，它会关闭 GPS 传感器；当你手机上的加速计检测到移动时，它会被唤醒，并根据你所在地附近的 Wi-Fi 以及附近手机信号塔的相对信号强度来确定你的位置，补充位置信息。

拉里在电子产品展上的第三个演示是关于谷歌地图和谷歌地球的，这次他直接与观众进行了对话。“我知道台下的很多人都有黑莓手机。”他说，“请有黑莓手机的人举一下手。”超过一半的观众举起了他们的黑莓设备。“下面要说的这个东西现在能在你们的手机上使用了……你们可以用它找路……我最近就用过它。我当时在某个地方迷路了，然后我就用它找到了路。它非常有用，在上面可以看到卫星地图，还可以像在 maps.google.com 上面那样放大和缩小地图。我觉得这样一来，这些移动设备才真正开始发挥它们的作用。我认为它是一个了不起的东西。”

然后，拉里发布了适用于黑莓手机的谷歌地图版本。拉里的设备被投影到了大厅里的许多个屏幕上，展示了新的移动版的谷歌本地服务。他可以通过点击键盘上的光标控制键来移动黑莓的小屏幕，也可以用这个键切换到卫星地图，卫星地图会慢慢加载到屏幕上。

然而，移动版的谷歌本地服务里并没有那个关键的蓝点，这意味着找路或找商店会困难得多。如果你看过商场或博物馆里的地图的话，你很可能会先找到上面那个“你所在位置”的点。在移动设备上也是如此。如果没有蓝点，你就不能只输入“星巴克”而不输入具体位置（比如“第五大街和拉马尔大街的交叉路口附近的星巴克”）来进行搜索。要在移动设备上实现这个功能，考虑到其小小的屏幕和更小的按钮，你可能会觉得还是把手机放回口袋里，然后沿着任何方向走四个街区找家星巴克更容易一些。

到 2006 年，原料已经准备好了——蓝点、移动地图应用程序、带有 GPS 芯片的联网设备——但是还没有人把这些东西揉在一起，做出一种更为精巧的体验，还没有拿这些原料烤出过蛋糕。

当我站在谷歌的展台观看直播视频时，我对拉里谈了这么多与地图有关的技术而感到高兴。“这有益于保住我们的饭碗。”在拉里结束演讲之后，我给约翰打电话时这么对他说。

从电子产品展回来后，我感觉到拉里这种对地图的热情也感染了其他的谷歌营销经理。很快，就像急不可耐的电子产品展与会者一样，谷歌营销团队的成员也向我询问有没有可能加入谷歌地理团队。他们对主题演讲的反应和我差不多：拉里似乎在扩展谷歌的使命，将全世界的地理信息也包括在它要整理的信息中，而谷歌地图和谷歌地球使得人人皆可使用这些地理信息。

今天回想起来，那个周五早上在拉斯维加斯参加 2006 年电子产品展主题演讲的观众可以说是窥见了未来。自动驾驶汽车行业可能就是在那一天扬帆起航的：在这一年里，佩奇聘请了塞巴斯蒂安·特龙以及“斯坦利”团队的许多成员来领导谷歌的自动驾驶汽车项目。在谷歌地图和谷歌地球的路线指引和搜索功能的帮助下，导航将变得更智能、信息更新、更个性化。距 iPhone 的诞生还有一年，但拉里已经向我们展示了安装在联网智能设备上的第一版谷歌地图是什么样子。世界从此将以一个小小的蓝点为中心，这个蓝点也就是你。在这个世界里，我们似乎永远不会迷路了。

第 16 章
I/O 大会

“基尔迪先生，谢谢您的慷慨出价。”穿着黑色礼服套装的房地产经纪人说，“但很抱歉，我们要请您和基尔迪夫人回去了，因为我们手上的另两家都出得比您多。”

我看了看房地产经纪人的玻璃幕墙会议室。我不止一次地经历过这一幕。外面还站着两对夫妇，等着对这套房子出最后一次价。这是一场看谁愿意最大限度地抵押他们未来的较量。尽管谢莉和我为门洛帕克这套 132 平方米的三居室的出价已经比要价高了 5 万美元，但我们依然没能进入最后一轮。

2006 年，这种类型的房地产竞标战在硅谷非常普遍。周末把孩子们拉去看房，周一晚上到房地产经纪人的办公室里打开密封的出价，然后失望地回家。然后再重复一次。上面提到的那套房产开价 150 万美元，却有 8 个人竞标。

情况不太对劲儿：我们一位做抵押贷款经纪人的朋友已经预先给我们批了一笔贷款，条件是谢莉和我要把我们俩扣税后实得工资的 66% 用来还贷。“我认为，依照以往的经验，应该把收入的 35%~40% 花在住房上。”我对我的朋友说。“不对，几年前这种想法就被抛弃了。”他不屑一顾地挥挥手说。硅谷的人收入很高，但显然他们愿意把大部分钱花在房子上。

我们目前这套 98 平方米的房子位于路旁种着成排的红杉树的威洛斯街区。当我们家只有谢莉、伊莎贝尔和我三个人的时候，这套房子是够住的，但现在卡米尔占领了那个原本属于我的小小书房的角落，房子变得越来越挤了。每买一个新玩具，就要把一个旧玩具送人。我们不再买六连包的纸巾了，改为买可以存放在厨房水槽下面的两连包纸巾。早上穿好衣服需要去三个不同的柜子里拿东西。我甚至开始另眼看待我们的宠物狗彭妮，因为它要占用 0.23 立方米的空间。我们可不可以换一只小点的狗？

在门洛帕克换一套大一点的房子肯定会舒服得多。可我在谷歌的职位达不到“在门洛帕克换大房子”的水准。在我看来，101 号公路沿线的房产是有等级之分的。个人贡献者[1]一般住在圣何塞和圣克拉拉，管理者一般住在森尼韦尔和山景城，主管一般住在帕洛阿尔托和门洛帕克，副总裁和 CEO 一般住在阿瑟顿和伍德赛德。

我作为一名营销经理，不仅收入方面不尽如人意，而且日常工作

---

1 个人贡献者（individual contributor），即所有产出都来自自己的普通员工。——译者注

本身也开始变得不那么富有成效和有成就感了。随着地理团队的不断发展，约翰开始招兵买马（几个月内招聘了数百名员工），而我的角色却变得越来越不重要了。以前，我是谷歌地球唯一的产品经理，现在，约翰的团队里有 14 名产品经理；以前，我的 20 个职责之一是管理谷歌地球中各个图标的配色，现在，有一个人专门负责这个工作。

无论是覆盖范围、推出的国家数量还是受欢迎程度，谷歌本地服务和谷歌地球都在持续增长。截至 3 月，我们在超过 12 个国家推出了谷歌本地服务。当约翰飞到世界各地，拿各种创新奖、收购地图公司时，我被抛在了一边。而在公司里，我也被团队与拉里、谢尔盖和埃里克召开的会议（也被称为 LSE[1] 会议）拒之门外。约翰难为情地告诉我，“我不能邀请你参加，因为我们被要求减少参加会议的人数。”每次参加会议时，他可以带上他手下 14 个产品经理中的一个，这个人需要是会议议题领域的专家。例如，如果讨论的主题是亚洲的地图绘制，那么他就会带上产品经理川井圭。在有这些各领域的专家之前，Keyhole 的核心团队需要自己努力处理这些问题。

被收购的初创企业一旦进入大型企业，它的组织架构自然会发生变化。我不是唯一一个职责被重新定义的前 Keyhole 员工。德德现在是谷歌高级管理团队的一员，这意味着她还要为约翰之外的其他高管提供行政支持。莱内特和她的团队被拉进了雪莉·桑德伯格的消费者运营小组。同样在 Keyhole 身兼数职的诺亚也被迫选择了一个职位，随后被安排在了企业销售团队中。相比以上几人，其他一些

1　LSE 是拉里（Larry）、谢尔盖（Sergey）和埃里克（Eric）这三个名字的首字母组合。——译者注

前 Keyhole 员工的职责则迅速扩大。丹尼尔在全球有数十人向他汇报，而他最后要向企业发展部的梅甘 · 史密斯汇报。迈克尔成了埃里克 · 施密特特别喜欢的左膀右臂，并经常坐着埃里克的湾流 V 商务机去世界各地开会。

约翰非常依赖的核心团队成员很快增加了几十名谷歌员工，而不仅仅是他从前的 Keyhole 员工。运营谷歌地图和谷歌地球的核心团队的电子邮件组别名也从 kh-staff@google.com 变成了 geo-staff@google.com。Keyhole 的电子邮件别名已经退役，它已经毫无价值了。

我放弃了产品经理的职位，转而将精力加倍投入到各种营销推广活动中。在谷歌内部，它们并不被视为最重要的工作，但我发现这些项目很有创造性，让人有成就感，即便它们不是最具战略意义的项目。那年春天，我专注于两个项目，它们将为我在 41 号楼里度过的时光画上句号。

第一个项目是围绕命名展开的。我们在多个国家推出谷歌本地服务的同时，许多区域营销经理都不太乐意接纳这个名字。“谷歌本地服务”（Google Local）这个名字的直译常常行不通。“Google Local 是什么？”我们在西班牙推出谷歌地图之前，西班牙区域的营销经理贝尔纳多 · 埃尔南德斯问我。“我们西班牙语里没有哪个词有这个含义。它听起来像是 Google Loco[1]。”我觉得这个名字在英语里也很疯狂。

我仍然在不断抱怨“谷歌本地服务”这个名称。既然约翰现在是谷歌地理的主管，我认为我们可以再改一次名字。虽然约翰同意我的

1 “loco”在西班牙语里是疯狂、疯子的意思。——译者注

看法，但他对向玛丽莎重新提起这个有争议的问题不感兴趣。他被授予了监护权，但不想急于给这个孩子改名字。

在与黛比·贾菲交谈之后，我感觉可能有机会将名字改成“谷歌地图”。在为 2006 年进行营销策划期间，我提出聘请一家旧金山的广告代理商，来帮我们给谷歌的地理产品策划推广活动。我告诉黛比：“我们打算花费数百万美元打造一个品牌，我想确保品牌不是围绕错误的名字打造的。玛丽莎可不可以让我们对名字做一些测试，然后根据得到的数据做最终的决定？”

约翰在回复我的邮件的时候也抄送给了黛比和玛丽莎（正如我所要求的），他认为“我们至少应该让比尔测试不同的命名选项，看看得出的数据如何。”玛丽莎很不情愿地同意了，但列出了用于测试的命名选项：谷歌本地服务、谷歌地图、谷歌地图和卫星。这几个选项让我很担心，我几乎可以肯定两个谷歌地图的选项会分摊票数。谷歌本地服务可能会在三方竞争中胜出，因为反对它的人会选各自喜欢的谷歌地图名称。即便讨厌这个选项，我还是成功说服玛丽莎添加了第四个选项：谷歌本地和卫星。

在产品管理团队的帮助下，我们在 3 月初开始对名称进行测试。在一周内，1% 的谷歌官网访问者在主页顶部看到了四个不同链接中的一个。结果很清楚：两种谷歌地图的选项的得票比两种谷歌本地服务的选项高出三倍。数据是不可否认的。

然而，玛丽莎仍然反对改名。现在，成千上万的广告商已经加入了针对本地服务的 Google AdWords 广告产品。它们已经进行了注册，让它们的广告出现在谷歌本地服务中。因此，名称的更改可能会给广告商带来混乱。更糟糕的是，如果要把这些广告转到一个新产品里，就会违反谷歌的合同义务。它们注册的产品并不是谷歌地图。玛丽莎说，需要与所有利益相关方召开会议，以做出最终的命名决定。

试图让五六位谷歌高管参加同一个会议是一件挺有挑战性的事儿。我以“待定的广告推广活动”为事由，将这些很难定下时间的人聚集到同一房间里。会议将于 3 月 24 日星期五下午全公司的 TGIF 聚会结束后在 40 号楼举行。与会者包括 CEO 埃里克 · 施密特、产品副总裁乔纳森 · 罗森伯格、广告副总裁杰夫 · 休伯、玛丽莎 · 梅耶尔、约翰 · 汉克以及拉里和谢尔盖。遗憾的是，约翰无法参加会议。他定好要在巴黎的一个会议上发言。我们都同意会议应该按计划举行，因为光是确定会议的时间就已经很困难了。（我没有被邀请参加会议，我这个薪酬等级的人无法参加这样的会议。）

我走到会议室外面，想确定会议确实在开。透过门上的窗户，我看到每个人都来了。玛丽莎坐在桌子的主位上，在我走过门口的时候正在讲话。我遇到了帕蒂 · 马丁，她是埃里克的行政助理，我和她一起协调了会议的后勤工作。她说会议晚些时候才开始，但他们已经开了一个多小时。帕蒂知道会议的议题以及会议结果对我有多重要。她说，我看起来就像一个在产房外等候的准爸爸，急切地想知道妻子生的是男孩还是女孩。她让我到下班时间就回家（已经快 6 点了），会议结束后她会打电话通知我结果的。

当我回到门洛帕克的家时，我收到了帕蒂的邮件。会议在下午 6:15 左右结束，但所有人离开会议室时都守口如瓶。在回家度周末之前，没有人告诉她到底选了哪个名字。

我立即给黛比发了邮件。黛比也在等这个消息。她说她会试着联系玛丽莎。我在晚上 9:30 左右再次给黛比发了邮件，询问她是否从玛丽莎那里得知了最终决定。她说她已经知道了最终决定，但不能告诉我。但她告诉我，玛丽莎想知道约翰何时回加利福尼亚。我拨通了黛比的手机号码。她接起电话，说：“嘿，我知道你很想知道那个名字，可玛丽莎让我发誓不告诉任何人，她想直接把这个消息告诉约翰。你知道她和约翰工作中的关系不是很好，所以她想用这个机会直接与约翰联系。”

她说的都是事实。

“哎，黛比，告诉我吧。我在这事上费了好大的劲儿。你必须告诉我名字是什么，我保证不会告诉约翰。”

“不行。玛丽莎让我问你约翰何时回来，而且她明确让我不要告诉你。”我告诉她约翰原定何时回来，然后又求她告诉我名字。最后她终于答应了。

“名字是谷歌地图。”她说，“但你绝对不能告诉汉克，好吗？玛丽莎打算这个周末打电话告诉他。”这就是会议结束后所有人守口如瓶的原因。如果说这段听上去就像是几个初中生在互传谁喜欢谁的谣言，那么我可以向你保证，接下来情况会变得更糟。

当晚早些时候，我收到了约翰的邮件，他在巴黎起晚了。“听到消息的话就给我发邮件。”他说。在与黛比交谈之后，我给约翰发了一封邮件，告诉他这个周末他应该会接到玛丽莎的电话。

第二天早上 8:30 左右，我的电话响了，是约翰从巴黎打来的。我还没来得及喝早上的第一杯咖啡。

“他们决定用哪个名字了吗？”

“决定了。”我说，“看样子，玛丽莎打算亲自打电话告诉你选了哪个名字。我昨晚和黛比通过电话，因为他们想知道你何时回加利福尼亚。玛丽莎明天会给你打电话。”

“黛比知道名字吗？”“嗯……呃……应该吧……我觉得她知道。”我回答。

“她告诉你了吗？”

“她禁止我告诉你。玛丽莎会直接给你打电话，亲自告诉你名字的。她想亲自告诉你，所以我不得不向黛比发誓不告诉你名字。”我说。这时我完全清醒了。

“比尔，名字是什么？”

“约翰，我不能告诉你，玛丽莎明天会给你打电话的。”

“比尔，快告诉我名字。”他的语气变了。这不是一个朋友在谈论八年级里谁喜欢谁，这是谷歌地理的主管约翰请求——不，是要求——知道他手上的两个核心产品之一的名字。

“好吧，我会告诉你的，但你必须保证玛丽莎明天给你打电话的时候，你要表现得很惊讶。”

“好吧，我会表现得很惊讶。”他说，语气没有什么说服力。

“不行，约翰，你真的要表现得很惊讶，好吗？”

“好，好，我会表现得很惊讶的。”他不耐烦地说道。

“谷歌地图。”

“好，谢谢。我要上飞机了。”

我的手机在周日晚上 9 点钟左右再次响起。

“你为什么要告诉他！？”黛比冲我吼道。“我告诉过你不要告诉他！可你还是告诉他了！玛丽莎给我打电话了，她真的很生气！”

我向黛比解释说，约翰给我打过电话，问我名字是什么。我说我不能告诉他，但他要求我必须告诉他。约翰保证在接到玛丽莎的电话后会表现得很惊讶。

“他并没有那么做！”黛比向我转述了玛丽莎告诉她的话。按照计划，玛丽莎给约翰打电话，说她想告诉他一个好消息。

“我们决定采用谷歌地图这个名字。”玛丽莎说。

约翰假装感到惊讶，但显然玛丽莎并不买账。“比尔·基尔迪已经告诉你了，对不对？”

约翰犹豫了一下才回答她，所以不得不承认了，“嗯，他告诉我了。”

我们几乎立即发动了公共领域中的更名行动，因为我们不想给任何人留出改主意的余地。伊丽莎白·哈蒙在 4 月 2 日开始推动更名。谷歌地图现在再次成为谷歌地图，谷歌本地服务不复存在了。

将名字更改为谷歌地图是一场艰苦的胜利，所以我想确保这个名字永远不会再更改。我希望它永远都不要改。我希望把它刻在石头上。

因为纯粹觉得好玩，我在克雷格列表上发布了一则随机广告，寻找一位雕塑家将产品名刻在石头上。几个星期后，一位伯克利的雕塑家将谷歌地图的标志刻在了一块美丽的 80 磅重的粉色雪花石膏上，字体采用了谷歌标志使用的 Catull 字体。由于诺亚家住东湾，他帮我取来了这件雕塑，并把它送到 41 号楼，摆在一个底座上。这是一件美丽的艺术品，今天仍然摆放在谷歌地理的办公室里。它是很贵，花了公司 1 300 美元，但它代表了一项最终决定。我想，如果还有人想改这个名字，我们就回答：很抱歉，我们不能再改了。谷歌地图这个名字已经刻在石头上了，然后把我们美丽的 80 磅重的大块粉色雪花石膏指给他看。

我在 41 号楼完成的最后一个项目，是我为使用谷歌地图 API 的开发者策划的一个活动。除了小型聚会和黑客马拉松之外，谷歌从未举办过大规模的面向开发者的活动。我的想法是，在谷歌园区里为使用谷歌地图 API 的工程师、网站开发者和设计师举办一个活动。我将这个活动命名为“谷歌地理开发者大会”。延斯 · 拉斯姆森为这个活动的地图品牌创建和设计元素提供了帮助。

本来我们几乎不可能拿到钱来支持营销或广告开支，但办一场针对开发者的活动的想法很快得到了谷歌高管的青睐，预算和概念也得到了批准。在一家以工程技术为导向的公司，把钱花在工程师身上的想法很容易推销出去。布雷特 · 泰勒对这个想法非常热心。

2006 年 6 月在谷歌园区举办的第一届开发者关系活动吸引了约 300 名谷歌地图爱好者、开发者和媒体。我们将此次活动定位为几个关键地图计划的发射台，其中包括为谷歌地球绘制的具有逼真纹理的三维建筑（这要感谢谷歌 SketchUp 高级用户的贡献）。布雷特和吉姆 · 诺里斯在活动中展示了一个新产品——面向企业的谷歌地图 API。该产品可以让 Zillow、OpenTable、Yelp 这样的公司在其网站上使用付费的谷歌地图，以换取更优惠的服务条款，比如，我们承诺不会在其网站上显示其竞争对手的广告。

我邀请拉里、谢尔盖和埃里克参加了这次活动。参加活动的人数、参与者的热情、媒体的关注和活动的乐趣让他们非常惊讶（而我惊讶的是，他们居然都来了）。在会议午餐期间，我指示所有与会者躺在查理咖啡厅外面的草坪上。然后，我安排一架飞机在谷歌园区上空拍下了一张所有与会者躺在草坪上的高分辨率照片。这是我们自己的《十的次方》。在活动即将结束的时候，照片被下载、打印出来，作为纪念品分发给与会者。

这个活动受到了热烈的欢迎，而且，作为一个发布新产品和新产品功能的示范平台，它在谷歌得到了普遍认可。这是第一次由营销团队进行产品策划，决定产品发布的具体日期，而不是产品一旦准备就绪就将其发布。第二年，这个活动扩大到了谷歌的其他产品系列，同时被更名为“谷歌开发者大会”。2008 年，这个概念被进一步扩展，将谷歌这个独特的品牌本身也囊括进来，谷歌 I/O 大会就此创立，并成为该公司最大的年度开发者关系和产品发布活动。谷歌 I/O 大会每年在旧金山的莫斯克尼中心举行，人数上限为 5 000 人，而大会门票常常在开售后数小时内售罄。今天，谷歌有好几个团队负责组织这项活动。

然而，在谷歌开发者大会成功举办之后，我感到筋疲力尽了。我把全部精力都投入到了工作中。谢莉也开始厌倦这种工作节奏。我们最近带女儿去了趟迪士尼乐园，但我一整天都在用我的黑莓手机处理工作上的事。

我准备回得克萨斯了。我做出这个决定不是因为某件事，它应该是由多种因素共同导致的。我这六年过得很紧张。我现在扮演的纯粹是一个被边缘化的营销角色，而谷歌在当时非常反感营销，它一心扑在产品上。我并不是要责怪他们。构建动态用户体验的策略已经奏效，并且仍在继续发挥作用。更重要的原因是，谢莉和我怀疑硅谷是不是一个适合我们的女儿成长的地方。我希望我的孩子周围也能有一些中低阶层的孩子：那些在上学路上坐在汽车后排一边看 DVD 碟片一边吃巧克力甜甜圈的孩子。虽然我们会想念我们在加利福尼亚的大家庭，但我的女儿能有机会和得克萨斯的一大帮滑稽可爱的亲人待在一起。

虽然我在考虑离开谷歌和山景城，但幸运的是，我有机会回到奥斯汀，同时继续为谷歌工作。2006 年春，我经常要和那些花费数百万美元在谷歌做广告的大公司开会。会议室里总有一群和我差不多的营销经理，但我的谷歌地图和谷歌地球演示经常被留到最后。在创新的速度上，没有哪家公司能与谷歌比肩。在等待与谷歌会谈的大批公司中，有一部分是个人电脑制造商：惠普、戴尔、宏碁、索尼、东芝等。

在这些会议中，我经常遇到一位名叫桑达尔·皮查伊的谷歌员工（现为谷歌 CEO）。他是谷歌工具栏和谷歌桌面这两个产品的产品经理。他向玛丽莎汇报。在他职业生涯的这个阶段，他只是一名产品经理，甚至连主管都不是。桑达尔非常友善，即使按照谷歌的标准，他也算得上非常聪明，而且非常独特的是，他有客户服务意识，这在谷歌很少见。我觉得这是因为他曾在麦肯锡公司当过顾问，所以他知道有一个需要去取悦的真实的客户意味着什么。

所有这些经验使得桑达尔能够有效地与个人电脑制造商建立分销合作关系，包括我在一个周五晚上在新闻中看到的与奥斯汀的戴尔公司建立的分销合作关系。谷歌正在投入重金建设与戴尔、苹果、惠普、Mozilla 等公司的分销合作关系，以应对微软将数亿台设备上的默认搜索服务自动切换为它自己的搜索引擎——Bing 而带来的威胁。当时，85% 的网页浏览都是在微软的 IE 浏览器上进行的，因此这种威胁是实实在在的。类似谷歌工具栏这样作为 IE 浏览器辅助软件运行的产品可以防止微软自动夺走谷歌的数亿用户。

我立即给桑达尔发了封邮件，告诉他如果他需要人“维护这个合作关系”，我愿意搬到奥斯汀做这个工作。虽然两家公司从未公开确认交易金额，但 CNN 报道称，谷歌向戴尔支付了 10 亿美元，成为戴尔每年售出的 4 700 万台个人电脑的全球首选搜索提供商。这是一笔为期三年的协议，所以我很想知道桑达尔是不是需要往奥斯汀派一名负责人，来确保合作顺利进行。他回答说，他还没有想过需不需要派人去奥斯汀，但他会考虑的。他随后把我的邮件转发给招聘经理，并注明，根据我为谷歌地图和谷歌地球工作的经验，他很推荐我。不到两周，我就收到了录用通知，附带一份搬到奥斯汀的搬迁福利。谢莉和我开始在奥斯汀找房子和学校。

我和约翰谈到了这个机会。他作为一个真正的朋友而非老板说了他的想法：“你应该想想你在谷歌共事的所有人。”他说，“他们有一天会去硅谷的其他公司当 CEO 或 CMO（首席营销官）。你离开这里，就等于要离开这一整个职业关系网。”他还承认，这个新角色对谷歌来说可能比我目前的角色更有战略意义。还有，因为他也曾在奥斯汀生活过，他不得不承认，“如果你能搞清楚如何住在奥斯汀并且仍旧为谷歌工作的话，那还是在奥斯汀要好得多”。

2006年10月，我在奥斯汀走马上任了。我不是个喜欢漫长的告别的人。我把营销团队交给了杰夫·马丁，一个来自@Last Software的能力很强的营销负责人，然后就上路了。德德为我办了一场惊喜派对。它太让人惊喜了，连我自己都没有参加。我当时已经登上了飞往奥斯汀的航班。飞机刚一降落，我就收到了德德和其他人的8封语音邮件，问我人在哪里。团队于是在没有我的情况下开了个欢送派对，给我发了好多张德德做的地球形状的蛋糕的照片。我在约翰手下工作的日子就此结束（或者说我当时是这么认为的）。离开团队让我感到难过，但我很快就沉浸在了得克萨斯的新角色中。

第 17 章
谷歌街景

在接下来的几个月里，我在新职位上安顿下来，开始独自在我们位于彭伯顿山庄街区 350 多平方米的房子里办公（我们用卖掉门洛帕克 90 多平方米的房子的钱买了这套房子）。一天下午，我打电话给谷歌人力资源部，询问一件事。

“你能给我一份住在得克萨斯奥斯汀且为谷歌工作的人员名单吗？”人力资源代表答道：“我们这里没有办公地址在奥斯汀的人。”我又问：“你能看看有没有电话区号是 512 的人吗？“她给我发来了三个人名。我给这几个人发了邮件——他们互相都不知道彼此的存在。我把他们组织起来，并每月组织一次烧烤午餐。不久，我们搬进了奥斯汀市中心北拉马尔大街上紧邻滑铁卢唱片店的一间办公室，并迅速从 4~6 名谷歌员工扩张到 10 名，然后我们便成立了谷歌奥斯汀办事处。我在我们工作服T恤上印了得克萨斯版本的谷歌使命："整理全世界的信息，大伙[1]。"（现在奥斯汀办事处有大约750名谷歌员工。）

建立合作关系的工作不太适合我这样的营销人员；我不太情愿地把更多时间花在看电子表格和合同上。说实话，我并不是特别擅长这项工作，我的心和热情还在营销上。即便如此，我还是为公司建立了一些最具战略性的合作关系，包括与苹果、Mozilla、戴尔、Adobe等等。

谷歌搜索框不仅可以在其官网主页上找到，还被嵌入了许多其他产品中，如苹果的Safari、Mozilla的火狐浏览器以及微软的IE浏览器。之后，我便开始维护这些合作关系。数十亿美元经过这些散落各处的小搜索框流进了谷歌的口袋。光是火狐浏览器——其默认主页上的搜索引擎是谷歌——每年就能产生几十亿美元的搜索收入。如果有一个按创造的收入进行排名的谷歌员工排行榜，我肯定能进前几名。每当约翰告诉我他们又开展了哪些新的地图项目（例如在意大利购买了一家地图公司或与亚洲的一家公司签订了独享性数据协议）时，我就会马上指出，我现在正在资助他的谷歌地理部门。拉里和高管团队中的其他人一直在催促约翰和布莱恩以各种想象得到的方式扩张和发展，但他们仍然没有把地图货币化作为一个优先考虑的选项：谷歌地图和谷歌地球依然是花的比赚的多。

再次站在收银台前让人感到惬意——实实在在地创造了收入，而

1 "大伙"原文是y'all，即you-all，是得州方言。

不是肆无忌惮地花谷歌的钱。如果说我认为2005年谷歌地理团队的投资率已经高得惊人了，那么到了2006年底，支出更是增长到了前所未有的水平。约翰这个领域的预算似乎总是无穷无尽。2月份@Last Software的收购据传花了4 500万美元。谷歌买下了Digital Globe价值数千万美元的卫星图像。它还收购了瑞士卢塞恩的另一家名为Endoxen的地图公司，以拓展在欧洲的业务。很明显，谷歌地图和谷歌地球的用户体验是超群的。无论我们在哪个国家或地区获得数据并推出产品，谷歌产品都会立即获得很高的市场份额。截至2006年底，谷歌地图已在47个国家推出，谷歌地球已被下载超过1.2亿次。

你会很自然地以为，在辞去一份干了很久，而且同事都会想念你的工作之后，你留下的空缺会很难填补。但我对谷歌地图团队从未抱有这样的幻想。我知道，没有我，约翰和团队也会做得很好。说实话，谷歌地图前面的路还没有铺好。

卢克·文森特于2004年加入谷歌。由于他在“计算机视觉”（即能看见东西的计算机）方面的技术背景，他被分到了丹·克兰西的团队中，肩负起扫描全世界图书馆里的图书的艰巨任务。这是一个雄心勃勃的计划，汇集了数十位业界知名的计算机视觉工程师。在内部，它的代号是“海洋计划”（Project Ocean）。

在加入团队后不久，文森特被叫去和拉里·佩奇开会。佩奇给文森特讲了一个完全不同的项目，这个项目是他个人与斯坦福大学计算机科学教授马克·勒沃伊共同开展的。这个项目的内容是，在城市的街道上拍摄视频，然后创建连续的带状水平图像，并从这些图像中提取数据（例如地址），以使其可被搜索。文森特很快就明白，拉里的长远目标是让物理世界可被搜索，而不只是搜索数字世界里的网页。谷歌在 2003 年向勒沃伊提供了一笔资金，用于资助概念验证的开发。之后，勒沃伊要求拉里在 2004 年继续资助，以继续项目的开发。

为了管理这一合作关系，拉里问文森特是否愿意担任项目的联络人，与勒沃伊及他的学生就该项目进行联络，评估项目进展并提供一些指导。拉里解释说，勒沃伊的概念验证依赖的计算机视觉理念与应用在翻书并扫描书的机器人身上的许多计算机视觉理念是一样的：这两个项目都涉及拍照，将照片拼接在一起，然后从图片中提取可搜索的数据。

在我与文森特的谈话中，他还告诉我，他问拉里勒沃伊正在使用的图像是如何捕捉的。他估计那些图像是谷歌找的图像供应商提供的。“就是某个星期六，我开着车，拿我的便携摄像机拍的视频。”拉里解释说。然后他用电脑向文森特展示了那些视频。

在拍摄了一番斯坦福校园之后，视频显示拉里和他的两个朋友沿着蜿蜒的 92 号公路向西开到了半月湾，然后沿 1 号公路开到了旧金山。看了这个视频的人，包括文森特和布莱恩 · 麦克伦登，都说视频里能听到拉里与玛丽莎 · 梅耶尔和谢尔盖 · 布林说笑的声音。

我觉得这个东西太搞笑了。请你稍稍想象一下，你在 2002 年夏天随便哪个星期六下午正站在帕洛阿尔托的某个街角，这时，一辆车慢慢从你面前开过，车上有个人拿着一台便携摄像机一直对着外面拍。你会怎么想？如果你这时转身对你的朋友说：“嘿，看到没？那几个人是拉里 · 佩奇、玛丽莎 · 梅耶尔和谢尔盖 · 布林。他们刚开车经过那里，最奇怪的是，我发誓，他们经过的时候，拉里 · 佩奇正拿着摄影机拍我。”你的朋友会相信你的话吗？你的朋友敢相信你吗？

从街道的视角拍摄城市并将图像无缝拼接起来并不是一个全新的概念。1979 年，麻省理工学院的研究人员（包括尼古拉斯·内格罗蓬特[1]）开发出了阿斯彭电影地图（Aspen Movie Map）。这个团队将4台带陀螺稳定器的 16 毫米相机安装在汽车上。相机每 10 秒拍摄一次照片。该技术还提供了一个叠加地图，它能让用户在阿斯彭的虚拟旅行中控制前进的方向。

2004 年，拉里提供的图像成了勒沃伊街道级别地图概念验证的基础。2004 年秋天，文森特开始担任谷歌与斯坦福大学计算机科学学生之间的联络人，这成为他自己的“20% 时间”项目。谷歌允许并鼓励工程师将自己 20% 的工作时间用在他们感兴趣的项目上（Gmail 就是 2002 年从一个“20% 时间”项目中诞生的）。因此，文森特在继续担任谷歌图书的计算机视觉工程师的同时，还与斯坦福大学的勒沃伊合作开展这个项目。

2005 年春，文森特开始更清楚地了解到拉里对这个项目设定的目标了。拉里不时会来到文森特的工位，看看项目的进展如何。那年夏天，文森特又招募了 7 名谷歌工程师，包括一个叫克里斯·乌赫利克的斯坦福大学电气工程博士，以及 17 名实习生（很多都是勒沃伊的学生），与他合作开发这个项目。他们建造了第一辆汽车原型，拍摄了第一批照片，并开发了“计算机视觉管道”应用程序。捕捉图像只是任务的一部分，同样令人生畏的另一个任务是将所有这些图像管

1 尼古拉斯·内格罗蓬特（Nicholas Negroponte），美国计算机科学家，麻省理工学院媒体实验室的创办人，同时也是《连线》创刊时的首位投资人。——译者注

理、绘制和拼接成一个360度的图像。它就像是马克·奥宾和约翰·约翰逊开发的数据处理工具的一个更为复杂的版本。

那个夏天，第一辆谷歌街景车很可能在山景城的街道上引起了人们的警觉。这辆没有特殊标记的深绿色雪佛兰面包车装备着各种奇形怪状的电脑，车顶绑着相机和激光传感器，但时速不能超过每小时10英里，否则拍摄的图像会模糊不清，无法使用。在面包车的保险丝多次烧断之后，一个单独的本田汽油发电机被固定在了车顶上，来为各种设备提供足够的电力。

事实证明，这辆面包车的可靠性极低。每天它都被设置好，要完成的任务被安排妥当，而且它的所有系统都经过了仔细的重启和连接。每天行驶约一个小时后，驾驶它的实习生司机就会给公司打电话，报告电脑崩溃或某种系统故障，然后他就不得不返回公司，分析故障出现的原因。

然而，谷歌街景项目绝不是失败的。到了2005年夏末，团队成功捕捉了山景城和帕洛阿尔托街道的第一个数据集，甚至还设法将图像整合到了谷歌地图中，做了一个演示版。

2005年10月，文森特和乌赫利克在40号楼举行了一次技术讲座。谷歌地图团队的很多人都参加了讲座，包括约翰、布莱恩和我。街景视图团队仍然属于文森特的“20%时间”项目，而且由于他在职能上要向丹·克兰西和谷歌图书搜索项目组汇报，街景视图被认为是谷歌图书旗下的一个项目，至少在最初阶段，情况一直如此。由于布莱恩仍对街景拍摄的前景持怀疑态度，所以他很乐意让别人给这个团队当上司。

我也对整个计划持怀疑态度：我计算了它要花费的时间和金钱，发现创建一个全球街景数据集需要多到荒谬的时间、里程、汽油、能源以及车队和司机。根据我的粗略计算，开发将花费数亿美元。此外，即便有人可以捕捉所有这些街道级别的图像，我也想不出这类数据如何能优雅地集成到谷歌地图中。

尽管有质疑声，但在40号楼的技术讲座上得到谷歌工程主管比尔·库格伦的肯定性评价之后，街景拍摄成了公司的一个正式项目，对任何项目来说这都是一个重要的里程碑。这将转化为预算、招聘、法律许可、办公空间、服务器分配、时间表、约定的可交付成果、竞争分析、数据隐私审查等等。此外，街景项目从谷歌图书搜索转到了谷歌地理部门下，将向布莱恩汇报。

截至2006年夏，文森特已经聘请了12名全职工程师，并重建了整个系统——相机、汽车和处理工具。虽然如此，街景仍被谷歌的许多人视作一个试验，尽管这是一个没有限制的试验。团队没有预算限制，拉里也在这个概念上投入了大量资金。

2007年5月29日，约翰在圣何塞举办的Where 2.0地图研讨会上将谷歌街景介绍给了世界。尽管此次发布仅包括五个城市（旧金山、拉斯维加斯、丹佛、迈阿密和纽约），但文森特的试验一炮而红。发布会上的热烈反响产生的服务器带宽峰值甚至超过了最乐观的预测。一夜之间，布莱恩从对这个项目持怀疑态度，变成了催促卢克的团队尽快在更多的城市推出街景。

然而，与拍摄数千英里的街道相比，将概念扩展到覆盖数百万英里的街道，是一个完全不同的挑战。文森特和乌赫利克的街景概念需要的图片拼接工作太过复杂，需要太多的手工修改，而且不够可靠。它永远无法被大规模应用。不过，让约翰和布莱恩感到庆幸的是，2007 年初，一个全新的团队出现在他们面前。

“斯坦利”登上了舞台。

还记得“斯坦利”吗？自 2005 年在 DARPA 挑战赛中获胜以来，塞巴斯蒂安·特龙和他的由机器人、计算机视觉和自动驾驶汽车在读博士组成的斯坦福全明星团队一直在努力研发下一代自动驾驶汽车。而在 2007 年，事实证明，特龙在应对复杂的商业事务和法律约定方面也同样具有创造性。他创办了自己的独立于斯坦福大学的公司，然后提出将这家新公司卖给谷歌（值得注意的是，微软也对这家公司感兴趣）。

谷歌于是用相当可观的一笔钱买下了特龙的公司。另一位自动驾驶汽车界的明星也加入了这个团队，他叫安东尼·莱万多夫斯基，当时是加州大学伯克利分校工业工程和运筹学项目的硕士生。特龙在 2005 年的 DARPA 活动中遇到了莱万多夫斯基。莱万多夫斯基设计的自动驾驶摩托车“幽灵骑士”（Ghostrider）未能在环境严酷的沙漠中完成比赛。莱万多夫斯基于 2007 年加入了特龙的团队，先在街景项目工作，后领导了谷歌的自动驾驶汽车项目。

2007 年 4 月，特龙的团队以及文森特和乌赫利克的团队开始从头开发街景项目。他们合作设计了更简洁的第二代街景汽车，目标是尽可能快地制作全美国的街景地图。（如果能实现一个极具挑战性的目标，即收集全美国 600 万英里道路中 100 万英里的街道图像，特龙的团队将获得额外的丰厚的收入。）新车的设计比文森特和乌赫利克的原型车更为简单：它利用现成的高端相机，并且相机装置中不需要添加更复杂的激光传感器或运动部件。虽然说文森特和乌赫利克的研究和前期工作帮助创建了前五个城市的街景，但是特龙和莱万多夫斯基的优雅和简洁的设计使得谷歌将街景扩大到了今天的覆盖范围。

第二代街景斯巴鲁车队在全国各地上路了——从曼哈顿拥挤的大街到中西部小城绿树成荫的郊区道路。截至 2007 年底，车队已经跑遍了 600 万英里道路中的 100 万英里街道，并收集了这些道路的图像。特龙的团队实现了这个极具挑战性的目标。

在普通大众中，谷歌街景及其标志性的小黄人图标引发了极为热烈的反响。人们的许多疯狂反应都被路过的街景车抓拍到了。在佛罗里达州，有人在看到谷歌街景车后表演了疯狂的杂技。在挪威，有行人穿着全套潜水装备（包括脚蹼）在街上追街景车。在其他许多场景中，人们被拍到正在干一些他们不愿让世界上的其他人知道的事。出于对隐私问题的考虑，所有捕捉的图像都经过了计算机算法处理，模糊了汽车车牌和人脸。不幸的是，谷歌的模糊处理算法仅能作用于面部。

我给约翰打电话，向他推销一个谷歌街景广告活动的想法。虽然我已不再负责谷歌地图的营销工作，但我还是能够给约翰打电话，向他推销一两个想法。

我的想法是这样的：选择一个计划近期拍摄的城市，提前在该城市的报纸上登一整版的广告，比如，如果团队计划去拍奥斯汀，那么广告的标题可以是“奥斯汀，谷歌来了”。标题下面可以放上一张可爱的谷歌街景车的彩色照片。车的下面是第二个标题：快装作很忙的样子。

约翰并不喜欢这个点子。“基尔迪，你能想象它可能会引发的混乱吗？政治运动？穿着潜水装在街上追街景车的疯子？到时候整个街区都会被记者占领的！”他说。

“这正是我想要的效果啊！”我说。

我现在仍然希望他能登这个广告。

我仍对谷歌街景项目持怀疑态度。当约翰或其他人告诉我运营的规模多么巨大，有多少名司机，有几百辆车，走过几百万英里的路的时候，我常常难以置信地摇摇头。尽管用户体验很棒，但我不明白这一切如何在经济上行得通。也许是我又一次问错了问题。将传统的商业逻辑应用在这样一家非传统的公司上可能是错误的。

当谷歌在 2004 年上市时，拉里在一封题为“谷歌股东的用户手册”的公开信中告诫买家：“谷歌不是一家传统公司，我们也不打算成为传统公司。”他写道，“谢尔盖和我创立谷歌，是因为我们相信我们可以向世界提供一项伟大的服务——随时就任何主题提供与之相关的信息。我们的目标是开发一些服务，以改善尽可能多的人的生活，也就是说，做最重要的事。”

随着谷歌的地图业务在约翰的领导下不断扩大，这个用户手册的真正含义在我的心目中变得愈加深刻。

第 18 章
乔布斯的 4 000 杯拿铁

发件人：steve@Apple.com

收件人：jhanke@google.com

你好，约翰。不知何时能与你会面？

史蒂夫·乔布斯

“你觉得这有几成可能是真的？”约翰问他的妻子霍莉。

那是 2006 年一个温和的秋日。约翰和霍莉正在加利福尼亚皮德蒙特的山上慵懒地享受着周日下午的时光，他们读读报纸，或在房子周围闲逛。约翰像往常一样打开他的苹果笔记本电脑查收邮件。这时，一条消息引起了他的注意。

“大概一成吧。”霍莉说。尽管她这样估计，约翰还是抱着一线希望回复了这封邮件，说自己第二天上午 11 点到中午有空。

第二天 11：05，约翰在谷歌的办公室里的电话响了。

“嗨，约翰，我是史蒂夫。”

乔布斯先对谷歌地理团队迄今取得的成就表示赞赏，然后向约翰透露了一点儿苹果的一个新项目的情况。“你可能听到了一些我们正在开发的设备的传言。这个设备可能有移动功能，也可能没有。”乔布斯谨慎地解释道，“我们想和你谈谈合作，你有兴趣吗？”

约翰还是克罗斯普莱恩斯的一名少年时就很崇拜史蒂夫·乔布斯和苹果 1984 年推出的神奇的麦金塔电脑，即使他当时还买不起。到 2006 年底，人们纷纷猜测苹果这个尚未命名的设备是什么样的。无限环路 1 号（苹果总部所在地）的秘密大厅之外，还没有人见过这个设备，但不断发酵的传言让科技界对它寄予厚望。约翰也很期待参与到这个备受期待的新移动设备的开发之中。他向乔布斯承诺，他将亲自安排合作事宜。

启动会议于 2006 年 10 月 31 日星期二在谷歌的办公室里举行。约翰把包括苹果软件部门主管斯科特·福斯特尔在内的苹果软件高管领进一个会议室，准备开启这个改变世界的技术项目。本着万圣节的精神，谷歌的首席服务器工程师穿着黑色长袍和白色头巾，扮成了修女。会议期间，他们讨论了苹果开发人员如何利用谷歌的后端地图服务。

安装在新设备上的前端谷歌地图应用程序的开发相对简单，因为苹果对该设备的设计使得应用程序的开发较为容易，而大部分的繁重工作将由谷歌地图后端服务承担。所有的街道数据、行车路线、本地搜索结果、寻址和卫星图像都是由谷歌提供给苹果这个新设备上运行的新前端移动应用程序（他们称之为 App）的。

2007 年 1 月 9 日，当史蒂夫·乔布斯登上旧金山莫斯克尼中心的舞台，介绍他的这款将产生巨大影响的产品时，这是谷歌的员工第一次看到 iPhone，连苹果的董事会成员埃里克·施密特都没见过。作为科技历史的见证者，约翰坐在最前排，观看乔布斯这一不朽的产品演示——具有漂亮的多点触控大屏、非常适合运行谷歌地图的 iPhone 的发布。

“我想向你们展示一个真正不同凡响的东西。”乔布斯说，“iPhone 版的谷歌地图。”

乔布斯点击了手机上的谷歌地图图标，屏幕上跳动的蓝点立即显示出他当前的位置。这个 App 可以访问 GPS 数据，并能自动将莫斯克尼中心的地图视图置于屏幕中央，而无须乔布斯手动输入他的位置。然后，他在 iPhone 上进行了第一次公开搜索，输入了“莫斯克尼中心附近的星巴克”，屏幕上出现了一段漂亮的动画，有 14 个地图图钉落在地图上。为了展示革命性的内置呼叫功能，他点击了谷歌地图标志性的地图图钉图标，然后直接在地图里拨打了星巴克的电话，这是其他手机从未完成过的。乔布斯向惊讶的咖啡师订了 4 000 杯拿铁。挂断电话后，现场响起了雷鸣般的掌声和笑声。

“现在让我给你们看一个真正令人惊叹的东西。”他继续说道，把地图切换到卫星模式。乔布斯在他的 iPhone 上一路从太空缩放到莫斯克尼中心，然后平移到埃及的金字塔，接着又移动到埃菲尔铁塔和自由女神像。在乔布斯环游世界的时候，他和所有观众都带着孩子般的惊叹，一言不发。这项技术的神奇力量让观众们如痴如醉。这个东西怎么可能在手机上运行？这次演示很像约翰八年前来奥斯汀为谢莉和我做的那次演示。像超人一样神奇的东西。

“太漂亮了。”乔布斯说。

这真的很了不起。它被证明是 iPhone 的杀手级 App。对全世界来说，这是一个在世界上找路的革命性的方法。它快速、流畅、可视。这是一个你可以随意推拉、平移、缩放的谷歌地图。

我在奥斯汀维护战略合作关系的新工作中，也负责向苹果报告流量和收入，因此我获得不同类型设备的流量数据（比如 iPhone、台式电脑、iPad 各自的流量数据）。我还可以从行业报告中了解已发货的 iPhone 的数量，因此这些数据可以让人弄清楚使用模式。从谷歌地图和谷歌地球发布开始，我就知道，台式电脑或笔记本电脑的用户每周可能会调用一两次地图。看过汇总的 iPhone 流量后，我发现在 iPhone 上，谷歌地图每天都会被调用一两次。（我要强调的一点是：所有汇总的数据都是匿名的，我无法查看任何个人身份信息。）现在在众人眼里看起来很自然的现象——你的 iPhone 整天都在你手边，而且这是找下一个目的地的一个如此便捷的方式——在当时却令人震惊。

在乔布斯演示之后 6 个月，也就是 2007 年 6 月 7 日，你才可以真正购买 iPhone。在一个月内，就谷歌地图的使用率而言，iPhone 超越了所有其他版本的移动版谷歌地图的装机数量。在 18 个月内，iPhone 版谷歌地图使用率超过了台式电脑和笔记本电脑上的谷歌地图的使用率。

让我再说一遍：在 iPhone 推出后的 18 个月内，该设备上的谷歌地图使用率超过了所有其他电脑和所有其他手机上使用率的总和。个人电脑已经在世界上销售了多年，电脑版谷歌地图早已有了数亿的安装用户，而 iPhone 的流量在一年半之内一举超越了所有这些流量——而且这是在 iPhone 仅支持一家电信运营商（AT&T）且仅在少数几个国家发售的情况下取得的成绩。

在很多方面，这其实实现了最初约翰面对潜在的 Keyhole 投资人时制作的融资演讲稿中看似非常荒谬的那一页幻灯片。八年前在圣迭戈，我对在一个口袋大的设备上访问丰富的交互式地图的想法嗤之以鼻，觉得这种东西只可能是 Photoshop（图像处理软件）做出来的。

在演示过程中，乔布斯还向谷歌和其他公司发出了一个警告，这个警告预示着谷歌与苹果在未来几年内将在地图创新上展开激烈竞争。这个极好的用户体验的核心是让用户无须使用键盘即可快速缩放的创新技术，这个功能被称为多点触控，它使得用户可以通过两个手指的捏合来放大和缩小地图。由于没有键盘，这项功能对于全玻璃触摸屏手机来说非常重要。正如乔布斯所说并用他的幻灯片所强调的（这一点可能是专门对坐在前排的约翰说的），多点触控是一项“受到严格保护的专利”。

当然，并不只有乔布斯和苹果在开发新一代移动设备。2005 年，拉里注意到市场上手机种类激增，于是谷歌收购了波士顿一家名为安卓（Android）的开发移动操作系统的小公司，该公司是手机操作系统开发奇才安迪·鲁宾创办的。

2007 年春天，在奥斯汀，与我一起办公的三位谷歌员工中有一位名叫杰夫·汉密尔顿的工程师。他是 2005 年谷歌收购的鲁宾的安卓小团队中的一员。杰夫当时在为一个秘密项目工作，他只告诉我们说这是个开发手机软件的项目。杰夫没有告诉我的是，这个手机软件其实是一款全新的智能手机移动操作系统。

在当时，市面上大约有 12 个移动操作系统，其中最重要的是 Symbian、Windows Mobile、Linux 和 BlackBerry。拉里·佩奇抱怨，谷歌的移动团队需要拿一百多部手机来测试谷歌服务。谷歌在 iPhone 推出前两年买下了安卓，希望能在这个混乱而分裂的市场中建立秩序。也就是说，拉里希望围绕一个统一的平台和一组 API 来开发一个开源的系统。

我看到杰夫测试了一个小小的白色黑莓克隆机。虽然他从没告诉过我他要干什么，但我感觉他在做的是一部"谷歌版的"智能手机。他甚至向我展示了一个小小的谷歌地图 App 是如何在手机小得可怜的屏幕上运行的（手机前面板的 60% 依然被一个 QWERTY 键盘占据）。在 iPhone 推出之后，杰夫的原型手机突然就看起来（说实话）让人有点难过，它就像是一百年前的谷歌地图。不出所料，2007 年 iPhone 的推出让这个项目胎死腹中。传言称，鲁宾的安卓团队两年的开发成果全部报废。他们被迫再次从头开始。

为了给所有非安卓系统的移动设备制定战略并领导它们，拉里聘请了一位名叫维克·冈多特拉的前微软高管。作为一名负责软件开发者关系、为微软工作了 15 年的老员工，他是一名聪明、善于表达、精通网页服务和软件的高管。约翰和 Keyhole 团队早前在微软开发者的圈子中推广 EarthViewer 时就认识冈多特拉。

当涉及移动版谷歌地图时，约翰掌管的事务（地图）与冈多特拉即将开始掌管的事务（非安卓系统的移动设备）之间有明显的重叠。但是一个难题很快出现了：谁该掌管移动版谷歌地图？这个产品是地图，那么是不是应该由汉克掌管？可它是安装在移动设备上的，那么不应该由冈多特拉掌管吗？

在 iPhone 推出后大约一年，冈多特拉开始掌管谷歌与苹果合作的项目。但是，冈多特拉只在 iPhone 版谷歌地图项目上待了很短一段时间。当时，与苹果公司的合同需要续签，无论原因为何，冈多特拉在谈判过程中给苹果那边的人留下了负面的印象。

到了 2007 年 11 月底，两家公司仍没有续约。在整个项目很可能崩盘的情况下，苹果的软件主管斯科特·福斯特尔和营销主管菲利普·席勒拜访了约翰。苹果不希望冈多特拉再参与这个项目，否则他们就要自己单干，开发他们自己的地图应用程序。（这个威胁太天真了：苹果明显低估了开发自己的地图服务需要耗费的精力。）为了强调这一点，福斯特尔和席勒要求约翰亲自与史蒂夫·乔布斯见面。

“如果该死的维克·冈多特拉再踏入这个园区一步，我会亲自把他从楼里清除出去。”乔布斯在会议一开始时说道，“其实，我都不希望他出现在距离园区一英里的范围内。还有，合同长度超过一页的话，我看都不想看。”乔布斯抛出了最后这一个额外的要求。

乔布斯的大男子主义有点让人啼笑皆非。但实际上他已经身患绝症——胰腺癌，而且根据约翰的估计，乔布斯的体重只有约 95 磅。但是，这个梦想家的激情和梦想是毫无疑问的。冈多特拉离开了这个项目，双方也达成了协议，而且合同只有两页（相比之下，我负责的戴尔和谷歌之间交易的合同是 87 页）。

事实证明，这只是谷歌和苹果之间的众多争执中的第一次。随着谷歌推出基于安卓系统的手机，乔布斯指责鲁宾和谷歌窃取了许多 iPhone 的功能。在一次苹果开发者关系活动中，他将谷歌的座右铭“不作恶”形容为“全是扯淡”。苹果还因安卓设备制造商 HTC 采用了多点触控屏幕而起诉了 HTC。而谷歌的 CEO 埃里克·施密特则辞去了苹果董事会的职务，理由是这两家公司有太多互相重叠的业务领域。苹果最终也推出了自己的（完全失败的）地图。诚然，在接下来的数年里，双方就智能手机市场的归属展开了激烈的争夺战；这场战斗至今仍未结束。但是在 2007 年的夏天，这两家公司曾走到一起，推出了一个出色、神奇、与众不同的东西，一个完全改变了我们找路的方式的东西——iPhone 版谷歌地图。

第 19 章
谷歌的新天眼

到 2008 年初，谷歌地图已经在 54 个国家推出，谷歌地图和谷歌地球每月也都有了数千万的用户。丹尼尔现在领导着一群业务开发的专业人士，他们在全球范围内搜寻地图数据，然后获得使用数据的许可或直接把数据买下来。拉里、谢尔盖和埃里克明确向团队传达了一个信息：跑得再快一点。全球用户对谷歌的地图产品有着无法满足的胃口。

不久，一些全新类别的地图数据开始出现在谷歌地图和谷歌地球中。由于一名 Keyhole 老员工杰茜卡·魏的辛勤工作，公共交通运输系统的数据，包括轻轨、地铁线以及公共汽车站（通常还能显示预定出发时间）开始出现在谷歌地图中。2008 年，位于瑞士苏黎世的一支大型谷歌团队致力于构建公交数据源，通常包括火车和公共汽车的实时位置。很快，谷歌地图导航开始提供步行路线和公交路线，这对那些人口密集、不适合开车旅行的城市来说是一个关键的差异化功能。

丹尼尔的团队还开始收集历史航拍图像，并将这些数据添加到谷歌地球中，让用户穿越回过去。布莱恩聘请了一个叫鲁埃尔·纳什的朋友，他是得克萨斯人。他有一天来到奥斯汀办公室，开始在这里研究谷歌地球的一个有点隐蔽的功能——让用户查看过去的航拍和卫星图像。丹尼尔偶然找到了一些苏联拍摄的美国的历史卫星图像。在冷战时期，美国法律禁止美国的 Keyhole 卫星拍摄美国，但苏联卫星却可以拍摄美国。

同样在 2008 年，约翰监督收购了一家名为 Image America（图像美国）的公司，该公司由凯文·里斯领导。里斯的这家公司在卡特里娜飓风期间曾为谷歌地图和谷歌地球提供了航拍图像的更新。由于里斯的公司给约翰留下了很好的印象，约翰便说服了拉里、谢尔盖和埃里克，收购了里斯的公司。谷歌突然间就拥有了自己的航拍图像机队。我从未见过谷歌公布飞机的数量，尽管媒体已将其描绘为“谷歌空军”。

在 Googleplex，里斯开始研究用这支不断扩大的机队捕获航拍图像和三维数据的新方法。他与卢克·文森特和布莱恩·麦克伦登一起设计了一个新的相机组，并将其安装在“谷歌空军”上。当飞机飞行时，这些相机会来回扫描，捕获航拍图像和三维建筑数据。如此，飞机便可以飞得更低，在获得更清晰的图像的同时仍能拍摄大片的区域。拉里也投入这个相机系统的设计中，包括定制处理芯片的设计。谷歌为这个“推扫式”的相机系统申请了专利，而专利的作者正是里斯。它使得谷歌能够快速捕获大量的高分辨率航拍图像和三维城市景观；相机组还能探测到飞机的每一次颠簸，处理这些运动，以便确定每个像素的精确位置。

除了成为谷歌地图数据管道的关键部分之外，里斯的飞机还被部署用于紧急情况和自然灾害。与卡特里娜飓风和其他灾难性事件中的情况类似，这些更新的照片会迅速进入谷歌地图和谷歌地球中，它们还会被用作谷歌寻人地图的基础地图——这个地图已被用于帮助遭受自然灾害的人与他们的亲人团聚。

似乎觉得这些还不够，丹尼尔又就即将发射的地球成像卫星地球之眼 1 号卫星（GeoEye–1）捕获的图像开展了谈判。

地球之眼 1 号卫星由地球之眼卫星公司（GeoEye Inc.）在亚利桑那州建造。它的前身 Ikonos 卫星正在为雅虎和微软提供卫星图像。到 2007 年，雅虎和微软已经将航拍和卫星图像数据添加到了它们的地图产品中，以努力跟上谷歌地图和谷歌地球的脚步。

计划于 2008 年秋季发射的地球之眼 1 号卫星将能提供分辨率为半米的图像，而 Ikonos 卫星或 Digital Globe 的 QuickBird 卫星提供的图像分辨率为一米，这意味着前者的每个方形图像块中包含约 4 倍于后者的数据。有趣的是，这几颗卫星都有拍摄更高分辨率图像的能力，但最高分辨率的图像是留给地球之眼发射项目的另一个投资人的，这个投资人就是美国军方。

半米的分辨率差不多可以保证地球之眼 1 号卫星数据的卓越品质了。与 QuickBird 卫星类似，地球之眼 1 号卫星也覆盖了多个国家。

一场竞购战在谷歌和微软之间打响，谁最想要这些图像很快就会见分晓。最终，谷歌赢得了所有地球之眼1号卫星图像的多年的使用权。考虑到交易的规模，丹尼尔·莱德曼被安排参加拉里、谢尔盖和埃里克的正式交易审查会议。等到对其他三个合作的讨论结束后，丹尼尔向谷歌高管们介绍了与地球之眼的交易。他以为高管们需要讨论很久，但最终他等了6分钟就拿到了批准。这是谷歌如何持续将精力和资源投入到地图“登月项目”中的另一个例子。埃里克只是简单地总结道：“我们不能不赢得这笔交易。”他永远在担心来自微软的潜在竞争。

投资一颗地球成像卫星会带来一些额外的好处。首先，你可以把公司的标志印在卫星上，准确地说是火箭助推器上。其次，你可以去观看卫星的发射，但愿它不会在停机坪上爆炸（Digital Globe就出过一次爆炸事故）。

范登堡空军基地是位于洛杉矶北部太平洋沿岸的一个极为隐秘的南加州空军基地，是几乎所有GPS、军事、通信和监视卫星的发射台。这导致为火箭发射安排时间成了一项艰巨的任务。基地在2008年整个春季和夏季只有几个短暂的空闲期。最后，地球之眼1号卫星的发射定在了9月8日星期六。少数几个人被邀请观看发射。军事官员将随时待命，他们对发射抱着浓厚的兴趣。地球之眼的高管当然会参加发射。谷歌的一个小代表团也被邀请在现场观看火箭的升空。约翰在被邀请名单上，但他家里有事，无法参加。丹尼尔受邀和他的儿子亚历克斯一起参加。

当然还有拉里和谢尔盖。地球之眼的高层，甚至军事领导人都希望让这对奇怪的合作伙伴来一同见证这一重要的日子。到2008年，拉里和谢尔盖已经成了科技领域家喻户晓的名人，而且谷歌对卫星的投资也被认为是对地球之眼1号卫星项目的认可——地球之眼既赢得了金钱，又获得了公信力。

丹尼尔被要求负责让他俩出现在发射现场，但拉里和谢尔盖是出了名的不靠谱：电话不接，邮件不回；即使有了回应，他们也会不停地变，今天说会去，明天说去不了，再后来又说他们也不确定。9月7日星期五，也就是发射前一天，丹尼尔接到了拉里的行政助理的电话（拉里和谢尔盖终于同意聘请一名高级行政助理）。“好消息。”她说，“拉里和谢尔盖想去范登堡出席发射。”

“太好了。”丹尼尔高兴地喊道。“但有一个问题。”她继续道，“他们想知道他们的飞机能否降落在范登堡。他们实在不想降落在伯班克然后再开车过去。”

丹尼尔沉默了好一会儿。他肯定是听错她刚才说的话了。他当然知道拉里和谢尔盖的那三架喷气式飞机，它们一直停放在Googleplex隔壁NASA埃姆斯研究中心的机场。两位谷歌创始人购买的那架波音767飞机甚至在一次董事会会议上引发了一场骚乱，起因是两人就给飞机装上特大号床还是特大号吊床吵了起来。

“等等，你刚才说什么？降落在范登堡空军基地？”丹尼尔重复了一遍她的问题。

“是的，降落在空军基地。”她说，“他们希望在星期六早上起飞，在基地降落，观看发射，然后坐飞机回来。”

这一切听起来都很合理，除了打算将私人飞机降落在封锁最严密的军事工业综合体的中心。毕竟这是一个让101号公路改道，以确保任何车辆都无法进入发射场附近15英里范围内的军事基地，一个在发射一颗10亿美元的监视卫星的当天将处于严格保密状态的军事基地。

“你逗我玩呢？”丹尼尔问。他已经花了好几个小时办理必要的手续和证件，以便开车进入基地。

“我说的是真的。”她说，“你能问问吗？按照他们的日程安排，就只能这么办了。”

他只好去问。丹尼尔给地球之眼与他职位相当的丹尼尔·约翰逊打了电话。

“你逗我玩呢？”约翰逊也觉得难以置信。

不过，他们还是设法拿到了批准。9月8日星期六早上，拉里和谢尔盖的一架喷气式飞机（他们选择了更实用的湾流V）降落在了范登堡空军基地的停机坪上。空军基地的指挥官穿着制服，与地球之眼的高管们一道在停机坪上迎接他们。拉里和谢尔盖从飞机上走下来，他们身后是拉里的未婚妻和谢尔盖怀孕好几个月的妻子。谢尔盖穿着T恤、工装裤和鲜红的卡骆驰（Crocs）洞洞鞋。

他们作为贵宾参观了幕后的发射操作。卫星于下午2点18分升空。到了3点，拉里和谢尔盖已经乘飞机飞到了空中，前去迎接他们的下一次冒险。

地球之眼1号卫星的第一张图片于2008年10月成功发回谷歌。图片拍摄的是位于宾夕法尼亚州东郊的库茨敦大学的校园。地球之眼1号卫星很快成为谷歌地图数据的一个重要来源，尤其是对于美国之外的国家。对于谷歌及其地图产品而言，这将是一个持续存在的巨大的竞争优势。

到了2008年底，我都有点不认识谷歌地理团队了。团队里来了这么多新人，可能也没有几个人认识我。不过，我还是为Keyhole团队组织了一次聚会，因为我们已经为谷歌工作四年了。

我拿着约翰拨的一点预算，再次租了NOLA餐厅的一个包间，也就是我们四年前庆祝收购的那个包间。我为团队的每个人订了一件印着谷歌和Keyhole标志的马甲，以庆祝我们在刚加入谷歌时拿到的所有新员工谷歌股票期权现在已满。[1]

在约翰和布莱恩的带领下，地理团队现在有1 200多名员工。数百辆谷歌街景汽车已经在全球行驶了数百万英里。装着专利相机组的"谷歌空军"机队捕获了高分辨率航拍图像。谷歌拥有两颗地球轨道卫星所拍图像的优先使用权。我们增加了历史图像。我们增加了水下数据以绘制海底的地图。现在你可以在谷歌地球中潜入水下，探索海底的地形。公共交通数据源源不断地汇入谷歌地图，显示火车和公共汽车的实时出发和到达时间。我们增加了室内地图，包括随着街景相机的镜头走进商店里，以及在机场航站楼和博物馆里为用户导航。用户每天也会在新的移动设备上多次访问这些开创性的谷歌地图产品，以便在世界各地找到他们的路。

地理团队前进的速度已经快得让我头晕了。每次和约翰聊天，我发现他都是既疲惫，又兴奋。截至2008年底，谷歌地球的下载量已经超过了5亿次。

1　马甲是"vest"，股票期权已满是"fully vested"。——译者注

第 20 章
登月项目：地面实况

可以想象，2005—2008 年，数据提供商对谷歌地图和谷歌地球空前的流行感到非常满意。这意味着合同续约常常是要在先前合同的价位后面加一两个零。而到了 2008 年，约翰遇到了一个“成功的失败”问题，这个问题甚至威胁到了谷歌地图的生存。依赖其他公司的地图数据来创建谷歌地图和谷歌地球的经济效益很成问题。

谷歌地图和谷歌地球在台式计算机上的使用率在 2007 年一直增长，但到了 2008 年，随着谷歌地图在移动设备上的广泛使用——无论是在 iOS 还是在安卓上，真正的问题开始显现。

谷歌花了两年的时间才推出了第一款安卓手机：HTC Dream 于 2008 年 11 月首次亮相。这是一款不错的手机，如果你不拿它和 iPhone 比较的话。但安卓操作系统真正的吸引力在于，它对电信运营商和智能手机制造商是免费的，而且允许它们创建自己的定制版本。通过这种开放和可定制的策略，安卓系统迅速发展并很快超越了其他移动操作系统。如今，安卓手机和 iPhone 占到了所有智能手机销量的 99%。

随着谷歌地图产品的大热，许可数据的成本也急剧上升。其中的大头是被交通路网数据提供商吞噬掉的。通过合并，这一行业有两大巨头：荷兰的 Tele Atlas 和美国的 Navteq。这一行业曾经有数十个区域性的提供商，每个提供商创建一个地理区域内的道路数据库。它们的工作流程是，雇用数百名地图制作者来查看航拍图像并输入每条街道的数据，包括速度限制、单向或双向行驶、消防栓数量等其他细节。后来，两家大公司突然具有了很强的实力，它们将所有交通路网数据抢购一空。

到了 2008 年，这两家公司对约翰以及谷歌所有的地图创新想法都拥有了极大的操控权。它们不仅能决定我们每年支付多少钱，还强行规定我们在什么情况下使用或不能使用它们的数据。Navteq 和 Tele Atlas 并不想以任何方式互相蚕食它们赖以生存的导航设备市场。世界上个人导航设备的销售量达数十亿的制造商，如 Garmin、TomTom、Magellan’s 等，都受制于这两家公司。如果谷歌地图被允许提供转弯提示和语音导航，它们便（有充分的理由）担心谷歌可能摧毁它们的市场。

从早期的网页地图合同延续下来的 Navteq 和 Tele Atlas 的定价结构，在谷歌地图已覆盖全球的时代变得在经济上难以为继了。这些合同是基于“地图查看次数”向谷歌收取费用的。地图查看次数就是访问者查看使用该公司数据的一屏地图的次数。对于谷歌来说，凭借其快速流畅的地图，用户在谷歌地图和谷歌地球中的地图查看次数比在MapQuest等速度较慢的网站上的查看次数要多得多。这就像是查看单张索引卡与快速翻阅一叠索引卡之间的区别：在谷歌地球上，你可能会在10秒钟内翻阅100张卡片，而且每翻一张卡片，谷歌就要为它付出一笔钱。

面对2008年迅速膨胀的成本，丹尼尔和约翰来到Navteq，要求签一个单一费率的合同。Navteq在48小时内提出了一个高得离谱的价格——其中还不包含语音转弯提示。

约翰和丹尼尔曾非正式地考虑过购买Tele Atlas。他们会见了公司的投资银行家，但对方给出的价格飙到了数十亿美元，而且他们的数据也并不“干净”，就是说这些数据是从多个分散的地理区域收购来的，带着各种各样的使用限制。

在这种不可持续的经济形式下，约翰、布莱恩、丹尼尔和团队开始考虑一个反常的选项。

请回忆一下，谷歌街景项目始于2002年拉里、玛丽莎和谢尔盖周日开车兜风时做的一个试验。2008年，卢克·文森特的团队利用他们的技术开出了公路，带着街景相机来到了新的意想不到的地方。首先，他们给三轮车装上了街景相机，绘制了公园小路和小径的地图。然后，他们给手推车装上了街景相机，绘制了各种博物馆和其他建筑物室内的地图。他们还给一辆雪地摩托装上了街景相机，于是滑雪场的地图也有了。对于极陡的下坡滑道，文森特把相机绑在他的背上，从斯阔谷的一个高难度滑道上艰难地滑下来。当他在厚厚的雪地上挣扎，一边竭力让有 80MB 内存、带五个同步摄像头的球形机器人保持直立，一边不让自己因为设备太重而陷进雪里的时候，一个少年滑过来问道："嘿，哥们儿，你干吗不买个 GoPro（全方位摄像机）呢？"

到了 2009 年，谷歌的街景车队已经在 22 个不同的国家行驶了超过 1 300 万英里。这是一项令人惊叹的技术创新，为全球数亿谷歌地图用户带来了欢乐。但是，在我看来，它不可能为谷歌创造任何经济价值。

事实证明，我这个想法大错特错。

这是因为，在 2008 年初，塞巴斯蒂安·特龙对使用谷歌街景数据有了个新想法，一个可能会从根本上改变谷歌地图服务的经济基础的想法。2008 年，特龙来到布莱恩·麦克伦登的办公室，说："我觉得我们可以用街景数据制作我们自己的地图。"

他解释说，他的想法需要几千人来完成。但这也是一个可以改变影响谷歌街景项目的经济因素的想法。特龙的想法如能奏效，将可能为公司节省数亿甚至数十亿美元。而且，价格并不是特龙的团队觉得 Navteq 和 Tele Atlas 的地图不好用的唯一原因，交通路网数据的质量和供应商更新这些数据的速度也很成问题。

我相信你也遇到过这个问题。我自己就遇到过。有的地方修通了新路，有的地方封闭了街道，但你的导航设备还未更新地面实况信息。在一个使用第三方授权的数据绘制地图的世界里，如果用户报告导航有问题，说某些地方已经变了，那么为了更正这个问题，需要启动很长一个流程。首先，该报告将被返给数据提供商。该数据提供商将验证该变更的准确性，然后决定是否更新其交通路网数据库。假设数据提供商进行了更改，那么它将被包含在下一次发送给谷歌的数据库更新中。顺便说一下，该提供商的所有其他订阅者也将共享这个更新。在最顺利的情况下，报告的问题可能会于六个月后在谷歌地图或谷歌地球客户端的更新中得到修正，不过，整个过程花费一年的情况更为常见。

而特龙和莱万多夫斯基的自动驾驶汽车需要非常精确、非常新的地图，因此上述工作流程对他们来说是不可行的。（他们需要天天更新而不是一年更新一次的地图。）在当时，特龙和莱万多夫斯基的自动驾驶汽车团队雇用了大约 90 名员工，他们已经开始在海岸线圆形剧场的大型停车场测试自动驾驶原型车了。我曾在回山景城的路上见过这些车，它们在 Googleplex 和克里滕登大道上的谷歌园区之间尘土飞扬的锥形交通路标之间穿行。这是一个绝密的项目，所以我误以为它们是下一代的谷歌街景汽车（它们的性能和安全性仍然由一名坐在驾驶位上的谷歌员工监控），而事实上，它们已经在加州的道路上自动行驶了超过 10 万英里。

自动驾驶汽车团队已经完全从谷歌街景团队中分离出去，因此是独立于地理团队的其他成员的。这个团队确实使用了一些街景计算机视觉技术来识别街道指示牌、速度限制和地址，因为他们的汽车已经开到了山景城周围的街道上。

使用街景图像提取数据的想法并非没有先例。2007 年底，谷歌开始使用街景图像来验证商家列表所需的更新。如果商户所有者报告其在地图上的位置有错，谷歌街景图像将被用于验证报告的问题，然后更正商户的位置。

特龙建议把这个想法再推进一步。他游说布莱恩和约翰建立一个新项目：使用谷歌街景图像和计算机视觉技术来注释整个地球，并从捕获的图像中提取交通路网数据。就其范围、预算、参与人数和复杂程度而言，这将是谷歌有史以来最雄心勃勃的地图项目，甚至超过了谷歌街景——就此而言也超过了整个谷歌地理团队的业务。这个项目在 Googleplex 之外很少受到关注。即使在今天，在谷歌内部，它也被认为是公司有史以来发起的最惊人的“登月项目”之一。

它就叫“地面实况”（Ground Truth）。

地面实况项目是拉里·佩奇在 2002 年周日那次试验中的最初构想的成果——使用街道级别的图像来索引物理世界。

约翰去找拉里，想让他全力资助地面实况项目。这将耗费巨大的人力物力，决不能轻率地做出决定。它需要数百名软件工程师和产品经理，以及成千上万的在白纸上重绘整个地球的地图的地图绘制员（后来他们被称为地面实况操作员）。一旦谷歌走上这条道路，它就无法回头了：一旦做出决定，就不可能再去找数据提供商买数据了。

出于这些原因，约翰要求拉里一次性给该项目划拨五年的预算。他认为，如果每年都必须重新讨论该项目的预算的话，那么项目一开始就不该启动。2008 年夏天，拉里批准了该项目，地面实况项目就此成立。

项目的第一步是开发一个名为 Atlas 的全新地图绘制软件，它算得上是 Esri 的高级版本，是专为谷歌地理团队的独特需求和数据资源量身定制的。Atlas 是一款非常精密、复杂且智能的地图绘制工具。当我第一次看到它的演示时，它给我的感觉是：它是谷歌地球、谷歌街景和 Adobe Illustrator（矢量图形设计软件）的混合体。它能让用户绘制线条，并添加注释。

Atlas 可以将某个位置的所有谷歌地图数据导入一个单个视图中。由韦恩·蔡的团队处理的航拍和卫星图像始终能为地图提供基础层。换句话说，基础层就是一张纸，有了这张纸才能绘制道路。在导入的图像之上，Atlas 画上了几千个点，每个点代表文森特团队捕获的街景照片。对于再往上的一层，Atlas 会从一个政府数据集中访问任何免费的交通路网数据库。在美国，这个数据集被称为 TIGER（拓扑集成的地理编码和参考），是由美国人口普查局创建的，因此属于公共领域（也就是免费的）。

虽然可以免费使用，但从地理学的角度看，TIGER 数据集的质量较差。由于人口普查局仅使用这些数据来计算住户数，数据集里的道路位置信息与其实际位置不一致是众所周知的。虽然道路的位置不够准确，但 Atlas 仍然开始使用这些数据，这样地面实况操作员就不必从头绘制这些道路了。通过参考下面一层的航拍图像中每个路段的“地面实况”位置，操作员只需将道路拖到正确的位置就可以了。

Atlas 还为每个路段提供了一个鱼眼视图功能。当光标在任何道路的数千个点上移动时，最新的谷歌街景全景图像就会立即弹出，切换到沉浸式且最新的街道视图中。

所有图像都是通过谷歌的计算机视觉算法自动处理的，也就是说，每个路段的数十个数据都是从街道指示牌和地址标识上自动提取的。包括速度、学校区域、车道数量、左转或右转限制及十几个其他元数据属性的所有内容都被神奇地标注在了每一路段上。举个例子，

Atlas 会观察一幅航拍图像，该图像显示街道两侧的汽车都是朝着同一方向，于是它就自动推断这是一条单行道。就好像这款软件有一个能绘制地图的大脑一样。

然而，即便 Atlas 已经如此出色，它也只能等人类来分析这些数据：它仍然需要地面实况操作员来审查、编辑和验证 Atlas 看到的东西。例如，Atlas 不会自动指定一条街道为单行道，它会突出标注这条街道，并提醒说这条街可能是单行道。然后，地面实况操作员会打开该路段的街景图像，查看后确认这条街是否是单行道。只有经过人工审核后，才能将数据发布到谷歌地图和谷歌地球中。归根结底，这意味着需要大量的人力来创建一个完整、准确的整个地球的交通路网数据库。

虽然 Atlas 确实为操作员提供了最先进的、通过计算机视觉技术增强的地图绘制工具，但其工作流程与其他交通路网数据创建者的工作流程差不了多少。我碰巧在 2002 年亲眼见到了这种工作流程。约翰当时派我从波士顿出发去参观一家名为地理数据技术（Geographic Data Technology，GDT）的公司，该公司位于新罕布什尔州莱巴嫩的郊区。这种工作看起来不怎么有意思。大约有 50 个人整天盯着电脑显示器，对照航拍图像和纸质地图在正确的位置上绘制数字版的路段地图。经过行业整合后，GDT 及其所有数据均被 Tele Atlas 收购。

几十个这种类型的地图绘制公司已经存在多年，它们的员工已经绘制了全球数百万英里的道路。但谷歌和地面实况团队打算从零开始绘制地图，在两年内为整个美洲创建初始数据集。离与 Tele Atlas 和 Navteq 的下一轮合同谈判已经越来越近了。

有了公司的经济支持以及Atlas工具beta版的投入使用，45号楼里秘密建立起了第一个地面实况操作员工厂。这里的设施与谷歌园区里的其他地方都不一样：一排排的电脑紧挨着摆在简洁的白色桌子上，与之配套的是长条凳，而不是椅子。没有办公室就算了，可这些人居然连椅子都坐不上。

设置这样简陋的环境是出于法律上的原因：谷歌希望确保地面实况操作员生成的数据完全干净，且不受任何其他外部地图数据源的影响。所有电脑都需要对地面实况操作员主管完全可见，而且所有电脑不能运行除Atlas以外的任何程序。所有其他网站都被封了。地面实况数据必须是干净且完全由谷歌创建的。（这些员工也被禁止携带手机，以确保数据的纯净。）

45号楼的项目迅速扩大到了200名地面实况操作员，然后又扩大到了500名，增加的电脑和长条凳甚至摆到了45号楼的走廊上。员工每天三班倒。随后，谷歌又在海外设立了这种工厂，地面实况操作员扩大到了2 000名，然后又扩大到5 000名。

2009年夏天，尽管地面实况团队取得了重大进展，但约翰和丹尼尔知道，谷歌还没有准备好在近期就换掉现有的地图提供商。即使做好了部分国家的地图，我们也还是需要就地面实况地图数据未覆盖的国家与地图提供商签订协议。这个雄心勃勃的项目需要更长的跑道，需要靠丹尼尔和约翰谈判来争取更多时间。结果，约翰和丹尼尔开始了与Navteq和Tele Atlas艰苦的续约谈判，他们希望这是最后一次谈判。

2009年，丹尼尔、约翰和维克拉姆·格罗弗（他来自丹尼尔的团队）飞往伦敦，在当地的谷歌办事处与 Tele Atlas 的高管会面。他们会见了 Tele Atlas 的 CEO 阿兰·德·泰耶、客户总监约翰·谢里登以及定位服务部门的执行董事戴维·内文。

会议一开始，他们就列出了谷歌地图在移动设备上的快速增长。丹尼尔后来告诉我，他们传递的信息基本上是，“如果谷歌认为价格会和去年差不多，那么我们就要重新考虑要不要继续合作了”。约翰一听，就威胁马上坐飞机回旧金山，会议差点不欢而散。

在接下来的两个月里，为了达成一项为期两年的协议，谷歌和 Tele Atlas 进行了数十次会谈，交换了十多份合同。Tele Atlas 不可能知道的是，他们的定价方案其实已经促使谷歌开始努力绘制自己的世界地图。

在那时，地面实况项目已经开始批量生产地图了。回顾这段往事，丹尼尔认为，Tele Atlas 可能已经在怀疑谷歌正在研发什么东西了。在合同草案的几次修改中，Tele Atlas 曾试图插入阻止谷歌构建自己的地图数据集的条款。但丹尼尔和约翰不能，也不会同意这些在最后关头阻碍谷歌的条款。他们争辩说，谷歌需要创建自己的数据集，因为 Tele Atlas 可能无法覆盖某些地图，比如欠发达和偏远地区（这至少道出了部分事实）。

2009 年秋，经过数月的谈判，双方终于快要签署协议了。约翰、丹尼尔和维克拉姆飞往瑞士苏黎世，他们将在那里完成谈判并参加庆祝晚宴。与所有谷歌办事处一样，苏黎世谷歌办事处的建筑也有一些异想天开的特色，包括一根能让员工和游客从五楼滑到四楼的消防员用钢管。约翰、维克拉姆和丹尼尔经常在去吃午饭时使用这根钢管；

甚至连 Tele Atlas 的 CEO 也会用这根钢管去四楼。但 Tele Atlas 经常参与谈判的营销负责人却一直拒绝从钢管上滑下去。他身材高大健壮，但不愿意去尝试。

但是，随着谈判的拉长，有一天，在其他人因为这件事嘲笑了他好一会儿之后，这个营销负责人说："等我们签了协议，我就从钢管上滑下去。"这是双方团队之间常讲的一个笑话，而且被当作一个促进交易完成的善意激励。

现在，交易终于完成了。在前往签约庆祝晚宴的路上，丹尼尔、约翰、维克拉姆和阿兰都从钢管上滑下去，围在钢管底端，等营销负责人滑下来。营销负责人背着一个挺沉的双肩包，走到钢管旁，用两只手抓住钢管，然后猛地一跳——接着就像一块大石头一样落了下来。他忘了用腿缠住钢管，因此一下摔到了四楼，摔在他老板的脚上，还摔断了他的腿。

六周后，刚拆了石膏的营销负责人和德·泰耶来到山景城与丹尼尔和约翰开后续会议，而这可能将成为他们职业生涯中最糟糕的一次会议。虽然谷歌与 Tele Atlas 谈判使用其数据的权利，但我们并没有义务一定要使用它（尽管谷歌仍然会为合同的剩余期限支付使用这些数据的费用）。事实上，多亏了地面实况项目，谷歌已经准备好把 Tele Atlas 的数据换成自己的了。Tele Atlas 年复一年地提高价格，把价格推高到了数十亿美元，使得谷歌地图产品在经济上难以为继，同时限制了谷歌的能力（例如，在使用他们的数据时不能加入语音转向指令）。约翰形容这次会议"就像打牌时抓到了一把同花顺一样"。Tele Atlas 从经济上刺激谷歌追求激进的替代方案，谷歌因此开始了一项极具野心的技术和后勤“登月项目”，重新绘制了整个地球的交通路网。地面实况项目的第一组数据——美国和墨西哥所有道路的数据集——已经准备就绪。约翰告诉德·泰耶，谷歌将在三天内为所有谷歌地图和谷歌地球用户提供地面实况项目产生的数据。谷歌地图和谷歌地球将不再使用 Tele Atlas 提供的美国和墨西哥的交通路网数据，并且，到当年年底，谷歌将不再需要他们提供地球上任何其他地方的数据。

所有地图数据都是由谷歌创建的——没有一分钱版税，也没有任何使用限制。谷歌将在移动版的谷歌地图上引入免费的语音导航及转弯指示功能。先在安卓版上推出，不久的将来也会在 iPhone 版上推出。

Tele Atlas 出局。地面实况胜出。

今天，地面实况是谷歌所有地图绘制工作和自动驾驶汽车计划的基础数据层。如果你曾使用过谷歌地图，而且还用了它的语音导航功能，那么你就应该感谢地面实况项目。

自 2009 年以来，谷歌还发布了一种模仿 Atlas 功能的基于网页的服务，叫作地图制作工具（Map Maker）。它能让那些交通路网数据极为糟糕的国家的用户自己绘制他们所在区域的地图。（地图制作工具现在是谷歌地图的一个功能。）现在，这些数据也会和地面实况操作员使用 Atlas 创建的数据一样汇入地面实况数据集中。许多国家都使用地图制作工具绘制了自己国家的地图。例如，拥有 12 亿人口的印度已使用地图制作工具完成了全国地图的绘制。

最近几年，依靠用户使用一套工具和流程来绘制世界交通路网的概念衍生出了几个独立的开源计划。受到维基百科的启发，开放街道地图（OpenStreetMap，OSM）是一项在英国发起的合作项目，旨在创建整个世界的免费可编辑地图。它已拥有超过100万的本地贡献者，而且它现在的覆盖范围甚至优于一些专门的地图数据提供商，包括谷歌。

地面实况流程和数据现在也是谷歌自动驾驶汽车计划的基础。对于现在已从谷歌剥离出来、成立了一家名为Waymo的公司的自动驾驶汽车项目，高度准确、最新的数据是至关重要的。如果新路开通或已有道路关闭，Waymo需要尽快知道，否则整个自动驾驶汽车计划将会走进死胡同。

谷歌不必再等待数据提供商编辑数据并在6个月后更新数据库了。今天，每天有数千个更新通过所有谷歌地图产品中的“报告问题”链接进入地面实况团队。如果多名用户报告了同一个问题，那么该问题就将排队等待地面实况操作员受理并进行审核。在成千上万的地面实况操作员的帮助下，问题列表会保持零积压：报告的问题可以在几分钟内得到解决，并且所有谷歌地图产品的地图都可以得到即时更新。不仅如此，如果有几名用户报告了一项地址遗漏，谷歌会将其视为新的细分工作的提示，因而会通知凯文·里斯派出谷歌的一架用于航拍的赛斯纳飞机，飞到该区域拍摄图像，然后添加该地址。同样地，谷歌也会派出街景汽车来绘制新道路的地图。

今天，谷歌绘制地图的工作正朝着创建一个地球动态实时监测系统的方向发展。在以9.66亿美元收购位智（Waze）后，谷歌能够将实时交通事件和数据放到其所有的地图产品中。现在，你在谷歌地图上收到的路线是动态的，而且会包括交通事故和备用路线。在以5亿美元收购Skybox Imaging卫星公司后，谷歌能够发射自己的地球监测卫星了，不过谷歌从未公布过它发射的卫星数量。

当年我在贸易展上跟那个房地产客户开玩笑，让他走到外面对着天空挥手，这个建议很搞笑，因为它很荒谬。现在，我不敢说它荒谬了。在被收购之前，Skybox Imaging向零售商和投资者提供通过监控停车场中汽车的数量来预测竞争对手门店销售额的服务。不过，汽车数量是从空中监控的。比如，家得宝（Home Depot）可以使用Skybox卫星图像来预测任何一家劳氏（Lowe's）五金店的销售趋势，也可以利用预测数据在销售量呈上升趋势的劳氏门店旁边开一家新的家得宝。

我们的星球是一个充满变化的地方。今天，谷歌地图和谷歌地球正在努力跟上它变化的步伐。

第 21 章
登陆火星

2010—2011 年，我每两个月左右就会从奥斯汀前往 Googleplex 一次，而且总是会找个地方和 Keyhole 以及谷歌地理的老朋友吃顿饭或到酒吧坐坐。（此时，包括地面实况操作员在内，地理团队共有约 7 000 名员工，在谷歌园区有专门一座办公楼。）有时，我会和约翰沿着垃圾填埋场附近我们熟悉的小道跑步，看一场奥克兰运动家队的比赛，或者去 Sports Page 酒吧喝啤酒。

在 2010 年 9 月一个天气晴朗的日子，我们在帕洛阿尔托市中心的 NOLA 餐厅见了一面。距离我们上次见面已经好几个月了。当约翰走进餐厅，坐到吧台旁的椅子上时，他看起来很沮丧。尽管有这么多成就、奖励和晋升，他看起来还是筋疲力尽。布莱恩和他一直在争夺各种产品问题的主导权，这让他看起来就像是一名忍受了九回合重击的拳击手。比如，由于在德国的街道上行驶时访问了禁止访问的Wi-Fi，德国最近罚了谷歌地图团队。他承认，他觉得自己需要换换环境了。

“你在考虑离开公司吗？”我问。

“再看吧。”他说。我以为谈话就这样结束了。约翰在椅子上换了个姿势，望向别处。我以为他这个肢体语言的意思是他想换个话题，然而这次我错了。“我不想只做一个只红一次的明星。”[1]约翰继续道，“我不想只做谷歌地图和谷歌地球背后的那个人。”

我喝了一大口啤酒，想着数以亿计的谷歌地图和谷歌地球用户，提醒他说，“那可不是一般的红，是大红大紫啊，约翰。”

约翰把目光从吧台上方悬挂的电视上播放的奥克兰运动家队的比赛挪开，回头看着我。“我很想再次上场比赛，但做初创公司很难，我是说，想想 Keyhole 当年，然后现在要从头经历一遍那些事。如果我要做的话，我必须尽快着手去做了。创业是年轻人的天下，如果我打算回到赛场上，我想在我还宝刀未老的时候赶紧这么做。你懂我的意思吗？”

即使约翰取得了这么多成就，谷歌地图和谷歌地球收获了这么多赞誉，我也只见过约翰几次短暂的满意。曾经有人这么对我描绘他眼中的约翰：“就好像我们一直想要达成登月的壮举，在经历了各种艰难困苦之后，我们终于找到了登月之路，终于成功登上了月球。当我们到达月球，还没来得及喘口气，我们的领导就说，‘好了，准备好

1 原文为“one-hit wonder”，指的是只唱过一首上榜歌曲的歌手或只在几场比赛或一个赛季中有出色表现的运动员。——译者注

了吗？现在我们必须要去火星了’。”

“你会考虑再次创业吗？”约翰直言不讳地问我。他知道我的工作——尽管对谷歌来说有战略意义——并没有完全发挥出我创造性的营销才能。

我能看出他的焦虑。他是不是在问我是否对别的工作感兴趣？谷歌以外的工作？突然间，我感觉可能出什么事了。有些事可能迫在眉睫了。是不是他其实是在试探我，看我是否在考虑离开谷歌？离开谷歌的舒适区，它的福利、食物、声望、稳定的薪水，以及永不缺纸的复印机？哎，谷歌甚至有一名专门在各个办公室里转悠、给五颜六色的健身球充气的员工。哪家初创企业有健身球充气员？每当我刷工卡进公司的时候，我都会默默祷告，祈祷自己能再在这家公司工作一天。

“等等，汉克，你说的是理论上的可能性吗？”我问。“因为，唉，说实话，对我个人来说，这实在很难。我手上还有谷歌股票期权呢。而且，我是说，我和你不一样，约翰。能红一次我就已经很高兴了。”然后我喝了一小口啤酒，又补上一句，“比从来没红过可要强多啦。”

“是啊，是这样。”约翰轻轻笑了一声说。但我可以看出来，他对我的回答很失望。不过，我感觉他确实有什么秘密的打算。我对离开谷歌、再次创业的想法不冷不热的反应并不是他希望听到的。空气中弥漫着令人尴尬的沉默。

2010年10月，拉里·佩奇给所有谷歌员工发了一封邮件，宣布进行重组，并对高管的职责重新洗牌。谷歌搜索的首席工程师乌迪·曼伯尔将晋升为产品管理和工程主管。这意味着他将接管玛丽莎在搜索团队中的职责。而玛丽莎，佩奇宣布，将重返她先前在谷歌的工作领域——地图和位置服务，也就是谷歌地理。

哎呀！当我在谷歌的奥斯汀办公室里读到这封邮件时，我暗暗想到，这对约翰来说可不是个好消息。我等了几天，然后给他打了电话。

“玛丽莎？到底怎么回事？”我问。这一变动也让约翰感到意外。他给我讲了最近发生的一切。

约翰当时正和伊丽莎白·哈蒙、丹·埃格诺以及地理团队的其他领导在杂乱的谷歌纽约办事处开会。之后，作为团队建设活动，他们玩了一场名为“GO Game”的城市寻宝游戏。游戏结束后，他们一起去看了电影《社交网络》。电影结束后，约翰看了下他的手机，发现玛丽莎·梅耶尔给他发了一封语音邮件。那时，在谷歌工作 6 年之后，约翰已经开始尊重和喜欢玛丽莎了。玛丽莎甚至邀请约翰和霍莉参加许多社交活动，包括她最近举行的婚礼。他们成了朋友。

但那封语音邮件很奇怪。玛丽莎说她正在纽约，并希望第二天早上在谷歌纽约办事处与约翰见面。第二天早上，玛丽莎对约翰讲了即将发生的事：谷歌搜索的领导层发生了重大变动；乌迪·曼伯尔即将执掌搜索部门，而她将被调往别的部门。虽然她一直对地理部门感兴趣，但约翰和布莱恩的这个世界只占据了她约 5% 的精力。现在，她解释说，它将占据她 100% 的精力了。玛丽莎将接管谷歌地理，约翰和布莱恩将向她汇报。“我希望你留下来。”她说，“我希望我们都能朝这个方向努力。”

当那天早上他们谈话的时候，约翰已经开始筹划他的下一场比赛了。“那太好了。”他对玛丽莎说，但他心里想的是，我该开始朝新方向发展了。

两周后，玛丽莎第一次在谷歌总部召集了整个地理团队，并正式向她的新团队介绍自己。在这次会议中，她还宣布，约翰将离开地理团队。他计划继续留在谷歌，参与一个尚未公布的项目。这是一个令他十分兴奋的项目，而且他已经构思这个项目好一阵子了。

大约六周后，约翰搬到了旧金山的谷歌办公室工作。每天从奥克兰乘旧金山湾渡轮去工作的路上，他总是为他的下一场比赛苦思冥想。最终他决定完全离开谷歌，建立一个基于谷歌地图技术的新创公司。当他告诉拉里他要离开谷歌，并准备建立一个新的公司时，拉里问他的想法是什么。

在约翰讲了他的想法后，拉里说，“那你为什么不留在谷歌，在谷歌里建立这个初创公司呢？”拉里是谷歌大胆的地图“登月项目”背后最重要的推动力。他不断地向地图和索引整个物理世界的目标投入人力和物力，因此，他不愿让约翰离开。他很了解约翰的愿景、决心和动力。如果约翰想要创造新的东西，无论它是什么，拉里都支持他，就像他在谷歌地图和谷歌地球旅程中的每一个转折点都给予了约翰支持一样。

于是，他们一起草拟了一个一页纸的协议。

这是一个与众不同的安排。想加入这家名为 Niantic Labs 的新公司的谷歌员工可以放弃他们的谷歌股票，来换取 Niantic Labs 的股权。新公司将有三年的助跑期，三年期限结束时，将根据这家新公司的估值支付新公司的股权。严格地说，新公司的所有员工仍然是谷歌的员工，但约翰可以根据他的意愿来运营公司，就好像它是一家独立的公司一样。这等于是结合了两个世界的优点：既有初创企业的自由和极具潜力的股权，又有谷歌的工作环境和福利。

约翰对新公司的构想源自他与儿子之间一个持续的斗争，这种斗争太过平常了：父母与自己沉迷于电子游戏、不愿意外出活动的孩子之间的斗争。“出门玩吧！”约翰经常对他家的埃文说，让他停下手里的《我的世界》（*Minecraft*）或其他电子游戏，别再继续盯着屏幕了。最终，父子俩达成了一个协议。埃文每外出一小时，就可以玩一小时的电子游戏。它后来成了 Niantic 的一个类似使命宣言的东西，将约翰对地图的了解与对游戏的热情结合在一起，创造出让人们——无论老幼——走出家门的应用程序。

这个想法就是用手机将地图变成游戏，创造出一些迫使你走下沙发、走到现实世界中才能在游戏中取得进展，同时将游戏片段映射到物理世界来增强现实的手机游戏。“在真实世界中玩的游戏。”他这么称呼这些游戏，目标就是让人们从屏幕后面走出家门，以全新的方式欣赏周围的世界。

约翰将他的新公司命名为“Niantic”，它是 1849 年停靠在旧金山的一艘商船的名字。这艘船上载着 246 个想发财的人，船一靠岸他们就立即从船上冲下来，把 Niantic 号和其他几十艘船抛在了身后。Niantic 号现在被埋在了旧金山的地下，就在泛美金字塔的正下方，尽管很少有路人会注意或关心。约翰希望这些新的基于位置的服务和游戏可以帮助我们发现藏在我们周围的历史，从而使我们能够以新的方式欣赏我们周遭的世界。如果你想玩 Niantic 的游戏，无论你是否愿意，你最终总会对你周围的世界有更多的了解的。

我并不是唯一一个跟随约翰去Niantic的人。一共有8位前Keyhole员工加入了约翰的新创公司。有一天，莱内特给我发来一封邮件："我们又聚在一起了！"正如我职业生涯中常常不太理解约翰的一些想法一样，我不能说我完全理解约翰想要创造的这个东西。不过让我十分高兴的是，在与他合作过的那么多营销人员中，他请我来担任Niantic的营销主管。曾有人问我为什么彻底离开谷歌，去加入约翰的初创公司，我告诉她："你看，如果迈克尔·乔丹要求你加入他的球队，那你就加入好了，即使你不知道他们要玩什么体育项目。"

这是一种极为惊奇的感觉——在与他相识32年后写作这本书时，我仍然有这种感觉——我又开始为约翰·文森特·汉克工作了：就是那个碰巧和我分在世界上最大的大学宿舍的同一层的那个西得克萨斯小镇来的小伙。众所周知，我的母亲常常在朋友和家人面前这样说我："比尔·基尔迪啊，你的整个职业生涯基本是建立在认识了一个人基础上的。"

她说得对。在西部边疆，得克萨斯游骑兵的古老座右铭是"一场暴乱，一个游骑兵"。而我的座右铭可能是"一个人，一个职业生涯"。我承认，确实如此。我相信史蒂夫·乔布斯背后也有一队营销骨干，跟着他一个项目一个项目地干，犹如一队忠诚的步兵。要是问他们，把他们的职业生涯托付给一个人，他们担不担心，他们可能会像在海滩上坐着喝鸡尾酒时一样放松呢。

2014年10月，我组织了另一次Keyhole员工聚会，这一次是庆祝被谷歌收购十周年。当年的团队已经散落在世界各地了。令人难过的是，安德里亚·鲁宾在2010年去世，丹尼尔·莱德曼和戴维·科恩曼移居到了国外，还有几个人离开了加州。但Keyhole团队的28名尚健在的成员中，有24人参加了聚会。

约翰是最后一个答应参加的。“你知道我不是一个活在过去的人。”当我最后不得不逼他来的时候，他这么对我说。“约翰，你必须来，容不得你不来，你必须在场。”我要求。我觉得可能是德德·克特曼和她的丈夫要从亚利桑那开房车过来参加聚会这件事最终让他答应了。

狂热的摄影爱好者布莱恩为聚会做了幻灯片，还提供了活动经费。在约翰2011年年中离开庞大的谷歌地理团队后，在2012年，玛丽莎也离开了谷歌，成了雅虎的CEO。2012—2014年，7 000人的谷歌地理团队是由布莱恩领导的。

在那段时期，苹果抛弃了谷歌地图，开始使用他们自己开发的地图。苹果地图的推出对苹果来说是场灾难，它导致了300亿美元的市值损失以及CEO蒂姆·库克的公开道歉，还让苹果iOS软件高级副总裁斯科特·福斯特尔丢了工作。

2014年10月16日，即Keyhole被收购后整整10年，也就是我们聚会的日子，布莱恩辞去了他的职务，将谷歌地理的指挥棒传递给了谷歌老员工珍·菲茨帕特里克。几个月后，布莱恩离开谷歌，加入了优步，领导优步的自动驾驶汽车计划（这就是另一个故事了）。我问布莱恩为什么决定离开谷歌，他回答：“我度过了十年神奇的岁月，现在是时候离开了。”

谷歌自然而然地发展成了一家更成熟的公司，有了更多传统的商业行为。谷歌有了新的首席财务官（CFO）露丝·波拉特，她正在将传统的商业标准应用到项目中。管理层也开始探讨拉里·佩奇开展的各种“登月项目”的长期经济可行性。谷歌地图和谷歌地球就像是两个没人管的小孩，和十几岁的保姆打打闹闹了10年，现在终于有大人进来管管他们了。

10年前的2004年，在我们来谷歌的第一天，迈克尔·琼斯对谢尔盖说，谷歌地球团队有一天可能需要多达1 PB的地图数据。这是我第一次听到这个数字：1 PB，一个拍字节，等于100万GB。

而到了2014年，谷歌的地图产品数据库已经有25 PB了，而且还在增长。布莱恩和约翰留给谷歌地理团队的是一个高效的地图发布机：它每两周发布的数据量甚至超过了谷歌地球发布时公司的地图数据总量（其中的大部分是前Keyhole员工韦恩·蔡及其团队制作的）。

在10年前的同一次会议上，我曾要求拉里在赚1 000万美元或拥有1 000万用户之间选一个。我少说了100倍。

一路走来，拉里和谢尔盖始终坚持着一套违背典型商业原则的原则。在用户的快乐和金钱之间，他们总是会选择用户的快乐。这就是为什么最终我们没有局限于1 000万用户的水平，而是赢得了多达几十亿用户，而且是每月几十亿用户。

对我来说，这是整个旅途中最神奇的事，一件你可能无法相信的事。在我为写本书而采访的所有人中，没有人能回答我提出的这个非常简单的问题：在付出了这么多的精力，搜集或制作了这么多的数据，花了这么多钱，开发了这么多新技术之后，谷歌地图和谷歌地球最终为谷歌赚钱了吗？谷歌地图和谷歌地球实现盈利了吗？

当然，有一种观点认为，谷歌地图和谷歌地球提升了谷歌的品牌价值，为苹果等公司提供了战略杠杆，为安卓设备提供了卓越的导航功能，还从地理上优化了搜索结果和广告。毫无疑问，在它们的帮助下，谷歌的各种产品赚了大笔大笔的钱。

但赚钱这件事并不是他们做这两个产品的主要驱动力。

是啊，在写到这里时，谷歌股票的每股价格在经过拆分调整后已经达到了 2 000 美元，而拉里和谢尔盖在世界富豪榜上也分列第八名和第九名。但赚钱不是他们做这两个产品的原因，不是他们在 2002 年开着车沿 101 号公路走，同时把摄像机架在车窗上拍摄街景的原因，不是他们买下 Keyhole 的原因，也不是他们买下 Where2Tech、SketchUp、位智、Skybox Imaging、Kevin Reece 的机队，或者开展街景项目、地面实况项目的原因。

我不是说赚钱不是他们的首要任务，我是说，赚钱不在他们的十大任务之列。我可以向你保证，在我参加过的会议中，他们几乎没问过钱的事。他们既没问过投资回报率，也没问过投资回收期。传统公司会问所有这些问题（还有更多别的问题），但正如拉里在给股东的信中所说的，谷歌远非传统公司，而且也不打算成为传统公司。他们只对一件事感兴趣：大胆押注能够整理全世界地理信息的非凡产品，然后通过谷歌地图和谷歌地球等卓越产品将它们送给所有人。

让我举个例子：收购完成后，Keyhole 的销售代表杰夫·叶井和格雷格·劳埃德努力将旧的 Keyhole 专业许可证销售（也就是我们在国际购物中心协会的展会及其他展会上用旧式信用卡刷卡器销售个人许可证而建立起来的那个业务）改造成了谷歌的一项年收入 800 万美元的业务。之后的某一天，拉里决定把谷歌地球专业版也改为免费提供。

这听起来很疯狂，但谷歌地图和谷歌地球一直都是谷歌送给世界的礼物。为此，我想说，“谢谢”。

在 Keyhole 收购十周年聚会上，我们回忆了许多往事。好多人说了祝酒词，包括迈克尔·琼斯、布莱恩·麦克伦登、约翰·汉克、菲尔·凯斯林、小间近井、马克·奥宾和莱内特·波萨达·霍华德。令人惊讶的是，约翰是聚会结束后最后一个离开的人。我记得当我们一起走出餐厅的时候，餐厅经理锁上了大门。约翰比任何人都要开心，因为他再次见到了整个团队，尤其是德德，他对德德的喜爱是显而易见的。我觉得他不希望聚会和这些回忆就此结束。我想，约翰这次允许自己短暂地回到过去，品尝一下成功的滋味，但仅限一个晚上。

我们走进加州清爽的秋夜中。他拍了拍我的背。“嘿，哥们儿，谢谢你张罗这个聚会，谢谢你逼我参加，今晚真的很开心，很多很棒的故事我都记不清了。”约翰说。他无意间提醒了我，我需要开始一项我考虑已久的计划了。

几个月后，约翰去奥斯汀参加了“西南偏南”（SXSW），这是一个国际性的互动式多媒体、电影和音乐艺术节，始于 30 年前，也就是约翰和我刚去得州大学上学的那年。1985 年，第六街的几位酒吧老板和《奥斯汀纪事报》的编辑共同筹办了一个音乐节，让我和约翰这样的学生有理由在春假期间留在奥斯汀。现在它已成长为一个国际性的大型活动，每年春季吸引成千上万的游客来到奥斯汀，并在这里逗留 8 天。这是约翰每年一次的朝圣之旅：参加“西南偏南”以及一系列固定活动，包括烧烤、在巴顿泉游泳池游泳、看音乐演出以及回克罗斯普莱恩斯探望他的妈妈。

在他出城之前，我们一起去拉迪伯德湖边跑步。那是一个星期五的早上，湖边的小道很拥挤。我们必须小心避让那些低头盯着手机上的蓝点、让蓝点给他们指路的行人。跑步的人在用 MapMyRun（一款健康应用）追踪他们的路线，想不断打破自己的纪录。骑行的人在用 Strava（一款测速应用），想在这一圈中超越兰斯·阿姆斯特朗的成绩。通勤的人在用优步。游客在用 Yelp 订餐，用 Hotel Tonight（一款提供当日酒店预订服务的应用）订旅馆。买房的人在用 Zillow。单身的人在用 Tinder（一款手机交友应用）。出租车司机在用位智。狗主人在用 Whistle（哨子应用）追踪他们的狗。驶过的联合包裹卡车里装着能被收件人追踪的包裹。头顶飞过的飞机正被等待接机的亲友们追踪。一位毫不知情的奥斯汀高中生正被他的母亲追踪。

这是一场约翰和我不经意间触发的一个蓝点僵尸末日。不过让我感到欣慰的是，至少这些僵尸似乎知道他们要往哪儿走。

当我们越过湖面、转到了 4 英里长的环湖路上时，我终于鼓起勇气，把我自聚会以来一直在考虑的一个计划告诉了约翰。这个计划就是：写一本书，也就是这本书。我心里很紧张，不知他有什么反应，毕竟他厌恶谈论他自己和过去。但他的反应却出人意料得积极。

“这个故事确实应该讲给别人听。你可能是最适合讲这个故事的人，你也亲眼见证了这一切。”约翰说。我又告诉约翰，我计划在写到 2006 年，也就是我离开谷歌地理团队时为止，他说：“不，你应该写下所有的事，整个故事。把这些故事都写出来。”

我马上开始向他提各种有关街景和地面实况项目的问题。在半英里之内，约翰已经加快了速度。我很清楚，当他说“你应该写下来”的时候，他还不如说：“你——而不是我——应该写下来。”为了防止我没听懂他的暗示，约翰做了个手势，斩钉截铁地说：“我不想再谈这个了。”我们在沉默中跑完了步。

约翰站在他租来的车旁边，换上一件干净的T恤，他一会儿就要长途驾车前往克罗斯普莱恩斯了。“你得明白。”他说，“我们经历的很多事情对我来说并不那么愉快。迟发工资，诉讼，Keyhole的经销商拖欠货款，还有后来的与布雷特和玛丽莎的掌控权之争，以及谷歌内部的产品纷争。还有加班，对我来说挺煎熬的，对霍莉来说也挺煎熬的。回忆那些事对我来说太难了。另外，我宁愿想想未来，想想接下来会发生什么，即将到来的会是什么，而不是过去。”

显然，如果我开始写这本书，那么大部分情况下是得不到约翰的帮助的。

2015年的奥斯汀已经是一座大都市了。城里交通繁忙，好几个大型工程项目正在施工，好些道路还因为“西南偏南”的举办而封闭。约翰坐进了他的车里。我一时忘了正在和谁说话，我问他：“好的。你知道怎么导航回到莫派克高速公路，然后进入183号公路吗？”

和别人一样，约翰也在盯着手机。

他笑着朝我摆摆手。“不用了，谢谢。我知道怎么走。”

他在谷歌地图中输入了“克罗斯普莱恩斯”，然后点了“开始导航”。

精灵宝可梦 GO 及 AR 的未来

今天是 2016 年 7 月 17 日，星期日。我正在日本东京街边一层的一家又小又黑的日式烧烤店，与约翰和他的儿子埃文一起坐在一间勉强能容下我们三人的房间里。埃文一个月后就要去纽约大学上学，约翰正带他在日本旅行，来一个为期一周的父子之旅。

店老板正在给我们讲解如何用放在桌子中间的石板来烤制肉类和蔬菜。老板来到我们的桌旁是因为他发现一位特殊的客人——Niantic 在日本的营销主管须贺健人来到了他的店里。老板不停地把烤好的肉夹到每个人的盘中，因为能和《精灵宝可梦 GO》（*Pokémon GO*）幕后之人见面、合影，并拿到他的亲笔签名，这令他非常兴奋。

他对约翰此前在 Keyhole、谷歌地图以及谷歌地球上的成就一无所知。对他以及世界上似乎所有其他人来说，约翰·汉克就只是《精灵宝可梦 GO》的创造者而已。

我们是为 Niantic 的第一款游戏 *Ingress* 来东京的。前天，Niantic 举办了迄今为止最大的一场活动，超过一万名 *Ingress* 游戏中的“特工”（这是玩家在游戏中的称号）在东京街头漫步、跑动或骑行，争夺这座城市的虚拟所有权。现在，我们在世界各地举办了许多这一类的活动。我们将在 2016 年举办 26 次，吸引成千上万的 *Ingress* 玩家在现实世界里玩电子游戏。然而，尽管 *Ingress* 的活动规模很大，但并不是每个人都在关心它。我说的每个人是指地球上的每个人。

《精灵宝可梦 GO》在美国和其他几个国家推出已有 12 天，整个世界都为抓宝可梦而疯狂。它是 2016 年夏天一个一炮而红的游戏。这股热潮成了吉米·法伦、斯蒂芬·科尔伯特和吉米·基梅尔的脱口秀上的热门话题。希拉里·克林顿在竞选活动中还试着讲了一个《精灵宝可梦 GO》的笑话。有数以千计的媒体文章和数以亿计的社交帖子谈论这款游戏；《人物》杂志某期的封面上甚至嵌入了一张约翰的照片。

成千上万的人聚集在公园里，以新的方式享受户外活动。还有不少玩家组织了散步和社交活动。这个 App 的使用率甚至超过了推特或 Tinder，而且在那年夏天就已经成了有史以来下载次数最多的 App。那段时间里，每天都有超过 1 亿人在玩这款游戏。在迪拜，一名男子把车停在公路正中，然后跑下车去抓一只罕见的宝可梦。圣迭戈的两名青少年为了抓宝可梦翻越了一道栅栏，结果从悬崖上掉落（好在他们安然无恙）。一名记者甚至因为抓宝可梦而扰乱了美国国务院的新闻发布会。“你是不是正在那儿玩那个什么宝可梦呢？”美国国务院发言人约翰·柯比忽然停下了有关打击“伊斯兰国”战争的讨论，问一名记者。

“你抓到了吗？”他问。

Niantic 尚未在日本推出《精灵宝可梦 GO》，但我并不介意。我宁愿在这个 20 年前诞生了宝可梦现象的国家推出《精灵宝可梦 GO》之前赶紧离开这里。日本政府官员普遍担心游戏会引发骚乱，我认为他们的担心是完全合理的。

我问约翰："你认为《精灵宝可梦 GO》的发布可能会比谷歌地图和谷歌地球发布收到更热烈的反响吗？"虽然他在过去的两周里一刻不停地工作，但此时他依然非常兴奋，就像公司的其他人一样。

"有意思，你居然提起了这个。"约翰说，"布莱恩给我发来了一幅谷歌趋势（Google Trends）图表，上面显示了《精灵宝可梦 GO》发布时的受欢迎程度以及谷歌地图和谷歌地球在发布时的受欢迎程度。《精灵宝可梦 GO》是谷歌地图和谷歌地球的三倍。"

我一边从滚烫的石板上夹起一块烤得刚刚好的神户牛肉，一边难以置信地摇摇头。我们正在六本木新城森大厦（Mori Tower）所在的街上。约翰在几小时前曾与游戏巨头任天堂的 CEO 在森大厦里会面。2015 年 10 月，当 Niantic 作为一家独立的公司脱离谷歌时，任天堂成了约翰的新创公司的领投公司（双方能坐在一起谈判的原因是，任天堂 CEO 的妻子是一名硬核 *Ingress* 玩家）。在游戏推出后的 12 天里，任天堂的市值从 190 亿美元飙升至 420 亿美元，激增 120%。我猜这次会议进展顺利。

"哎呀，约翰，他是不是想买我们？"埃文笑了。

"不，他没有。"他悄悄地说，并补充道，"但我之前也在猜他是不是想买我们。不是没有这个可能。"

《精灵宝可梦 GO》的推出无疑是约翰和 Niantic 团队的一个意外转机。8 个月前，Niantic 作为一家独立公司从谷歌分拆出来，这有点让人难以接受。上交谷歌的工牌让我非常难过，我非常留恋在谷歌工作的这 11 年。可在 2014 年，随着谷歌新 CFO 的上任，那些被认为对谷歌搜索任务不重要的项目被分拆成独立的公司。基于位置的增强现实游戏不在重要项目之列。

但是，有了已取得的坚实成果 *Ingress* 以及正在筹备的《精灵宝可梦GO》，约翰筹集到了投资资金，创建了一个与谷歌分离的新 Niantic（不过谷歌仍然是新 Niantic 的后续投资人之一）。

在 2015 年 10 月正式离开谷歌之后，公司在我们的第一款游戏 *Ingress* 的基础上发展得不错。Niantic 的融资演讲稿预测：我们的收入和用户数量将在第一年、第三年和第五年稳步上升，五年的收入预测尤为乐观。但就 Niantic 的实际表现而言，我们的估计还是太低了。可以这么说，就算我们做一个 15 年的预测，我们仍然无法准确预测 2016 年夏天《精灵宝可梦 GO》创造的收入。它打破了所有的下载和收入纪录，成为有史以来增长最快的应用程序。

在 *Ingress* 里，约翰和 Niantic 将现实世界变成了游戏面板。*Ingress* 里有两支队伍，他们在现实世界中移动，以攻占领土。它是一个由玩家组成的社区，这些玩家在游戏的感召下回到他们所在的社区和城市中，与其他人见面，并建立现实世界中的友谊。它将创建世界上最有趣的一些地点（即 *Ingress* 里的"传送门"）的数据库这一过程游戏化了。游戏收集来的 1 200 万个"传送门"后来成了《精灵宝可梦 GO》中的"宝可梦补给站"。

《精灵宝可梦 GO》的想法始于 2014 年，是从一个玩笑开始的。一位名叫野村达雄的谷歌工程师用谷歌地图开了一个愚人节玩笑，把他童年时代最喜爱的宝可梦角色贴到了谷歌地图上。这在全球引起了热烈反响。他在 Niantic 团队的朋友川岛优志给约翰展示了这个想法，建议约翰把它变成一个基于 GPS 的增强现实游戏，就像 *Ingress* 那样。这正是约翰正在考虑的下一个游戏的题材之一，他知道，宝可梦是最合适的那一个。于是，川岛优志和约翰一起去找野村达雄，问他想不想用他的愚人节玩笑做出一点东西来。

建立在由 *Ingress* 获得的知识、数据及其技术的基础上，《精灵宝可梦 GO》被证明为一个全新的行业指明了方向。在《精灵宝可梦 GO》之前，还没有过实际应用增强现实的例子。在 2017 年，增强现实是最热门的科技趋势之一：硅谷和其他地方有几十家公司都在它们各自的融资演讲稿中提到了《精灵宝可梦 GO》。未来将会有更多的增强现实游戏面试，包括由 Niantic 与其他公司合作开发的《哈利 · 波特：巫师联盟》（*Harry Potter: Wizards Unite*）。

这个新的、增强的世界始于精确的地图，它必须能够精确地定位我们周围的一切。出于这个原因，第一个极为成功的增强现实应用程序是由创建 Keyhole 以及谷歌地图和谷歌地球的同一核心地图团队构建的（菲尔 · 凯斯林是 Niantic 的首席技术官），这一点并非巧合。

而且，借助谷歌街景，来自谷歌地理团队的朋友和前同事们能更好地在增强现实领域发挥主导作用。谷歌 CEO 桑达尔 · 皮查伊在 2017 年谷歌 I/O 大会上宣布，谷歌街景图像正被用于提取速度限制、街道名称和学校区域之外的更多信息。现在，各种各样的物体都已能被计算机视觉识别，而且，它们正在被准确定位，以作为新的增强现实服务和游戏的基础。

这个 AR 的未来会是什么样的？请你想象，你正站在第 24 街和瓜达卢佩街之间的得州大学校园里。你拿起手机，用摄像头对着一个雕像。

根据谷歌街景数据和基于计算机视觉的地图绘制，你的手机识别出这是国会众议员芭芭拉·乔丹的雕像，一个半透明、优雅的信息泡泡立刻浮现在雕像的头上，上面显示了她的姓名、生卒日期和关键的立法成就。雕像被勾勒上了蓝色的轮廓线。这时，雕像似乎活了过来，众议员乔丹开始对你说话，给你概括了她在 1976 年麦迪逊广场花园中举行的民主党全国代表大会上发表的主题演讲。

现在，请你想象拿着你的手机往前走，一直走到瓜达卢佩街，或者被称为“The Drag”的区域。在瓜达卢佩街的“The Hole In the Wall”现场音乐酒吧上方，你可以看到一个飘浮的透明叠加层，这是一个数字看板，显示今晚正在演出的乐队和每个乐队演出的视频片段。然后，你拿着手机环顾四周，街对面的长椅已提前被谷歌街景识别为公交车站。车站上方浮现出一张公交车时刻表，上面还有一个倒计时时钟，显示下一班车到站还有多长时间。Yelp 上的点评会悬浮在每家餐厅上空；价格和可用房间数量会悬浮在每家旅馆上空。这种体验也可以不通过智能手机获得，可以通过一个很小的耳机向你播报信息，也可以戴上一副特殊的太阳镜来查看信息。

这听起来像不像科幻电影中的场景，比如《少数派报告》或者《她》？听起来可能很遥远，但我们的世界是一个迅速发展的世界。所有东西现在都被解除限制：游戏不再局限于沙发上，搜索也不再局限于家里的显示器上——它们正在走向现实世界之中。

这会是一个人们的注意力进一步被手机吸引的世界吗？还是说，我们会抬起头来，用一双新的眼睛欣赏周围的世界，更好地了解一个地方的历史、建筑和文化意义呢？我们会更加关注当下、知识储备会更加丰富，还是会注意力更加分散？

在新的、增强的世界里，壁画里的人物走下墙壁，欢快地跳舞；葡萄酒广告从酒瓶里倾泻而出——在城市街道或杂货店里的过道中的漫步变成了一场信息极度丰富、无须导游的旅行。在这个世界里，谁会是赢家呢？我的预感是，那些装备着最好的地图，以及那些准确而有条不紊地索引和定位地球上每一个地方的人会是赢家。这些内容的来源并不特别，但它们需要经过精准的定位、校对，这样它们才能被放在现实世界中准确的坐标上。

从许多方面来说，这个未来只是街景项目的延续，也就是拉里在2002年用摄像机拍摄车窗外的街道那次行动的延续。也许，这才是那个项目一直以来的目标。

我最喜欢的书之一是罗尔德·达尔的《单飞》(*Going Solo*)，它讲述了作者在第二次世界大战期间任英国皇家空军战斗机飞行员时的自传故事。达尔在希腊群岛和北非的恐怖而惊险的经历，包括在利比亚上空飞机坠毁后死里逃生，为读者打开了一扇了解英国飞行员在绝境中以少敌多、英勇作战的窗口。达尔发表在《星期六晚报》(*The Saturday Evening Post*)上的《在利比亚上空被击落》(Shot Down Over Libya)是他的第一篇作品，这篇作品影响了美国公众对参战的态度，也让达尔对写作产生了兴趣。

但是，这些经历虽然扣人心弦、引人入胜，却并没有妄称能让读者全面地了解第二次世界大战。它只是从达尔的视角——透过霍克飓风战斗机的窗户俯视地上惨烈的战斗——观察了这场战争。《单飞》绝不是一部对所有的战斗、所有逝去的生命的完整记录，也不是对他驾驶的飓风战斗机或朝他射击的德国梅塞施密特战斗机技术能力的详尽说明。

同样地，我无意将本书标榜为Keyhole、Where2Tech、谷歌等公司的数字测图技术创新的完整技术纲要。一些重要人物、变革性的技术，乃至整个项目的作用和影响在本书中并未得到详尽的展示，有时甚至被完全忽略了。

这些遗漏或张冠李戴并不是故意的：它们只代表了我个人的观点。本书（基本不涉及技术）是我向大家打开的一扇了解这场地图革命的窗口，这是一场始于 1999 年的一次朋友来访，就发生在我身边，并且今天仍在继续的地图革命。

2014 年 10 月下旬，在山景城参加完庆祝 Keyhole 收购十周年的聚会后，我回到了谷歌奥斯汀办公室。在那个时候，我已经算得上办公室里的老人了；我在谷歌待的时间比当时在奥斯汀工作的 500 名谷歌员工都要长。在谷歌内部，Keyhole 的收购在很大程度上被认为是谷歌历史上最成功的收购之一。因此，在公司里，尤其是在奥斯汀办公室的年轻谷歌员工当中，前 Keyhole 员工的身份为我增添了不少威望。在我吃午饭的时候，有两名年轻员工来到我的办公室，问我关于聚会的事。这一下勾起了我的怀旧情绪，我便请他们进来。他们走进我崭新的、可以一览无遗地欣赏六个街区外得州大学主楼附近风景的办公室，坐在不大的黑色皮沙发上。我一打开话匣子，就饶有兴趣地给他们讲了不少我们在聚会上讲的 Keyhole 和早期的谷歌地图的往事。讲了大概半小时之后，其中一个年轻人——据我了解是一个虽然风趣幽默，但蛮横、消极、满腹牢骚的软件工程师——激动地打断了我：“天啊！你应该写本书！”他带着一种我从未见过的惊讶和兴奋对我说。于是我就开始写了。

我应该提醒大家的是，我搞过不少创作。我很擅长开展项目，但真正完成的项目却没有几个。

出于这个原因，我必须首先感谢那个逼着我写完这本书的人：我的岳母罗宾·华莱士。作为一名作家、剧作家、民间音乐家、裁缝和画家（以及护士、网球运动爱好者、周游世界的旅行者、烹调大师、政治活动家），罗宾很清楚创作一部作品时实际需要走哪些步骤、遵守哪些纪律——光开始写作是肯定不行的。2014 年圣诞节，我给她读了我最先写好的几个故事。她对这本书的反应非常积极，她那极具感染力的热情和鼓励差点让我觉得心烦。如果没有罗宾，坦白说，这本书最终不过是一份打印的不完整的故事集，被塞进我的文件柜里落灰。谢谢你，罗宾，感谢你激励我不断努力、坚持写作，感谢你不让我放弃这本书。

我对写书的整个过程知之甚少，但幸运的是，Aragi 出版社的杜瓦尔·欧斯廷在我写作的整个过程中一直给予我悉心的指导。她也是这个故事最早的支持者之一，而且，她设法在合适的时间将其交到了合适的人手中。

我必须感谢我在哈珀柯林斯（HarperCollins）的编辑斯蒂芬妮·希契科克。她对本书有着独到的眼光，她也能理解这项技术是如何改变我们找路的方式的。在我需要支持的时候，她总能完美地把赞同和鼓励结合起来；在书偏离正轨的时候，她也总能坦率而诚恳地指出我的问题。而且，正是斯蒂芬妮最终对我喊停，并直率地告诉我，我需要帮助——专业的帮助，才能完成这本书。

能找到写作教练、编辑和合作伙伴柯克·沃尔什来帮助我重写这本书，我真的很幸运。借用软件术语来描述的话就是，我搞出来了一个演示程序，柯克帮我创建出了一个可交付的产品。谢谢你，柯克，感谢你帮我删了那么多烂笑话，也让我保留了那些我不得不讲的笑话。我也要感谢作家斯蒂芬·哈里根非常贴心地把我介绍给了柯克。

我必须感谢 Keyhole、Where2Tech 以及谷歌的所有前同事和朋友们，他们帮我拼出了整个故事，填补上了那些我不了解的事。我要特别感谢小间近井、韦恩·蔡、延斯·拉斯姆森、诺亚·多伊尔、戴维·洛伦齐尼、罗布·佩因特、莱内特·波萨达·霍华德、戴维·科恩曼、菲尔·凯斯林和丹尼尔·莱德曼。我不会假装道出了谷歌地图和谷歌地球的全部故事，我真的只不过讲了讲从我这个角度看到的东西。

布莱恩·麦克伦登本可以轻松地写出这本书。凭借他细致、有条理的记录，他肯定能写出一部关于这些技术创新的更完整、更专业的概要。他愿意与我分享他的观点，当然也纠正了我许多日期和事实上的错误。对此我深表感谢。

我要感谢迈克尔·琼斯的原因是，他鼓励我不要被修正主义的历史观所左右，在谁为谷歌地图和谷歌地球做出的贡献更多的问题上偏袒任何一方。“在创造这个伟大的东西的过程中，我们都出了一份力。你应该称赞每一个参与的人，让大家分享这份荣耀。”他说。正如我所说过的，迈克尔很可能是我所见过的最聪明的人。我常常用他这个睿智的建议提醒自己，特别是在写那些多人参与的项目的时候。

感谢拉里·佩奇和谢尔盖·布林。虽然我只是偶尔会遇到你们，但我对你们创造的东西肃然起敬。当你踏上一架西南航空的飞机时，你会感受到创始人赫布·凯莱赫的幽默感；当你踏进迪士尼乐园时，你会感受到沃尔特·迪士尼那异想天开的个性；当你使用谷歌产品时，你会感受到拉里和谢尔盖改变世界的强烈愿望。

我当然还要感谢约翰·汉克，感谢他鼓励我去写这本书。“这个故事确实应该讲给别人听。你可能是最适合讲这个故事的人。”他曾说。他是一个好朋友，一个忠诚的老板，一个对科技的未来具有真正远见的人。我永远感激你，约翰，我也期待着再写一本关于你带来的下一场巨变的书。

感谢我最最可爱的哥哥姐姐们。你们是一群既有创造力又疯狂的艺术家、作家、水手、律师和老师。作为 8 个孩子中最小的一个，我绝对是家里最有福气的那一个。

最后，感谢我的妻子谢莉，那个不仅仅陪伴我经历了整个 Keyhole 和谷歌的旅程的人。旅途并不总是一帆风顺。但在我没发工资或没拿到差旅费报销（我确实告诉过你，对吧？）的时候，你总是表现得十分淡定。从波士顿的暗淡日子，到辉煌的谷歌之旅，你陪我走过了一切，然后在无数个夜晚听我读这本书中的段落。是你给了我最初的鼓励，让我有勇气拿出纸笔，记录下这段旅程。不过，奇怪的是，有了你和你不可思议的方向感，伊莎贝尔、卡米尔和我在旅途中从来都不需要用谷歌地图。我们只需要你，谢莉。你就是 GPS 中的那个 S。